S'affirmer et communiquer

Couverture
- Maquette et illustration:
  MICHEL BÉRARD

Maquette intérieure
- Conception graphique:
  CLAIRE DUTIN
- Dessins:
  MICHEL BÉRARD
  (d'après une idée de MADELEINE BEAUDRY
  et J.-MARIE BOISVERT)
- Calligraphie (dessins):
  CLAIRE DUTIN
- Révision:
  LOUISE-GABRIELLE FOURNIER

DISTRIBUTEURS EXCLUSIFS:

- Pour le Canada et les États-Unis:
  LES MESSAGERIES ADP*
  955, rue Amherst
  Montréal, Québec
  H2L 3K4
  Tél.: (514) 523-1182
  Télécopieur: (514) 939-0406
  * Filiale de Sogides ltée

- Pour la Belgique et le Luxembourg:
  PRESSES DE BELGIQUE S.A.
  Boulevard de l'Europe 117
  B-1301 Wavre
  Tél.: (10) 41-59-66
       (10) 41-78-50
  Télécopieur: (10) 41-20-24

- Pour la Suisse:
  TRANSAT S.A.
  Route des Jeunes, 4 Ter
  C.P. 125
  1211 Genève 26
  Tél.: (41-22) 342-77-40
  Télécopieur: (41-22) 343-46-46

- Pour la France et les autres pays:
  INTER FORUM
  Immeuble Paryseine, 3 Allée de la Seine
  94854 Ivry Cedex
  Tél.: (1) 49-59-11-89/91
  Télécopieur: (1) 49-59-11-96
  Commandes: Tél.: (16) 38-32-71-00
                 Télécopieur: (16) 38-32-71-28

Jean-Marie Boisvert
Madeleine Beaudry

S`affirmer et communiquer

Centre interdisciplinaire de Montréal Inc.

C.P. 222, Île des Sœurs H3E 1J9 (514) 768-6595

Les Éditions de l'Homme*

CANADA: 955, rue Amherst, Montréal H2L 3K4

*Division de Sogides Ltée

Bibliothèque nationale du Québec
Dépôt légal — 3e trimestre 1979

ISBN-2-7619-0038-3

À nos parents:
Yvonne et Claire
Rouville et Honoré

Introduction

Dans le tourbillon des "il faut", "je devrais", "c'est ce que j'ai appris", "je ne suis pas capable", "c'est impossible", on découvre un jour qu'on vit dans un étroit corset bien lacé et baleiné comme celui d'une vieille grand-mère. On peut pleurer tellement ça fait mal, il ne se desserre jamais.

On se met à chercher. Il doit bien y avoir une façon de respirer un peu, d'être bien dans sa peau! C'est le début d'une longue démarche, une porte qui s'ouvre sur l'inconnu. Si on regarde un peu, on s'aperçoit qu'on n'est pas seul sur la route. Déjà tout un peuple est en marche et parle d'autonomie, de liberté, De plus, des chercheurs en sciences du comportement humain étudient les conditions qui favorisent l'épanouissement personnel.

Il ne reste plus qu'à se mettre à l'oeuvre, à rendre concrète et possible pour tous cette démarche qu'on nomme maintenant "entraînement à la communication et à l'affirmation de soi".

De façon un peu imagée, c'est ainsi que nous avons commencé à travailler dans ce domaine. Ce que nous voulons livrer ici, c'est le résultat de notre recherche pour que ceux qui sont en quête de moyens de libération y trouvent un compagnon de travail. Aucune promesse de miracle ou de bien-être instantané, mais un livre "outil", un instrument de travail personnel.

Un bon outil n'existe pas pour lui-même, pour qu'on le regarde, l'admire, l'aime. Il est là en fonction des résultats que l'on veut obtenir. Un bon pinceau est là pour servir l'artiste et, lors de l'exposition des tableaux, on ne parlera pas de lui. Il aura pourtant servi à la création.

C'est dans ce sens que nous voulons que ce livre soit un instrument. En lui-même, il peut paraître "froid" et technique. La chaleur vient des expériences qu'il peut faire vivre dans la réalité quotidienne. En d'autres termes, nous n'avons pas voulu parler ici de l'aventure du changement intérieur, des hésitations, des peurs et des joies du dialogue et de l'expression de soi. Nous ne faisons qu'indiquer certaines façons de procéder qui, d'après les recherches, sont les plus efficaces. Certaines personnes pourront, par leur travail personnel, bénéficier de ces connaissances, alors que d'autres auront plus de difficulté à surmonter par elles-mêmes leurs problèmes de communication ou d'affirmation de soi. Si tel est votre cas, nous vous conseillons fortement de consulter un psychothérapeute qui vous aidera dans votre démarche.

Les recherches que nous citons ou décrivons sont souvent d'origine américaine. Cela ne veut pas dire que nous en perdons nos racines québécoises... Ici, c'est souvent dans un autre langage que nous retrouvons cette volonté de communication, d'affirmation et de libération: celui de la politique ou celui de la chanson.

Au Québec, dit Guy Millière, "chanter fut toujours plus qu'un choix: comme une nécessité vitale, celle de ne pas vivre courbés, anéantis, celle de ne pas devenir les nègres blancs du Canada, celle de pouvoir encore se dire et, pour se dire, de se souvenir, de s'identifier." [1]

La chanson, c'est un autre langage, un langage qui nous rejoint au coeur et au ventre, des paroles qui en disent parfois plus long que les savants écrits... Tant mieux s'il existe plusieurs langages pour parler de la même chose. Il y a des chances qu'on comprenne mieux! C'est la raison pour laquelle nous avons inséré, dans le texte, certaines paroles de chansons québécoises que nous aimons beaucoup.

---

1) MILLIÈRE, G., *Québec, chant des possibles,* Albin Michel, Paris, p. 16, 1978.

Remerciements

Le contenu de ce livre a été élaboré grâce à la collaboration active de nombreuses personnes. Nous désirons ici les remercier toutes, tout en demeurant convaincus que nous allons malheureusement en oublier. Que les oubliés ne se sentent pas dépréciés!

En 1975, M. Jacques Charest, alors directeur de la Clinique externe de psychiatrie du Centre hospitalier de Rouyn-Noranda, fut le premier à nous donner l'occasion de mettre en application nos connaissances dans ce domaine. Il fut alors, pour nous, un animateur important.

Par la suite, nous avons élaboré ce programme en collaboration avec les équipes des cliniques psychiatriques de Rouyn-Noranda et de Lasarre et avec des psychologues, des infirmières et des stagiaires en psychologie et en service social de l'hôpital *Louis-H. Lafontaine.* Nous tenons à exprimer notre reconnaissance à toutes ces personnes et, plus particulièrement, à nos plus proches collaborateurs: André Marchand, Suzanne Malo, Sylvie Boucher, Louise Richer, Pierre Lafond, Élaine Laberge-Boursier, Francine Roy-Gagnon, Gilles Trudel, Normand Marineau, Marc-André Richard, Joseph Bittar et Gilles Gaudette.

La rédaction de ce livre a été facilitée par l'excellent support de nos supérieurs immédiats, MM. Fernand Durocher, Germain Lavoie et René Saint-Onge, de l'hôpital *Louis-H. Lafontaine.* Nous leur en sommes très reconnaissants.

De plus, Mlle Mathilde Duranquet, M. Pierre Leduc et M. Jean-Marie Aubry ont accepté de nous donner leurs commentaires sur ce texte. Qu'ils en soient très chaleureusement remerciés!

Nous désirons aussi souligner l'apport important des personnes qui ont participé à des groupes d'entraînement à la communication et à l'affirmation de soi, que nous avons animés. Ces personnes, tout en bénéficiant de ce programme (nous l'espérons), ont contribué à la critique et à l'amélioration du texte qui suit et des exercices que nous y suggérons.

Enfin, nous remercions sincèrement les personnes et les maisons d'édition qui nous ont donné l'autorisation de citer sans frais des extraits de leurs chansons ou de leurs livres:

Angèle Arsenault
Denise Boucher
Yvon Deschamps
Réjean Ducharme
Jean-Pierre Ferland
Francine Hamelin
Bertrand Gosselin
John M. Gottman
Pauline Julien
Jean Lapointe

Félix Leclerc
Marcel Lefebvre
Sylvain Lelièvre
Luc Plamondon
Marie-Claire Séguin
Gilles Vigneault
Brooks/Cole Publishing Co.

Intermède Musique (Christopher J. Reed)
Research Press Inc.

Première partie

Principes de base

Cette première partie présente d'abord une procédure de recherche-action sur soi-même de même que les attitudes à adopter pour arriver à modifier son comportement (Chapitre 1). Suit un aperçu des droits de s'affirmer et des raisons de communiquer avec les autres (Chapitre 2). Enfin, après une définition de l'affirmation de soi (Chapitre 3) et de la communication (Chapitre 4), les processus de la communication non verbale (Chapitre 5) et de la communication verbale (Chapitre 6) sont explicités.

Chapitre 1

Comment modifier son comportement

À différents moments de notre vie, avec différentes personnes et dans différentes situations, nous avons tous plus ou moins de difficultés à nous exprimer clairement et facilement. Nous évitons de rencontrer certaines personnes. Nous cachons ce que nous pensons vraiment ou nous n'exprimons pas nos sentiments véritables. Nous ne profitons pas des possibilités de faire la connaissance de gens intéressants parce que nous avons peur de commencer une conversation ou parce que nous craignons qu'ils nous trouvent ridicules. Nous nous abstenons de faire des demandes ou de refuser quelque chose aux autres, même si cela peut nous causer des ennuis.

Nous ne sommes pas les seuls

Philip G. Zimbardo, un spécialiste en psychologie sociale de l'université Stanford, a fait de nombreuses recherches sur la gêne. Il définit celle-ci comme la tendance à éviter les interactions sociales et à ne pas participer de façon adéquate dans des situations sociales.

En 1977, Zimbardo a publié ses résultats et ses réflexions sur la gêne dans un livre très intéressant.[2] Ainsi, dans une enquête, il a découvert que 80 pour cent des gens affirment avoir déjà éprouvé de la gêne à différents moments de leur vie et que 40 pour cent se considèrent actuellement comme des gens "gênés". Nous ne sommes donc pas les seuls à éprouver de telles difficultés.

Et il n'y a pas que la gêne qui perturbe nos relations avec les autres. De plus en plus de gens qui consultent un psychothérapeute ont des problèmes de communication: problèmes de couple, dépression, manque de contacts sociaux, difficultés sexuelles, comportements de dépendance ou comportements agressifs antisociaux.

Au cours de la dernière décennie, plusieurs recherches ont été entreprises dans le but d'aider les gens à améliorer leur capacité d'entrer en relation avec les autres et d'exprimer leurs émotions. Des chercheurs ont élaboré des techniques thérapeutiques et leur ont donné différents noms: entraînement à l'affirmation ("assertion training"), entraînement à l'expression des sentiments ("training in emotional freedom"), développement des habiletés sociales de base ("social skills training"), thérapie par apprentissage structuré ("structured learning therapy") et entraînement à l'efficacité personnelle ("training in personal effectiveness"). Quoiqu'il soit difficile d'apprécier l'efficacité de chacune des composantes de ces techniques et que des recherches soient nécessaires dans ce domaine, déjà certaines recherches montrent des résultats atteignant 70 pour cent à 80 pour cent des buts fixés.[3] C'est le fruit de ce travail que ce livre présente.

---

2) ZIMBARDO, P.G., *Shyness,* Addison-Wesley, Reading, Mass., 1977.

3) KING, L.W. et LIBERMAN, R.P., Personal effectiveness: A structured therapy for improving social and emotional skills, *Behavioural analysis and modification,* 1977, pp. 82-91.

Faire de la recherche-action sur soi

Pour profiter au maximum de ce livre, il ne suffit pas de le lire, il faut aussi appliquer dans la vie quotidienne les idées qu'il contient. Mais les appliquer, cela ne veut pas dire simplement les essayer une ou deux fois; cela veut dire faire une sorte de recherche-action sur soi.

Vous pouvez faire de la recherche sur vous-même tout comme les hommes de science font de la recherche sur le monde extérieur. Cela peut vous paraître surprenant. Mais il y a des façons de procéder pour faire une recherche sur soi qui sont bien établies et qui peuvent s'avérer fort intéressantes.

Une recherche-action sur soi comprend trois phases principales: d'abord *définir* concrètement les comportements que vous voulez améliorer; deuxièmement, *observer* votre comportement pour savoir d'où vous partez, pour suivre votre processus de changement et vérifier si vous atteignez vos buts et, troisièmement, *pratiquer* par étapes les comportements que vous voulez acquérir. Ces trois aspects sont expliqués dans la suite du texte.

Le type de recherche-action sur soi proposé ici a déjà été employé avec succès pour résoudre des problèmes personnels, comme l'obésité, l'usage de la cigarette, le manque de motivation à l'étude ou à l'exercice physique et des problèmes qui nous intéressent davantage ici, comme s'exprimer et communiquer adéquatement avec les autres et changer des sentiments et pensées désagréables ou irrationnels.

En voici un exemple. Watson et Tharp [4] rapportent la recherche personnelle d'une étudiante qui se sentait gênée de s'adresser à ses professeurs et, par conséquent, ne leur parlait presque jamais. Elle désirait beaucoup changer son comportement. Elle commença par compter pendant combien de minutes elle adressait la parole à un professeur: le résultat était près de zéro. Puis, elle fit un plan en cinq étapes, qui allait du

---

4) WATSON, D.L. et THARP, R.G. *Self-directed behavior,* Brooks-Cole, Monterey, California, 1972.

simple "Bonjour" à un professeur jusqu'à une conversation de deux minutes. Elle décida de ne pas aller manger le midi avant d'avoir réussi une de ces étapes. Elle continua d'observer et de quantifier son comportement. Mais ce plan échoua à la troisième étape, qui consistait à parler pendant trente secondes à un professeur. Elle refit alors un autre plan dans lequel elle avait à parler au professeur qu'elle trouvait le plus sympathique et qui accepta de l'aider à parler davantage avec lui. Ce plan a réussi et elle en a ensuite fait un troisième pour arriver à parler aux autres professeurs. Ses observations de son propre comportement lui ont alors permis de constater à chaque étape qu'elle s'améliorait et qu'elle atteignait son but graduellement.

McGaghie, Menges et Dobroski ont évalué les résultats de ce genre de recherche-action sur soi chez quarante-neuf de leurs étudiants.[5] Ils ont trouvé qu'environ 70 pour cent d'entre eux réussissaient à modifier leurs comportements et leurs émotions et à atteindre ainsi des buts qu'ils s'étaient fixés. De plus, Robert E. Pawlicki, un psychologue de l'Université de l'État de New York, a trouvé que les gens qui faisaient de telles recherches-actions avaient ensuite plus confiance en eux-mêmes et se sentaient plus capables de contrôler eux-mêmes ce qui se passait dans leur vie.[6] Ces recherches indiquent clairement qu'il est possible de se changer soi-même et que ceci a des effets bénéfiques sur nos attitudes. Mais il faut d'abord savoir éviter certains pièges.

Éviter de me faire la morale

Faire une recherche-action sur soi, ceci veut dire qu'une fois que je sais ce que je veux changer, je me permets d'essayer de nouveaux comportements, puis je regarde ce que

5) MCGAHIE, W.C., MENGES, R.J. et DOBROSKI, B.J., Self-modification in a college course, *Journal of counseling psychology, 23,* pp. 173-182, 1976.
6) PAWLICKI, R.E., Effects of self-directed behavior-modification training on a measure of locus of control, *Psychological reports, 39,* pp. 319-322, 1976.

cela m'apporte de nouveau, de bon et de moins bon. Il s'agit donc ici d'une attitude de chercheur et non de moralisateur.

Je dois éviter de me "faire la morale" en me disant, par exemple, qu'il n'est pas bien, moralement, de ne pas communiquer avec les autres et de ne pas m'affirmer. Ceci ne m'aiderait pas beaucoup. Je dois plutôt regarder quels avantages j'ai à ne pas communiquer et à ne pas m'affirmer. Je vais voir que ça m'apporte, bien sûr, certains bénéfices: j'ai la paix! Je vais voir aussi que ça m'apporte certaines insatisfactions: je n'ai pas d'amis, je suis déprimé, je suis agressif parce que les autres m'ignorent, etc. Alors, en gardant toujours une attitude de chercheur, je peux décider d'essayer de communiquer et de m'affirmer pour vérifier si je suis plus satisfait, plus heureux dans mes relations avec les autres. J'essaie alors de nouveaux comportements et je change, non pas parce que moralement "il faut communiquer avec les autres", mais parce que je veux être plus heureux.

Éviter de croire que je ne peux pas changer

Avant de commencer une recherche personnelle, il est important de ne pas adopter cette croyance (hélas! très répandue) que le comportement humain ne peut pas être changé. Des théories très populaires nous ont amenés à croire que nous avons tous une personnalité immuable, alors qu'une des principales caractéristiques de l'homme consiste justement à pouvoir facilement apprendre des comportements nouveaux, à être suffisamment souple pour s'adapter à différentes situations.

Si vous croyez ne pas pouvoir changer, vous ne ferez sans doute pas les efforts nécessaires pour y arriver. Vous vous direz facilement: "Peine perdue! Je ne changerai jamais. Je suis fait comme ça!" et vous laisserez tomber avant même d'en avoir fait l'expérience. Il faut rejeter carrément ce genre de pensées. Il y a, bien sûr, certains comportements qu'il est difficile, ou même impossible, de changer. Mais il y a suffisamment de recherches en psychologie qui indiquent que l'on peut

Sniff...
Personne ne connaît mes besoins, personne ne me donne ce que je veux ... personne ne m'aime ... Sniff

Cesse de te plaindre!

Si je pleure, c'est à cause de mon inconscient individuel, de mon inconscient collectif, de mon inconscient universel, de mon sub-conscient et de toutes les autres structures de ma personnalité qui sont figées, incomprises et mal foutues ... Sniff Sniff...

modifier le comportement humain pour que l'on soit en droit de rejeter cette pensée.

Plusieurs personnes croient ne pas pouvoir changer leur comportement en se basant sur certaines théories populaires (astrologie, graphologie, biorythmie, caractérologie, etc...). De notre point de vue, ces théories peuvent faire beaucoup de tort en faisant croire aux gens qu'ils ne peuvent pas diriger leur vie et contrôler leur comportement. Par ailleurs, la très grande majorité des recherches vraiment scientifiques portant sur ces théories indiquent qu'elles sont fausses (voir bibliographie, à la fin). Notons, de plus, qu'il se dépense beaucoup d'argent dans ce domaine; par exemple, la seule biorythmie fait gaspiller plusieurs millions de dollars chaque année aux États-Unis!

Comment se fait-il que les gens croient en de telles théories? Un certain nombre de recherches ont montré que les gens considèrent très facilement que leur personnalité est décrite d'une façon exacte par des interprétations générales du genre: "Vous avez un grand besoin d'être aimé et admiré par les autres. Vous avez tendance à vous critiquer. Vous avez de grandes capacités que vous n'utilisez pas à votre avantage. Même si vous avez quelques faiblesses au niveau de votre personnalité, vous arrivez à les compenser. Votre adaptation sexuelle a présenté certains problèmes, etc..." Environ 80 pour cent des gens considèrent de telles interprétations de leur propre personnalité comme bonnes ou excellentes! C'est donc dire que nous sommes presque tous naïfs devant les interprétations générales de notre personnalité que peuvent nous faire des graphologues, des astrologues et même des psychologues! Et non seulement ces interprétations générales s'appliquent à peu près à tout le monde, mais elles nous font facilement croire que nous ne pouvons pas changer notre prétendue personnalité: ceci nous amène alors à être passifs et à ne pas faire les efforts nécessaires pour évoluer et être plus heureux.

La science, c'est
dépassé. L'avenir
appartient à Maha-
viscru, aux prisma-
tiques, à l'astro-
carto-bollogie.

Maintenant, mon frère,
nous allons passer le
chapeau pour permettre
le progrès de ces mou-
vements qui feront évo-
luer l'humanité vers des
lendemains meilleurs...

De plus, Snyder et Larson ont trouvé que plus une personne accepte de telles interprétations générales de sa personnalité, plus elle se sent contrôlée par des forces extérieures à elle, c'est-à-dire moins elle a l'impression de pouvoir diriger elle-même sa vie.[7] Ceci est une indication supplémentaire qu'en croyant à ces caractéristiques vagues et immuables de notre personnalité, nous nous condamnons à l'inertie. Combien de fois avons-nous dit "Je suis fait comme ça. Je suis gêné, nerveux, fragile, etc.", comme pour nous donner une raison de ne rien faire et même de mettre les autres à notre service? Voilà une bonne raison pour croire aux interprétations générales de la personnalité: cela sert d'excuse à notre passivité et à notre dépendance!

Certaines personnes se servent même des étiquettes de "névrotiques", "compulsifs", "dépressifs" ou autres pour contrôler leur entourage, pour exiger de leur conjoint, de leurs enfants, de leurs parents ou de leurs amis qu'ils prennent toutes sortes de précautions pour ne pas aggraver leur "névrose", leur "compulsion" ou leur "dépression". Ces gens sont eux-mêmes malheureux et rendent leur entourage malheureux.

Ce dont nous avons besoin pour évoluer, ce n'est pas de ce genre d'étiquettes. Réservons les étiquettes pour les pots de confiture et considérons-nous, humains, comme des êtres souples. Si nous voulons arriver à changer quelque chose dans notre comportement au moyen d'une recherche personnelle et à diriger notre vie, il faut refuser de telles interprétations de nous-mêmes, qu'elles viennent des astrologues, des graphologues, des médecins ou même des psychologues!

Généralement, nous pouvons influencer notre processus de changement beaucoup plus que nous le croyons. Allen Tough, un psychologue de l'Institut ontarien des études en éducation, rapporte les résultats d'une enquête auprès de

---

7) SNYDER, C.R. et LARSON, G.R., A further look at student acceptance of general personality interpretations, *Journal of consulting and clinical psychology, 38,* pp. 384-388, 1972.

quarante-cinq personnes sur les changements qu'elles ont désirés et voulus pendant les deux années précédentes.[8] La plupart de ces personnes affirment avoir décidé, durant cette période de temps, de changer des choses importantes dans leur vie au plan de leur travail, de leur éducation, de leurs relations avec les autres, de leurs émotions, de leur perception d'elles-mêmes, de leurs activités de loisirs, etc. De plus, elles considèrent en général avoir réussi ces changements importants. Une seule sur ces quarante-cinq personnes dit n'avoir rien changé en deux ans. Enfin, selon Allen Tough, la plupart des gens croient que les changements personnels ne sont ni choisis ni contrôlés par eux-mêmes, mais qu'ils dépendent de facteurs extérieurs et du hasard. Pourtant, lorsque ces personnes réfléchissent un peu à leur propre évolution, elles se rappellent avoir fait des efforts sérieux et avoir planifié et réussi des changements personnels importants.

> *Nous voyagerons*
> *Il nous faudra du temps*
> *Nous voyagerons*
> *Il nous faudra patience et temps*
> *Nous voyagerons au-delà de nous-mêmes*
>
> "Nous voyagerons"
> Paroles de Marie-Claire Séguin et Francine Hamelin
> ©Les Éditions Marie Matin (CAPAC)

Exercice 1. Mon processus de changement

Afin de mieux comprendre que vous changez avec le temps et que vous pouvez influencer ce processus de changement, vous pouvez faire l'exercice suivant.

Prenez quelques minutes de réflexion. Mettez-vous bien à l'aise dans une chaise confortable. Détendez-vous et fermez

---

8) TOUGH, A., *The largest intentional change during the past two years,* 1978, document présenté au Congrès de l'American Psychological Association, Toronto.

les yeux. Essayez d'imaginer comment vous étiez il y a deux ans. Où étiez-vous? Qu'est-ce que vous faisiez? Avec qui? Y a-t-il des choses que vous faisiez et que vous ne faites plus aujourd'hui? Y a-t-il des choses que vous ne faisiez pas et que vous faites aujourd'hui? Essayez de bien voir les différences dans votre façon d'agir aujourd'hui et il y a deux ans...

Ensuite, imaginez ce que vous pourriez être dans deux ans. Où pourriez-vous être? Avec qui? Qu'est-ce que vous pourriez faire que vous ne faites pas aujourd'hui? Essayez de bien voir les différences entre votre façon d'agir aujourd'hui et la façon dont vous pourriez agir dans deux ans...

Pouvez-vous imaginer que vous devenez votre propre agent de changement, que c'est vous qui décidez maintenant de ce que vous allez devenir? Pouvez-vous imaginer que vous trouvez les moyens et que vous avez la capacité de faire ce qu'il faut pour devenir ce que vous voulez devenir? Avez-vous le goût de prendre les moyens de devenir ce que vous voulez devenir? Si oui, tout est possible...

Après avoir fait cet exercice, vous pouvez prendre un moment pour en parler avec un ami ou avec une personne importante pour vous. Ce sera en même temps votre premier exercice de communication.

J'ai pus envie
De rester dans mon coin
De r'mettre ma vie
Tous les jours, tous les jours
Au lendemain

"J'me sens ben"
Paroles de Luc Plamondon
pour Diane Dufresne
©Éditions Mondon

Éviter les explications faciles de nos comportements

Nous avons parfois l'impression d'avoir facilement des "intuitions" justes de ce qui cause nos sentiments et nos com-

portements. Pour expliquer nos comportements et nos sentiments, nous faisons régulièrement appel à des explications
que nous avons apprises ou que nous imaginons vraies, mais
qui ne le sont pas toujours. Nous aurions souvent intérêt à être
plus sceptiques et à faire de la recherche-action sur nous-
mêmes, du moins quand c'est important pour nous de connaître la cause de nos comportements et de nos émotions.

Comme exemple de nos interprétations erronées, voici
une expérience de Latané et Darley.[9] Ces psychologues ont fait
une série de recherches qui montrent que plus il y a de personnes dans un endroit, moins ceux qui sont présents ont tendance à aider quelqu'un qui aurait besoin d'assistance. Ils ont
constaté ce phénomène dans un grand nombre de situations
et avec de très nombreuses personnes, de sorte qu'il semble
que ce soit un phénomène assez général. De plus, dans chacune de ces recherches, ils ont demandé à ces personnes si
elles croyaient avoir été influencées par la présence des autres.
Mais chacune de ces personnes niait avoir été influencée par la
présence des autres, alors que la recherche montrait exactement le contraire. Ceci n'est qu'un exemple du fait que nous
connaissons parfois très mal ce qui influence nos comportements et nos sentiments. Et il n'y a rien de pire qu'un ignorant
qui ignore son ignorance: cela nous amène à adopter de
fausses explications ou à en forger et cela nous rend moins
aptes à modifier notre façon d'agir. Mais si nous prenons conscience de notre ignorance vis-à-vis de nous-mêmes, nous
pouvons au moins nous mettre au plus tôt à la tâche pour connaître ce qui nous influence et pouvoir ainsi mieux diriger notre
vie.

Voici d'autres exemples de fausses interprétations du
comportement humain. Les gens qui souffrent d'insomnie considèrent la plupart du temps et, souvent avec raison, que leurs
problèmes de sommeil sont causés par le stress de la vie quotidienne, par leurs inquiétudes et leur anxiété. Mais souvent

---

9) LATANE, B. et DARLEY, J.M., *The unresponsive bystander: Why doesn't he
help?*, Appleton-Century-Crofts, New York, 1970.

ces personnes prennent des médicaments pour dormir depuis plusieurs mois et même plusieurs années. Or, il est prouvé que ces médicaments ne sont efficaces que pendant environ deux semaines. Par la suite, il faut en prendre des quantités de plus en plus grandes et finalement, ils ont des effets contraires (c'est-à-dire qu'ils perturbent le sommeil), même après qu'on a cessé de les utiliser, car ils demeurent imprégnés dans l'organisme.[10] Il peut donc arriver que la principale cause de l'insomnie soit le médicament lui-même, alors que plusieurs insomniaques croient avec conviction que c'est tout autre chose. Ce que nous croyons être la cause de nos problèmes n'en est souvent qu'un effet et ce que nous croyons être un remède est parfois la cause de nos difficultés.

Un autre exemple: Des parents qui ont des problèmes avec leurs enfants vont souvent dire: "Depuis des années, je suis obligé de crier continuellement après cet enfant et de lui faire honte devant ses frères et soeurs. Et il ne comprend rien. C'est toujours à recommencer. Je ne sais plus quoi faire." Ces parents ont l'impression que leur enfant est tellement difficile qu'ils n'ont plus qu'une solution: le punir fréquemment en haussant la voix et en criant. Il semble d'ailleurs que les professeurs tombent aussi dans le même piège très souvent. Or, certains chercheurs ont montré que les critiques fréquentes à voix haute devant plusieurs enfants ont pour effet d'augmenter le nombre de comportements indisciplinés, alors que les réprimandes occasionnelles à voix basse à un enfant seul en diminuent le nombre.[11] Par conséquent, ce que ces parents d'enfants difficiles prennent pour une solution est souvent une cause de problèmes plus importants. En utilisant une méthode de recherche personnelle, telle que celle qui est proposée ici, ces parents auraient pu découvrir dans quelles situations leur enfant était plus calme et que leurs cris, qui ont un résultat

---

10) BOOTZIN, R.R., Effects of self-control procedures for insomnia, *In* R.B. Stuart (Ed.), *Behavioral self-management*, Brunner-Mazel, New York, 1977

11) O'LEARY, D.D., KAUFMAN, K.F., KASS, R. et DRABMAN, R., The vicious cycle of loud reprimands, *Exceptional children, 37*, pp. 145-155, 1970.

immédiat satisfaisant pour eux, provoquent, à long terme, le contraire du comportement désiré.

Définir ses difficultés

Voici maintenant une explication de la façon de faire de la recherche-action sur soi. Il est d'abord important de reconnaître vos propres difficultés de la façon la plus précise possible, reconnaître que dans telle ou telle situation, vous avez de la difficulté à adopter le comportement que vous voudriez avoir. C'est important non pas pour vous juger ou vous blâmer, mais pour savoir exactement ce que vous voulez changer dans votre comportement. C'est important aussi pour vous rendre compte si vous évoluez ou non.

Quand vous vous sentez plus ou moins malheureux face à vos actes ou à vos émotions, vous n'en avez souvent qu'une définition très vague. Vous voulez, par exemple, être moins déprimé ou moins agressif ou moins timide. C'est déjà un début de pouvoir se dire cela, mais ce n'est pas suffisant pour changer. Cela ne vous dit pas clairement quoi changer.

Pour arriver à diriger vous-même votre évolution au moyen d'une recherche personnelle, il vous faut connaître exactement comment la dépression, l'agressivité ou la timidité se manifestent dans votre cas et ce qui vous rend ainsi *actuellement*. Quels sont exactement ces sentiments ou ces comportements désagréables pour vous? Quels sont exactement les événements ou les comportements des autres qui suscitent en vous des sentiments ou des comportements agréables ou désagréables?

Exercice 2. La grille de communication affirmative

La première étape de votre recherche personnelle en communication affirmative consiste à remplir la grille de communication affirmative que vous trouverez à la page 32. La dernière colonne de cette grille indique à quel chapitre de ce livre vous trouverez le plus d'informations sur la façon de résoudre votre type de difficultés.

Exercice 3. Les observations préliminaires

Après avoir rempli la grille de communication affirmative, procurez-vous un petit calepin facile à transporter et notez-y régulièrement et pendant au moins une semaine:

1) dans quelles situations exactes vous avez des difficultés et des succès en communication et en affirmation de soi;

2) quels sont précisément vos comportements dans ces situations. Décrivez bien ce que vous faites en termes concrets, observables. Dire que vous êtes anxieux, en colère, etc., peut être important, mais cela ne vous donne pas assez d'informations pour pouvoir ensuite changer quelque chose. Indiquez donc concrètement et précisément ce que vous faites. Par exemple, au lieu de dire que vous êtes agressifs, notez exactement les mots que vous avez dits, le ton de voix et l'expression faciale et gestuelle que vous aviez;

3) ce que vous ressentez physiquement à ce moment-là.

4) ce que vous pensez et ce que vous dites à vous-mêmes dans cette situation;

5) quels résultats vous obtenez ou quelles conséquences il en résulte pour vous et pour les autres;

6) quels autres comportements vous aimeriez avoir à l'avenir dans des situations semblables.

Il s'agit ici d'observations préliminaires qu'il faut faire le plus immédiatement possible après que se produit le comportement que vous voulez changer ou le comportement que vous voulez voir apparaître plus souvent. Le plus immédiatement possible, pour éviter d'oublier des détails importants et d'y substituer des interprétations erronées. Plus on fait ces observations sur soi immédiatement après l'événement, moins on a de chance de faire des interprétations fausses de ce qui s'est passé. Ces observations immédiates vous permettront donc de mieux savoir où se situent vos difficultés et ce qui suscite les émotions ou comportements que vous voulez changer.

Grille de communication affirmative	Conjoint(e)/amant(e)	Père/mère	
J'ai de la difficulté à:			
reconnaître mes droits face à			
trouver intéressant de communiquer avec			
savoir si je suis affirmatif(ve) devant			
comprendre ce qu'est une bonne communication avec			
ne pas baisser les yeux devant			
m'exprimer avec mon visage et mon corps devant			
avoir une voix adéquate et affirmative avec			
dire ce que je pense vraiment en présence de			
écouter ce que l'autre dit avec			
être calme et détendu(e) en présence de			
savoir quoi dire à			
commencer une conversation avec			
maintenir une conversation avec			
demander ce que je veux à			
persister dans mes demandes à			
dire "non" à			
répondre aux demandes de			
répondre à une critique de			
désarmer la colère de			
faire une critique à			
exprimer des sentiments de colère, de désapprobation à			
résoudre un conflit avec			
répondre à un compliment de			
exprimer des sentiments d'affection à			
faire un compliment à			

Frères/soeurs	Tantes/oncles	Beaux-parents	Enfants	Amis(es)	Rencontres occasionnelles	Voisins(es)	Compagnons de chambre	Hommes attrayants	Femmes attrayantes	Employeurs/patrons	Collègues de travail	Professeurs	Étudiants(es)	Prêtres	Commis-vendeurs	Garçons de table	Médecins/dentistes	Avocats/notaires	Interviewers pour emploi	Étrangers/étrangères	Autres (précisez)	Autres (précisez)	chap.
																							2
																							2
																							3
																							4
																							5
																							5
																							5
																							6
																							6
																							7
																							8
																							8
																							8
																							9
																							9
																							9
																							9
																							10
																							10
																							11
																							11
																							11
																							12
																							12
																							12

Après avoir fait ces observations préliminaires pendant au moins une semaine, vous pouvez revoir votre grille de communication affirmative (p. 32) et préciser davantage les domaines où vous avez de la difficulté. Puis, vous pouvez choisir exactement quel est le comportement que vous voulez d'abord modifier, l'observer systématiquement, puis décider des étapes nécessaires pour y arriver. Ne cherchez à modifier qu'un seul comportement à la fois. Il ne sert à rien de courir deux lièvres à la fois: on risque de les rater tous les deux.

Exercice 4. Les observations systématiques

Une fois que vous avez fait vos observations préliminaires et que vous avez choisi un comportement à modifier, il est temps de passer aux observations systématiques du comportement choisi.

Il s'agit alors de calculer soit *le nombre de fois* que vous faites cette action (par exemple, le nombre de fois par jour que vous adressez des compliments ou des félicitations à votre conjoint), soit *combien de temps* dure ce comportement (par exemple, pendant combien de temps vous conversez avec vos collègues de travail.).

Attention! Ne vous fiez pas à votre mémoire. Inscrivez immédiatement vos observations dans un carnet ou sur un petit carton.

Afin d'avoir une vue d'ensemble de votre évolution, faites un graphique où vous notez quotidiennement la fréquence ou la durée de vos comportements, de vos pensées ou de vos sentiments que vous désirez modifier. Par exemple, dans la figure qui suit, une personne qui voulait arriver à s'apprécier davantage a noté le nombre de fois qu'elle s'est félicitée pour ses comportements ou ses pensées, avant et après l'emploi d'une technique pour changer son estime d'elle-même. On voit clairement sur le graphique que le premier jour d'observation (le 10-8), elle ne s'est appréciée qu'une seule fois; le deuxième jour, aucune fois; etc... Ce graphique permet d'apprécier, d'un coup d'oeil, l'évolution de cette personne et l'effet de sa technique de changement sur ses pensées.

Avant l'emploi d'une technique de changement — Après l'emploi d'une technique de changement

Nombre d'auto-appréciations

Date

10-8 11-8 12-8 13-8 14-8 15-8 16-8 17-8 18-8 19-8 20-8 21-8

35

Dans le deuxième graphique, une autre personne a indiqué pendant combien de temps elle parlait avec son conjoint de leurs problèmes communs.

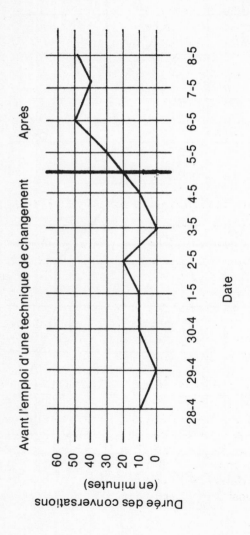

En vous donnant une vue d'ensemble sur votre comportement, ce graphique vous encourage à continuer vos efforts ou encore à trouver de nouvelles techniques de changement. Plusieurs recherches en psychologie ont montré que le seul fait de s'observer systématiquement permet à plusieurs personnes de réussir à modifier leur comportement, surtout si ces personnes sont très motivées à changer. Mais, même si vous êtes très motivés à acquérir un comportement plus affirmatif et une meilleure façon de communiquer, il peut arriver que l'auto-observation systématique ne soit pas suffisante. Il y a donc lieu de vous faire un programme de changements et d'employer les techniques de changement, proposées dans la suite du livre, pour arriver à mieux communiquer et à vous affirmer.

Un programme de changements par étapes

Il est important que votre programme de changements soit constitué de plusieurs petites étapes. Si vous essayez de franchir des étapes trop grandes, il se peut que vous vous découragiez. Beaucoup de gens croient être incapables de modifier leur comportement justement parce qu'ils s'imposent des changements trop grands. S'ils n'arrivent pas à changer, c'est alors parce qu'ils s'attendent à une évolution trop rapide et trop importante. Établissez donc des étapes petites et réalistes. De plus, que vos étapes soient faciles à mesurer, de sorte que vous pourrez mieux évaluer votre progrès.

Comme exemple de l'établissement d'étapes, revenons à la recherche personnelle de l'étudiante qui avait de la difficulté à parler à ses professeurs. Si vous vous souvenez bien, son premier programme avait échoué. Voici les étapes qu'elle s'était fixées dans son deuxième et dans son troisième plans et qu'elle a réussi à franchir:

Deuxième plan.	Étape 1.	Parler avec le professeur A dans le corridor pendant 15 secondes.
	Étape 2.	Parler avec lui pendant 30 secondes.
	Étape 3.	Parler avec lui pendant 1 minute.
	Étape 4.	Parler avec lui pendant 90 secondes.
	Étape 5.	Augmenter de 30 secondes à chaque fois jusqu'à 5 minutes.
Troisième plan.	Étape 1.	Aller vers le professeur A pendant qu'il parle à un autre professeur et leur dire "bonjour" aux deux.
	Étape 2.	Aller vers le professeur A pendant qu'il parle à un autre professeur et dire au moins une phrase à l'autre professeur.
	Étape 3.	Même chose et parler à l'autre professeur pendant 5 secondes.
	Étape 4.	Parler à l'autre professeur pendant 10 secondes.
	Étape 5.	Parler à l'autre professeur pendant 15 secondes.
	Étape 6.	Parler à l'autre professeur pendant 30 secondes, puis graduellement jusqu'à 50 secondes.[12]

Comme vous le voyez, ce programme de changements comporte des étapes simples, réalistes et faciles à mesurer.

---

12) Traduit et reproduit avec la permission de Brooks/Cole Publishing Company, à partir du livre de David L. Watson et Roland G. Tharp, *Self-directed behavior: Self-modification for personal adjustment*, Brooks-Cole, Monterey, Calif., 1972.

La pratique des comportements désirés

L'acquisition de nouvelles habiletés demande beaucoup de pratique. Tout le monde sait qu'on ne peut être parfait dès le premier essai. Par exemple, si vous apprenez à conduire une auto ou à jouer d'un instrument de musique, il vous faut beaucoup de pratique avant d'arriver à posséder ces habiletés. C'est la même chose au niveau de l'entraînement à la communication et à l'affirmation de soi. Donnez-vous le temps. Suivez votre propre processus de changement. Soyez patient et n'arrêtez pas de pratiquer. En pratiquant beaucoup, le comportement nouveau devient graduellement naturel, spontané. Peu à peu, on devient "à l'aise" de le faire. C'est un peu comme quand vous vous achetez de nouvelles chaussures. Pour vous sentir à l'aise dans ces chaussures, vous devez les porter et les "faire à votre pied". Alors, les chaussures qui ont été faites pour tout le monde seront devenues "vos" chaussures et elles vous feront mieux qu'à personne d'autre. C'est la même chose ici. Les comportements de communication et d'affirmation de soi qui vous sont proposés sont faits pour tout le monde. Mais, en les pratiquant, vous choisirez ce qui vous va le mieux et vous trouverez votre façon personnelle de communiquer et de vous affirmer.

Il faudra aussi vous permettre d'essayer de nouveaux comportements sans juger d'avance si c'est bon ou mauvais pour vous. Évitez d'apporter des conclusions générales ou définitives après une seule expérience. On sait très bien qu'en science, il faut expérimenter plusieurs fois et dans différentes situations avant de tirer des conclusions, qui sont rarement tout à fait définitives. De la même façon, avant de dire "Je ne suis pas capable" ou "Cela ne donne rien", essayez les façons d'agir proposées ici dans différentes conditions, avec différentes personnes et de différentes manières, tout en vous observant systématiquement. Alors seulement, vous pourrez vous faire une opinion.

Les types de pratique

Il y a différentes façons de pratiquer les exercices en communication et en affirmation de soi. Vous pouvez les pratiquer:

1) dans la vie quotidienne;
2) en jouant des situations difficiles pour vous avec une autre personne et en trouvant avec elle des comportements plus valables pour vous *(jeu de rôle);*
3) en faisant des jeux de rôle en imagination, c'est-à-dire en imaginant très clairement la situation difficile et des réactions adéquates que vous pouvez avoir *(exercice en imagination);*
4) si vous avez de la difficulté à vous imaginer vous-même ayant de telles réactions, en imaginant une autre personne qui réagit adéquatement à une situation difficile pour vous *(exercice en imagination avec un modèle).*

Toutes ces façons de s'exercer semblent être efficaces, selon un certain nombre de recherches en psychologie. Cependant, il peut vous sembler étonnant que la pratique imaginée puisse permettre de modifier le comportement dans la vie quotidienne. Mais cela semble bien le cas. Ainsi, McFall et ses collaborateurs ont appris à des personnes à refuser des demandes déraisonnables.[13] Ils ont fait pratiquer ces comportements en imagination, pour la moitié de ces personnes, et en réalité (jeu de rôle), pour l'autre moitié. Cette pratique a duré vingt minutes. Ces deux groupes de personnes se sont améliorés dans la vie quotidienne, plus qu'un groupe qui n'avait pas reçu cet entraînement. Les exercices en imagination peuvent donc être aussi valables que les exercices faits dans la réalité.

---

13) MCFALL, R.M. et LILLESAND, D.B., Behavior rehearsal with modeling and coaching in assertion training, *Journal of abnormal psychology, 77,* pp. 313-323, 1971.
MCFALL, R.M. et TWENTYMAN, C.T., Four experiments on the relative contributions of rehearsal, modeling, and coaching to assertion training, *Journal of abnormal psychology, 81,* pp. 199-218, 1973.

À la suite de cette recherche, les auteurs proposent une combinaison de la pratique imaginée et de la pratique réelle. L'entraînement en imagination permet d'abord d'acquérir de nouveaux comportements sans anxiété et ensuite, l'entraînement dans la réalité permet de transférer ces nouveaux apprentissages à la vie quotidienne.

Un chercheur de l'Université de l'État de Pennsylvanie, Alan E. Kazdin a demandé à vingt personnes, au cours de quatre entrevues, d'imaginer différentes scènes (trente-cinq) où une autre personne (un modèle) agissait d'une façon affirmative.[14] Après ces quatre entrevues, ces personnes arrivaient à s'affirmer davantage, selon différents tests écrits et des tests de comportement (jeux de rôle). D'autres chercheurs de l'Université de l'Arizona, Rosenthal et Resse, ont obtenu des résultats semblables avec cette méthode en imagination avec modèle.[15] Par conséquent, les exercices en imagination avec modèle peuvent aussi vous permettre de modifier votre comportement.

Si vous employez la pratique imaginée, il faut vous rappeler que ce qui est important finalement, c'est que vous changiez vos façons de réagir dans la vie quotidienne. Nous reviendrons, dans ce livre, sur ces différents types de pratique et nous vous donnerons des exemples et des exercices portant sur l'entraînement dans la vie quotidienne, en jeu de rôle, en imagination et en imagination avec un modèle.

Remarquons enfin qu'une de nos recherches indique que les gens qui suivent le programme et qui pratiquent beaucoup les exercices dans la vie quotidienne s'améliorent davantage

---

14) KAZDIN, A.E., Assessment of imagery during covert modeling of assertive behavior, *Journal of behavior therapy and experimental psychiatry, 7,* pp. 213-219, 1976.

15) ROSENTHAL, T.L. et REESE, S.L., The effects of covert and overt modeling on assertive behavior, *Behaviour research and therapy, 14,* pp. 463-469, 1976.

que ceux qui les pratiquent peu ou pas du tout.[16] D'autres recherches ont aussi obtenu des résultats identiques.

Risquer de nouveaux comportements et garder le sens de l'humour

Pour changer quelque chose dans sa vie, il faut parfois risquer. On ne peut pas tout savoir d'avance. Dans le programme qui suit, il vous faudra essayer de nouveaux comportements. Il s'agira de risques calculés, mais de risques quand même. Il faut alors être ouvert à l'expérience, être assez souple pour agir de façon nouvelle et ne pas avoir peur des quelques difficultés que l'on peut rencontrer. Il faut commencer ce programme en ayant dans la tête que seuls ceux qui prennent des risques ont des chances de progresser.

Moi j'veux vivre à cent milles à l'heure
Qu'est-ce qui te retient
As-tu peur d'la police?
....
On peut s'asseoir sur un banc
Jusqu'à quatre-vingt-dix ans
Non merci non merci non merci

"Valse triste"
Paroles de Luc Plamondon
pour Diane Dufresne
©Éditions Mondon

Et si vous rencontrez des difficultés, gardez le sens de l'humour et ne les prenez pas au tragique. Un peu d'humour, ça met de l'huile dans le moteur, ça aide à passer au travers des difficultés sans trop grincer des dents!

---

16) BOISVERT, J.M. et BEAUDRY, M., Un programme d'entraînement à la communication et à l'affirmation de soi: résultats préliminaires. *Annales médico-psychologiques,* sous presse, 1979.

Évitez de vous dire que vos difficultés sont insolubles. Trop souvent, les gens qui croient avoir des problèmes insolubles prennent beaucoup de temps à se plaindre et très peu de temps à chercher des solutions. Ne tombez pas dans ce piège!

Si vous réussissez à modifier votre comportement, félicitez-vous-en! Permettez-vous d'en être heureux! Mais si, après une pratique de plusieurs jours, vous ne réussissez pas, n'en faites pas une catastrophe. Vous pouvez apprendre beaucoup à partir de vos erreurs. Si nécessaire, reprenez vos observations préliminaires afin de mieux voir ce qui peut susciter le comportement que vous voulez changer. Observez bien ce que vous faites, ce que vous ressentez, ce que vous vous dites à vous-même et ce qui se passe dans votre environnement. Si vous le pouvez, demandez l'aide d'un ami. Puis, essayez de trouver de nouvelles solutions à votre problème ou encore reprenez votre programme en faisant des étapes plus petites et plus faciles.

Jouer des rôles, pourquoi pas?

Quand, au cours des prochains exercices, vous tenterez d'agir d'une façon nouvelle pour vous, vous aurez *peut-être* l'impression de jouer un rôle et d'être un mauvais comédien. Mais ne lâchez pas pour autant! Soyez persévérants! Le fait de jouer un rôle est justement une technique de changement qui a fait ses preuves.

Il y a quelques années, Georges Kelly a élaboré une technique qu'il a appelée la "thérapie du rôle déterminé" ("fixed-role therapy").[17] Cette forme de psychothérapie consiste à déterminer en détail un rôle que l'on demande à une personne de jouer dans la vie quotidienne. Ce rôle consiste en un ensemble de comportements et d'attitudes adéquats et opposés aux comportements et attitudes qui créent des problèmes

---

17) KELLY, G., *The psychology of personal constructs,* Norton, New York, 1955.

à la personne. Pendant environ deux semaines, celle-ci doit s'efforcer d'agir, de penser et de ressentir des émotions comme un individu qui présenterait ces comportements et attitudes plus adéquats.

En voici un exemple. Une femme se sentait timide et incapable de parler sans agressivité avec ses collègues de travail. Son psychothérapeute lui a demandé de jouer, durant deux semaines, le rôle d'une personne qui était sûre d'elle-même et qui pouvait parler calmement avec les autres. Prenant cette demande au sérieux, elle a décidé d'essayer d'agir comme une actrice de cinéma qu'elle admirait beaucoup et qu'elle voyait comme très "sociable" et très "sûre d'elle-même". Après deux semaines de ce jeu de rôle, elle avait repris confiance en elle d'une façon importante et rapportait que les personnes dans son entourage avaient remarqué ces changements positifs. Elle n'avait plus qu'à continuer à agir de la même façon pour que cela devienne peu à peu naturel pour elle d'être affirmative et de communiquer plus adéquatement.

Récemment, Karst et Trexler ont utilisé cette méthode du "rôle déterminé" pour aider des gens qui avaient peur de parler en public.[18] Ils ont montré que ces personnes s'étaient améliorées beaucoup après avoir pratiqué cette technique. C'est donc dire que vous ne devez pas avoir peur de modifier résolument votre façon d'agir. Même si, au début, ces nouveaux comportements peuvent vous paraître artificiels, à long terme cela peut vous aider grandement.

Dans son livre sur la gêne, Philip G. Zimbardo va dans le même sens que ce que nous venons de dire sur la nécessité de risquer de nouveaux comportements. Selon lui, les gens timides vivent un conflit entre leur peur d'agir au niveau social et leur désir de se sentir bien avec les autres et de retirer des conséquences agréables dans leurs relations interpersonnelles. Il considère que, pour résoudre ce conflit, les gens timides doivent devenir un peu comme des comédiens et "s'oublier eux-

---

18) KARST, T.O. et TREXLER, L.D., Initial study using fixed-role and rational-emotive therapy in treating public speaking phobia, *Journal of consulting and clinical psychology, 34,* pp. 360-366, 1970.

mêmes" dans l'action comme font les comédiens. Ainsi, ça deviendra graduellement naturel pour eux d'être actifs au niveau social.

Vivre ma vie
Au jour le jour
Donner un sens nouveau
À chaque geste, À chaque mot

"Vivre au jour le jour"
Paroles de Luc Plamondon
pour Renée Claude
©Éditions Mondon

L'importance des composantes de la recherche-action sur soi

Vous pouvez être tentés d'essayer de vous améliorer sans employer toutes les composantes de la recherche-action sur soi. Il est possible parfois de modifier ses comportements, ses émotions et ses pensées sans employer ces procédures. Cependant, si des difficultés particulières se présentent, comme c'est souvent le cas, il est essentiel de bien suivre chacune des phases de la recherche-action sur soi. Si vous ne vous impliquez qu'à moitié, vous ne récolterez peut-être que des demi-résultats: tout dépend de ce que vous voulez et des difficultés que vous rencontrez.

Évoluer d'un but à l'autre

Il se peut qu'au moment où vous atteignez le but que vous vous êtes fixé, vous vous rendiez compte que ce n'est pas suffisant ou que ce n'est pas vraiment cela qui peut rendre votre vie plus satisfaisante. C'est alors le signe qu'il vous faut vous fixer un nouveau but et refaire une autre recherche personnelle. Le fait de faire une recherche-action sur soi nous amène ainsi très souvent à réexaminer nos buts et à en découvrir d'autres qui sont plus intéressants pour nous.

Échanger avec une personne importante

Il vous sera sans doute plus facile de réaliser ces recherches personnelles si vous pouvez échanger sur ce sujet avec une personne importante pour vous. Dans un groupe d'entraînement à la communication et à l'affirmation de soi que nous avons dirigé, une jeune fille se faisait une règle de faire les exercices avec son ami (qui ne participait pas au groupe) et de lui faire lire les textes distribués. Cette jeune fille a alors fait des progrès considérables. Vous pouvez certainement faire de même.

Résumé

Les difficultés de communication et d'affirmation de soi sont très répandues et constituent un problème pour la majorité d'entre nous à un moment ou l'autre de notre vie. Ce livre se veut une réponse à ce problème, basée sur les écrits les plus scientifiques dans le domaine.

Pour diriger vous-même votre processus de changement en communication et en affirmation de soi, il est souhaitable d'en faire une question de recherche-action sur vous-même, tout comme les hommes de science font de la recherche pour améliorer notre bien-être physique, biologique, social et psychologique. Faire de la recherche-action sur vous-même signifie: *définir* concrètement les comportements que vous voulez améliorer, vous *observer* vous-même et *pratiquer* par étapes les comportements que vous voulez acquérir. Cela suppose aussi que vous abandonniez toute attitude moralisatrice et passive de même que les excès de naïveté face aux théories populaires et face aux interprétations vagues et générales de votre personnalité et de votre comportement.

Nous savons que nous changeons avec le temps. Alors, connaissons-nous nous-mêmes et prenons notre changement en mains! Et d'abord, voyons, dans le chapitre suivant, quels sont les droits de s'affirmer et les raisons de communiquer avec les autres.

Chapitre 2

J'ai le droit de m'affirmer et j'ai avantage à communiquer

Comment puis-je dire que j'ai le droit de m'affirmer et quels avantages ai-je à communiquer avec les autres?

Je suis unique et limité

> ...on est tout seul au monde
> chacun dedans son corps
> ensemble... chacun son bord...
>
> "Litanies du petit homme"
> Paroles de Félix Leclerc
> ©Félix Leclerc

Mon droit de m'affirmer découle de ce que je suis: un être humain unique.

Je suis unique par mon hérédité. Mon corps est unique par sa forme, son volume, ses traits caractéristiques comme le timbre de ma voix, mon odeur, ma démarche, etc.

Je suis unique par mon histoire. Quatrième fille de Rouville et Yvonne, soeur de Janine, Suzanne, Ruth et Jacques... Je suis née dans telle petite ville, j'ai fréquenté telle école et j'ai vécu des expériences très précises. Il est absolument impossible qu'une autre personne ait vécu le même ensemble d'expériences que moi.

Unique, je le suis aussi dans mon interaction avec les choses et les gens qui m'entourent. Personne ne peut avoir le même ensemble de perception que moi. Personne ne peut avoir exactement les mêmes sentiments que moi à propos des choses et des gens qui m'entourent. Personne ne peut avoir toujours les mêmes désirs, les mêmes besoins, les mêmes goûts et les mêmes connaissances que moi. Personne ne peut vouloir agir toujours de la même façon que moi tout comme moi je ne peux pas toujours vouloir agir comme l'autre le voudrait. "Ce serait trop beau", comme disent les gens...

Puisque je suis unique, n'ai-je donc pas le droit — si j'ai le droit de vivre — d'exprimer ce que je suis, c'est-à-dire de m'affirmer?

Cependant, quoique je sois unique, je ne vis pas seul. Je suis un être humain en interaction continuelle avec mon environnement. Je me développe, apprends, me connais moi-même en étant en relation avec les gens.

Étant unique, spécifique, je suis aussi limité. Par exemple, au niveau physique, à cause de ma position par rapport à un objet, je ne peux percevoir qu'une partie de cet objet; je ne vois pas l'autre côté de la lune, l'autre côté du mur, derrière ma tête.

Imaginez que deux personnes sont assises l'une en face de l'autre et regardent un carton qui est blanc d'un côté et noir de l'autre. L'une des personnes ne voit que le côté blanc et l'autre, que le côté noir. Si elles ne tiennent compte que de leur point de vue personnel, elles ne s'entendront pas sur la couleur du carton et n'auront qu'une connaissance partielle de ce carton. L'une dira que le carton est blanc et l'autre, que le carton est noir. Pour arriver à s'entendre et à avoir une meilleure connaissance du carton, elles doivent échanger leurs perceptions, elles doivent communiquer.

De la même façon, à cause de ma "position psychologique", je ne vis pas, ne sens pas et n'expérimente pas tout ce que l'autre vit, sent et expérimente. Le livre *Les naufragés des Bermudes* nous donne un excellent exemple de ce phénomène.[1] Six personnes nous parlent de leur expérience d'un naufrage. Devant le même danger, chacun se défend et lutte à sa façon. Chacun envisage la vie et la mort à sa façon. Chacun rêve ou pleure comme il peut.

Ma perception de la réalité, quoique très influencée par mon entourage, reste donc très spécifique et partielle par le fait même. Pour mieux comprendre la réalité psychologique de l'autre, j'ai besoin de comprendre le point de vue de l'autre sur lui-même.

Par exemple, si je trouve que quelqu'un est agressif, j'ai le droit de m'affirmer et de dire "Je te trouve agressif", parce que c'est mon point de vue. Mais, si je dis "Tu es agressif", je fais comme si j'avais une connaissance parfaite de la réalité de l'autre, alors que je n'ai qu'un point de vue qui est limité.

Il serait préférable d'échanger mon point de vue avec lui et de lui dire: "Je te trouve agressif. Et toi, te trouves-tu agressif?" Son point de vue sur ce comportement peut me permettre de mieux comprendre sa réalité. Ainsi, il pourrait me répondre: "Moi, je ne me sens pas agressif. Je sais que je parle fort; c'est une habitude que j'ai prise parce que mon père est sourd."

Après avoir écouté le point de vue de l'autre, j'en tiens compte ou non, je retiens certaines choses de ce qu'il a dit et j'en rejette d'autres. Je me fais une opinion personnelle; je ne peux faire autrement et j'en ai évidemment le droit. Ainsi, je peux me dire: "Ce qu'il m'a dit a du bon sens. Ce n'est peut-être pas parce qu'il est agressif; c'est sans doute une habitude qu'il a prise de parler fort." Ou encore, je peux me dire: "Je comprends qu'il parle fort avec son père, mais moi, je ne suis pas sourd. Il pourrait faire la différence et il ne la fait pas. Il doit

---

1) SABOURIN, M., SABOURIN, R., GRANGER, L., LIBITSKY, R., ROY, J.C. et RONDEAU, G., *Naufragés des Bermudes,* Montréal, Stanké, 1977.

y avoir une autre raison qu'il ne connaît pas ou qu'il ne veut pas me dire."

Puisque je ne peux faire autrement que de me faire une opinion personnelle, c'est évident que j'ai le droit d'avoir cette opinion, d'avoir ma propre perception des choses et de l'exprimer. Mais, pour ne pas rester "enfermé" dans mes perceptions qui, la plupart du temps, ne tiennent pas compte de toute la complexité de la réalité, j'ai tout intérêt à connaître le point de vue de l'autre, à communiquer.

Les droits fondamentaux et les raisons de communiquer

Le droit de s'affirmer implique une certaine conception de l'homme qui sera explicitée dans la description des droits personnels fondamentaux. Parallèlement, il est extrêmement important de bien comprendre quels intérêts nous avons à communiquer avec les autres et à créer des relations enrichissantes et libératrices. Ceci nous permettra d'éviter d'être agressifs dans la défense de nos droits.

Le premier droit fondamental, c'est le suivant: JE SUIS LE PREMIER JUGE DE MES ACTES, DE MES PENSÉES ET DE MES SENTIMENTS ET JE SUIS LE PREMIER RESPONSABLE DE LEURS CONSÉQUENCES.

À mesure que je fais de nouvelles expériences dans la vie, je juge que telle ou telle chose est bonne ou mauvaise pour moi et que je dois maintenir ou modifier certains comportements, certaines idées ou certaines émotions. En d'autres termes, je me refais une opinion personnelle selon ma perception de la réalité et j'agis en fonction de cette perception. Et personne ne peut me dire que je n'ai pas le droit d'agir ainsi, puisque de toute façon je ne peux faire autrement.

Dès que quelqu'un veut m'obliger à agir, à penser et à ressentir selon sa perception plutôt que selon la mienne, il ne me respecte pas et je ne peux pas vraiment communiquer avec lui d'égal à égal. Il est possible qu'il soit plus savant que moi, qu'il ait compris des choses que je ne comprends pas, mais cela ne lui donne pas le droit de m'imposer son jugement lorsqu'il s'agit de mes actions et de mes sentiments. L'autre peut me communiquer les raisons de son jugement, mais il ne peut pas me l'imposer. C'est moi seul en dernier ressort, qui peux juger pour moi.

De même, dès que je veux imposer mon jugement à un autre sur ce qu'il fait, pense ou ressent, je ne le respecte pas et je ne peux pas entrer avec lui dans une relation libératrice (c'est-à-dire une relation qui va l'aider à vivre mieux et à trouver ce qui le rendra plus heureux). Si je me crois capable de juger mieux que lui de ce qui le concerne, la seule chose que j'ai à faire, c'est de lui communiquer ce que je pense. Si je veux l'obliger à penser comme moi sans communiquer (par exemple, par la force ou par la ruse), je brise la relation entre êtres humains égaux.

Pour appuyer davantage ce droit personnel, remarquons que la *Charte des droits et libertés de la personne* qui est une loi du Québec, affirme, entre autres, ce qui suit:

"Considérant que tout être humain possède des droits et libertés intrinsèques, destinés à assurer sa protection et son épanouissement, considérant que tous les êtres humains sont égaux en valeur et en dignité (...), toute personne est titulaire des libertés fondamentales telles la liberté de conscience, la liberté de religion, la liberté d'opinion, la liberté d'expression (...)." [2] J'ai donc le droit d'être respecté en tant que "personne" tout comme je dois respecter les autres.

Malheureusement, nous rencontrons tous et trop souvent des gens qui nous rejettent si nous n'agissons pas selon ce qui leur semble bon, qui cherchent à nous rendre coupables si nous ne pensons pas comme eux et qui essaient de nous rendre anxieux si nous n'avons pas les mêmes sentiments qu'eux.

------

2) BIBLIOTHÈQUE NATIONALE DU QUÉBEC, *Vous avez le droit, les autres aussi, La charte des droits et libertés de la personne* et la Commission des droits de la personne, 1976.

Est-ce possible ?
Je n'ai jamais
entendu parler
de ces nouveaux droits.
Et moi qui déteste
le recyclage!.. merrr...

Ces gens-là sont d'ordinaire peu sûrs d'eux-mêmes, du moins au moment et dans la situation où ils agissent ainsi; ils seraient rassurés si nous étions comme eux ou comme ils veulent que nous soyons, selon les règles qu'ils veulent nous imposer. Ou encore, ils peuvent tirer des avantages économiques ou sociaux du fait que nous agissions à leur goût. C'est ce que l'on appelle souvent des *manipulateurs*. Rares sont les gens qui agissent toujours ainsi. Mais nous pouvons tous être des manipulateurs de temps à autre, sans même nous en rendre compte.

52

Ce premier droit personnel nous amène à formuler une première raison pour communiquer avec les autres: POUR ÉCLAIRER MON JUGEMENT, J'AI INTÉRÊT À CONNAÎTRE LE POINT DE VUE DES AUTRES SUR MES COMPORTEMENTS, MES IDÉES ET MES ÉMOTIONS.

Certaines recherches en psychologie sociale nous montrent qu'en nous formant une opinion, nous tenons rarement compte de toute la complexité de la réalité. Nous avons tendance à simplifier avec beaucoup d'assurance. Par exemple, parce que je n'aime pas deux sortes de légumes verts, je vais dire: "Je n'aime aucun légume vert." Ou encore, parce que j'aime bien un voisin italien, je vais dire: "Les Italiens sont les gens les plus polis du monde."

Les conséquences de nos fausses perceptions sont parfois très importantes. Ainsi, parce qu'une personne a une certaine identité ("noir", "juif", etc.), je pose un jugement de type raciste et je lui attribue un ensemble de caractéristiques négatives. Si plusieurs personnes pensent comme moi, il peut s'ensuivre des mésententes et des conflits graves. Je dois donc être conscient que je peux me tromper.

J'ai donc le droit de me juger moi-même, mais si je veux agir, penser et ressentir de la façon la plus éclairée possible, j'ai intérêt à connaître le point de vue des autres. Par exemple, si je veux acheter de la nourriture de la meilleure qualité et au meilleur prix possible, j'ai intérêt à m'informer auprès de gens expérimentés en ce domaine ou à écouter des émissions spéciales sur ce sujet. Même si on n'agit pas toujours de cette façon, il est évident que c'est la meilleure façon d'agir, tout comme il est évident que c'est à moi finalement à décider de la nourriture que je vais acheter. Si ce principe est valable au niveau très simple de l'achat de la nourriture, il est aussi valable à des niveaux plus complexes.

Le deuxième droit fondamental, c'est le suivant: J'AI LE DROIT DE ME DÉVELOPPER, D'APPRENDRE ET D'ÉVOLUER.

Au niveau de mon comportement, cela veut dire que j'ai le droit de faire des erreurs, de ne pas tout savoir, de poser des questions, d'avoir des limites et de changer d'idée.

C'est une vérité bien élémentaire que l'être humain se développe, apprend, évolue et cela, pendant toute sa vie. Cependant, il arrive bien souvent que dans notre vie quotidienne, nous réagissons comme si, à l'âge adulte, il ne nous était plus permis d'évoluer. Par exemple, comment nous sentons-nous quand nous avons fait une erreur? Très souvent coupables, anxieux. Pourtant, tout le monde fait des erreurs. Nous savons tous qu'aucun de nous n'est parfait et qu'il n'y a que ceux qui ne font rien qui ne font pas d'erreurs.

Il se peut qu'aujourd'hui je fasse quelque chose qui me semble correct et que demain, je vois que ce n'était pas la meilleure chose à faire. J'ai le droit d'évoluer. Il y a des gens qui comprennent cela, mais il y en a qui peuvent essayer de me faire sentir coupable à cause de mes erreurs, pour arriver à me contrôler et à profiter de moi.

Voyez, par exemple, ce patron qui a découvert que sa secrétaire a oublié d'écrire un document de trente pages:

PATRON: Qu'est-ce que c'est que cette histoire? Vous n'avez pas encore dactylographié ce document! Mais, je vous avais dit que c'était très urgent.

SECRÉTAIRE: Je sais, mais j'avais tellement de choses urgentes à dactylographier. Je ne suis pas encore arrivée à ce document-là.

PATRON: Mais, c'est ça qui est le plus urgent. Je vous l'avais dit. Et il est déjà cinq heures.

SECRÉTAIRE: Probablement que je n'ai pas bien compris. Je suis désolée.

PATRON: Il faut que je vois à tout dans ce bureau. Je ne peux me fier à personne.

SECRÉTAIRE: Je m'excuse. C'est ma faute. Je vais travailler après cinq heures pour écrire ce document.

PATRON: Bien! Et à l'avenir, écoutez-moi quand je vous parle. Et il n'est pas question que je vous paie pour les heures supplémentaires.

SECRÉTAIRE: Je suis tout à fait d'accord, patron. Je m'excuse encore une fois.

On voit que ce patron amène sa secrétaire à se sentir coupable et qu'il arrive ainsi à l'exploiter. Au lieu de se laisser manipuler, elle aurait pu dire: "Vous avez peut-être raison. Il se peut que j'aie fait une erreur. De toute façon, je vais dactylographier ce document dès mon arrivée demain matin."

Un argument-massue des manipulateurs, c'est que chacun doit tenter de devenir parfait et que vous devez les écouter quand ils vous disent quoi faire pour être parfait. Ils vous diront, par exemple: "Ça fait quinze fois que je te dis de ne pas faire cela. Tu ne veux donc pas t'améliorer? Tu ne veux jamais apprendre à faire les choses normalement? Combien de fois je vais être obligé de te le répéter? Tu ne changeras bien jamais. Moi, je me force pour te montrer quoi faire, puis tu ne m'écoutes pas."

Mais personne n'est obligé d'être parfait ou même de s'améliorer pour faire plaisir aux autres. C'est à chaque individu à décider s'il veut ou non changer son comportement, ses idées ou ses sentiments. Bien sûr, les autres peuvent vous demander de changer votre comportement, mais vous êtes toujours libre de dire *non*.

De même, vous avez le droit de demander à quelqu'un de changer, mais vous devez accepter son droit de dire *non*. Si vous ne vous entendez pas avec quelqu'un sur ses droits et devoirs et sur vos droits et devoirs, vous devez en discuter d'égal à égal et chercher un compromis.

D'ailleurs, si vous essayez d'être parfait en tout ou si vous voulez que tout le monde soit parfait, vous serez toujours frustré et déçu de vous-même et des autres. Vous avez le droit d'être imparfait et de dire que ça ne vous fait rien d'être imparfait selon les critères des autres. Chacun est son propre juge. Et si vous ne décidez pas par vous-même de ce que vous voulez être, d'autres vont décider pour vous et parfois à vos dépens.

Quitte le nid,
si tu y es bien
Gagne la mer,
si tu es goéland
Défends tes droits, surtout droit à l'erreur
Sois l'eau qui porte le radeau en dérive

"Les mauvais conseils"
Paroles de Félix Leclerc
©Félix Leclerc

J'ai le droit d'apprendre et d'évoluer, cela implique aussi que je ne sais pas tout, que je suis limité (comme tout le monde!), que je peux poser des questions. Comment, de toute façon pourrais-je apprendre autrement? Mais, encore là, comment est-ce que je me sens quand j'ai besoin de demander des explications devant un groupe, un patron, un professeur, une personne que je crois supérieure à moi, une personne que j'aime? Oh! quelle honte de passer pour un ignorant!

Les gens qui veulent manipuler peuvent parfois essayer de me faire croire que je dois avoir réponse à tout avant de me sentir compétent et prévoir toutes les conséquences de mes actions avant d'agir. Par exemple, quelqu'un a certaines responsabilités dans une entreprise et ses subalternes lui demandent de résoudre leurs problèmes. S'il n'y arrive pas immédiatement, ils le considèrent incompétent. Parfois, des gens se font prendre à ce jeu; ils refusent des promotions ou sont excessivement anxieux durant des entrevues de sélection, parce qu'ils ont peur de ne pas tout savoir, de ne pas pouvoir répondre à toutes les questions et régler tous les problèmes. Ces gens deviennent souvent passifs et peu entreprenants parce qu'ils ont été manipulés par d'autres qui ont réussi à leur faire croire qu'ils devaient répondre à toutes les questions et tout savoir pour pouvoir avancer et pour pouvoir agir. Mais cela est faux: même quand quelqu'un est très compétent et a des responsabilités, cela ne veut pas dire qu'il est obligé de tout savoir et de répondre à toutes les questions. C'est même impossible d'attendre de tout savoir avant d'agir ou avant de réagir à ce qui se passe autour de nous.

Au niveau des relations interpersonnelles, j'ai aussi le droit de dire: "Je ne comprends pas ce que tu veux. Explique-toi." Aucun être humain ne peut lire les pensées et deviner ce que les autres désirent. Pourtant, certaines personnes nous reprochent facilement de ne pas comprendre des désirs qu'elles n'ont même pas exprimés et d'être insensibles à leurs besoins que tout le monde devrait deviner. Elles essaient ainsi de nous rendre coupables et anxieux et de nous forcer à faire des choses qui leur plaisent pour nous faire pardonner. Mais personne n'est obligé de comprendre ce qui n'a pas été exprimé clairement. Souvent, pour un manipulateur, c'est plus facile d'obtenir ce qu'il veut en nous rendant coupables ou anxieux qu'en disant clairement ce qu'il veut. Cependant, cela ne permet pas d'avoir des relations d'égal à égal avec quelqu'un et de résoudre les conflits par des compromis qui pourraient satisfaire chacun. Il faut donc savoir résister à ce genre de manipulation.

J'ai le droit d'évoluer, cela implique aussi que je peux changer d'idée afin de tenir compte de l'évolution de mon point de vue. Il est normal de changer d'idée. Et même, il est impossible de faire autrement si je veux tenir compte de l'évolution de mes besoins, de mes sentiments, de mes goûts, de mes perceptions et de mes connaissances. C'est le signe que je progresse. Mais il se trouve souvent des gens que ça dérange. Par exemple, lisons ce dialogue au téléphone entre une mère et son fils:

FILS: Bonjour, maman. Je voulais te dire que je ne pourrai pas aller te voir en fin de semaine. J'ai trop de travail à faire.

MÈRE: Mais, tu m'avais promis de venir.

FILS: Je sais bien, mais j'ai vraiment trop de travail.

MÈRE: Tu me fais beaucoup de peine.

FILS: Oui, mais si je vais te voir, je n'aurai pas le temps de faire mon travail.

MÈRE: On ne peut vraiment pas se fier à toi.

FILS: Écoute maman, j'étais sincère quand je t'ai dit que j'irais en fin de semaine. Mais là, il m'est arrivé du travail supplémentaire, que je n'avais pas prévu. C'est pour ça que j'ai changé d'idée.

MÈRE: C'est ça. Tu dis que tu viens, puis ensuite, tu changes d'idée.

FILS: Ah! je sais bien...

MÈRE: Tu seras bien toujours le même: on ne peut pas compter sur toi. Fais ce que tu veux. Mais je te dis que ça me fait beaucoup de peine que tu ne me respectes pas plus que ça et que tu ne tiennes pas tes engagements envers moi. Je vais être seule toute la fin de semaine à cause de toi.

FILS: Ah! ça va. Je vais y aller puisque ça te fait tant de peine.

On voit, dans ce dialogue, comment une mère refuse à son fils le droit de changer d'idée et le manipule jusqu'à ce qu'elle lui fasse faire ce qu'il ne veut pas faire. Il est important de pouvoir se défendre contre ceux qui ne respectent pas de tels droits.

Le pendant du droit d'évoluer, au niveau de la communication, c'est le principe suivant: POUR MIEUX ME DÉVELOPPER, APPRENDRE ET ÉVOLUER, J'AI INTÉRÊT À COMMUNIQUER AVEC LES AUTRES AU SUJET DE MES LIMITES.

Pour avoir une relation importante avec quelqu'un, il faut être capable de ne pas cacher ses limites et pour les montrer, il faut pouvoir faire confiance à l'autre. C'est une espèce de cercle: plus je fais confiance, plus je suis capable de me montrer tel que je suis, avec mes limites; et plus je me montre comme je suis, plus la relation devient une relation de confiance, une relation libératrice pour moi et pour l'autre.

C'est dans mon intérêt de réaliser une telle relation de confiance: avoir confiance en quelqu'un, me montrer tel que je suis, ne pas me défendre ou me cacher, c'est ce genre d'attitude et de relation avec les autres qui me permet d'évoluer.

J'ai donc intérêt à pouvoir reconnaître mes limites et à tenir compte des critiques des autres. Il est important de ne pas chercher à toujours donner l'image d'un être parfait et de reconnaître honnêtement les erreurs que j'ai faites. Accepter les critiques des autres, sans pour autant se rabaisser, constitue un autre moyen d'évoluer.

En voici un exemple. Une femme achète des billets pour une pièce de théâtre. Elle arrive à la maison, tout heureuse, et dit à son époux:

ÉPOUSE: Je t'ai fait une surprise. J'ai acheté des billets pour aller au théâtre demain soir. Ça fait longtemps que nous n'avons pas fait une sortie ensemble, n'est-ce pas?

ÉPOUX: Je vois, mais pour demain soir, j'avais planifié autre chose. J'aimerais que tu m'en parles la prochaine fois avant d'organiser une soirée pour nous deux.

ÉPOUSE: C'est vrai. Tu vois, j'étais certaine que tu serais d'accord. Je n'ai même pas pensé à te consulter. La prochaine fois, je serai plus sage et je t'en parlerai d'avance.

On voit que cette femme sait tenir compte des critiques de son époux, sans pour autant se déprécier. Ceci l'aidera à l'avenir à éviter des mésententes et des frustrations inutiles.

J'ai également intérêt à reconnaître mes limites au niveau de ma compréhension des autres. Dire clairement à quelqu'un que je ne le comprends pas et chercher avec lui à mieux le comprendre, c'est essentiel pour établir une bonne communication. Si deux personnes en relation établissent clairement qu'elles n'ont pas à tout deviner l'une de l'autre ou à tout comprendre du premier coup, alors seulement elles pourront se permettre de s'expliquer et de se comprendre. Pour arriver à se comprendre à un moment donné, il faut accepter qu'il y ait des moments où l'on ne se comprend pas et savoir s'en parler.

De plus, savoir que ce qui est important pour l'autre ne l'est pas nécessairement pour moi ne doit pas briser la communication. Au contraire! Reconnaître cela me permet de ne pas rejeter l'autre globalement à cause de différences sur un point précis. C'est un prérequis pour pouvoir communiquer d'égal à égal. Si j'essaie, par intimidation, hostilité ou manipulation d'amener les autres à sacrifier ce qui est important pour eux, j'empêche le développement de relations interpersonnelles enrichissantes et libératrices.

En plus de reconnaître que j'ai des limites et que je suis différent des autres, j'ai aussi intérêt à être assez souple pour pouvoir communiquer avec les gens autour de moi et ainsi profiter de leurs découvertes. Cela implique évidemment que, non seulement je permets aux autres de changer d'idée, mais également que je les aide à changer d'idée en évoluant moi-même et en participant à leur évolution, c'est-à-dire en communiquant avec eux.

Le troisième droit fondamental, c'est le suivant: J'AI LE DROIT DE CHERCHER À ÊTRE LE PLUS HEUREUX POSSIBLE DANS LA MESURE OÙ JE RESPECTE LES AUTRES.

Ce droit implique que je ne suis pas obligé de plaire à tout le monde et d'être au service de tous ceux qui m'entourent, que je peux considérer mes besoins comme aussi importants que ceux des autres et que je n'ai pas à toujours justifier ma recherche du bonheur.

Depuis toujours, dans tous les pays, tous les êtres humains aspirent au bonheur c'est-à-dire à une forme de bien-être durable et de satisfaction personnelle et collective. Déjà, Aristote disait que le bonheur est le but ultime de toute personne. Aujourd'hui, certaines constitutions reconnaissent ce droit fondamental.

Ce droit peut cependant soulever des craintes. Il est possible que les moyens employés pour atteindre le bonheur ne respectent pas chaque personne, que la liberté et l'égalité souffrent de l'égoïsme de certains, que les conditions socio-économiques déplorables des uns servent au pseudo-bonheur des autres. Tout cela nous impose nécessairement une grande prudence dans l'application de ce droit. Le respect de la liberté et de l'égalité de tout être humain doit, de toute évidence, accompagner ce droit.

Mais, qu'est-ce que le bonheur et comment l'atteindre? À travers les âges, chaque peuple a présenté sa conception du bonheur. On a parlé de "sentiment de bien-être permanent" ou de "grande satisfaction". Cependant, le bonheur demeure une expérience personnelle difficile à définir. De plus, la recherche scientifique a rarement porté directement sur cette question. De nombreuses recherches ont étudié la maladie, l'inconfort, les problèmes humains, mais peu de chercheurs se sont préoccupés du bonheur comme tel. Certains ont quand même étudié les qualités, les caractéristiques de la personnalité et les situations objectives des gens qui se disent heureux.

Une recherche assez récente de Michael W. Fordyce nous semble apporter de nouveaux éléments.[3] À partir d'un programme ayant pour but d'augmenter le bonheur, il a vérifié si l'on pouvait accroître son bien-être personnel et sa satisfaction générale dans la vie. Fordyce en tire les conclusions suivantes:

1) plusieurs individus ont un plus grand potentiel de bonheur que ce qu'ils réalisent généralement;

2) le degré de bonheur que nous atteignons est souvent le fruit du hasard, c'est-à-dire qu'il est le résultat d'essais et d'erreurs non planifiés;

3) nous pouvons mieux diriger nos efforts dans la recherche du bonheur et diminuer le nombre de facteurs accidentels, si nous avons des informations adéquates;

4) en faisant certains changements dans nos attitudes et dans nos comportements, nous pouvons accroître notre bonheur personnel de façon importante.

Il semble donc que j'ai, non seulement le droit, mais aussi la possibilité de chercher à être le plus heureux possible. Pour ce, je dois reconnaître mes besoins et chercher à les satisfaire.

---

3) FORDYCE, M.W., Development of a program to increase personal happiness, *Journal of counseling psychology, 24,* pp. 511-521, 1977.

Il est impossible de toujours plaire à tous ceux qui m'entourent, parce qu'il est impossible que tout le monde aime la même chose en même temps. Le besoin d'être approuvé sans cesse et d'être aimé de tous m'empêche souvent d'évoluer et d'être heureux. Pourtant, quoi que je fasse, il y a probablement toujours quelqu'un à qui je déplairai. Alors, autant en prendre mon parti. Il vaut mieux faire ce que je veux et m'attendre à ce que ça plaise à certains et à ce que ça déplaise à d'autres. Car, si j'essaie de plaire à tous, je serai facilement manipulé par les désirs et les attentes des autres. "Est bien fou du cerveau qui prétend contenter tout le monde et son père" disait Lafontaine.

Qu'est-ce que ça peut ben faire
Que j'vive ma vie tout à l'envers
Qu'est-ce que ça peut ben faire
Que j'vive pas la même vie que mon père

"Qu'est-ce que ça peut ben faire"
Paroles de Jean-Pierre Ferland
©Jean-Pierre Ferland

Nous sommes évidemment très sensibles aux besoins et désirs des gens proches de nous et cela est bien. Mais, même avec les gens que nous aimons particulièrement, il faut parfois ne pas se sentir obligés de leur plaire à tout prix, pour arriver à régler des conflits d'une façon objective, réaliste et en tenant compte des besoins de chacun.

Il peut arriver que des gens autour de moi me menacent plus ou moins clairement de ne plus m'aimer ou de ne plus m'apprécier, pour arriver à me faire agir selon leurs désirs. On voit souvent des parents agir ainsi avec leurs enfants; ils vont dire: "Si tu fais ça, je ne t'aimerai plus" ou encore "Toi, tu vas le regretter". Et la même chose peut se passer entre adultes d'une façon plus ou moins subtile. Il faut alors se rappeler que personne n'est obligé d'agir contre sa volonté, simplement pour plaire à quelqu'un.

Certaines personnes peuvent aussi tenter de me manipuler en me faisant croire que j'ai la responsabilité de fournir la solution à leurs problèmes. Mais chacun est responsable de son bonheur et de son bien-être. Si, avec ce que je suis (mes goûts actuels, mes intérêts, mes besoins, mes sentiments, mes idées, etc.), je juge que je peux apporter quelque chose qui aide l'autre à régler son problème, tant mieux! Sinon, je ne peux rien y faire.

Voici un exemple de quelqu'un qui tente de faire croire à un autre que celui-ci est responsable de ses problèmes et doit agir selon ses désirs:

JEAN   (au téléphone): Salut Luc. Sais-tu, ça va pas. Je me sens déprimé et ça me ferait du bien, il me semble, de parler avec toi.

LUC: Je comprends, mais je suis occupé ce soir.

JEAN: Ah oui... Qu'est-ce que tu fais?

LUC: Bien... Je suis fatigué et je veux regarder le hockey à la télévision.

JEAN: Regarder le hockey! Tu n'es pas sérieux. J'aurais tellement besoin de parler avec toi.

LUC: Je comprends, mais j'ai eu beaucoup de problèmes aujourd'hui au travail et j'ai besoin de me reposer. À chaque fois que tu viens me voir, je me couche à trois heures du matin.

JEAN: Écoute, tu m'aides tellement quand je vais te parler; tu ne peux pas me refuser ça.

LUC: Bon, d'accord. Viens-t'en.

Dans cet exemple, Luc se fait manipuler par son soi-disant ami, qui lui fait croire que sa présence est indispensable et qu'il doit l'aider à régler ses problèmes aux dépens de son propre bien-être. Cependant, il est fort probable que Luc ne sera pas dans de bonnes dispositions pour aider son ami. Il se peut même qu'il se fâche ou ne veuille plus voir cet ami. Alors, pour éviter de telles situations, je dois me souvenir que je ne suis jamais obligé de solutionner les problèmes des autres.

Il peut arriver que je m'empêche d'être heureux à cause de raisonnements supposément logiques. Des gens peuvent aussi se servir de raisonnements logiques pour que je change mon comportement à leur avantage. Mais, ma recherche du bonheur n'a pas à répondre nécessairement à des critères rationnels. Rien ne m'oblige à être toujours sage et rationnel dans mes comportements, mes désirs et mes sentiments. Je suis tout à fait libre d'être illogique et d'en subir les conséquences, dans la mesure où je respecte les autres. Voyons ce dialogue entre époux, où la femme se sert de jugements supposément logiques pour manipuler son mari et l'amener à faire ce qu'il ne veut pas faire:

ÉPOUSE: Mon chéri, tu ne devrais pas regarder la télévision aussi tard.

ÉPOUX: Il y a un bon film que je veux voir.

ÉPOUSE: Mais tu dois te lever tôt demain matin.

ÉPOUX: Je sais, mais je veux quand même regarder le film.

ÉPOUSE: Tu vas être fatigué demain matin et tu ne pourras pas bien travailler.

ÉPOUX: Peut-être, mais je n'ai pas le goût d'aller me coucher.

ÉPOUSE: Sois raisonnable, mon chéri. Viens te coucher!

ÉPOUX: Ah!... J'y vais.

En fait, si cette femme insiste tant et traite son mari comme un enfant qui ne peut décider de ce qui est bon pour lui, c'est probablement pour une tout autre raison que ce qu'elle dit. Peut-être qu'elle a de la difficulté à dormir sans son époux ou qu'elle veut avoir des relations sexuelles; mais, au lieu de le dire clairement, elle prend des détours et invoque toutes sortes de raisons. C'est un autre exemple de manipulation et de relation possessive déguisée. Si elle disait clairement ce qu'elle désire, les deux époux pourraient peut-être faire des compromis qui seraient satisfaisants pour les deux et elle n'aurait pas besoin de traiter son mari comme un enfant.

Il y a un corollaire important à ce droit d'être illogique, c'est que je ne suis pas obligé de toujours expliquer et justifier mon comportement. Comme disait une vieille tante: "J'aime mieux mourir incomprise que de passer ma vie à m'expliquer."

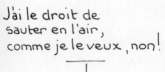

Même si je voulais donner toutes les raisons qui motivent mon comportement, je n'y arriverais pas. Il est souvent très compliqué de donner les raisons les plus importantes qui expliquent même nos comportements les plus simples. Par exemple, pourquoi un individu que vous connaissez mange-t-il plus de boeuf que de riz? C'est peut-être qu'il ne sait pas faire cuire un bon riz, que dans sa famille on ne mangeait jamais de riz, que physiologiquement il a plus besoin de viande que de riz, qu'il n'aime pas la texture du riz, qu'il a déjà été malade après avoir mangé un mauvais riz, etc. Comment savoir exactement comment cet individu est arrivé à préférer le boeuf? Une seule chose est certaine, c'est qu'il mange plus de boeuf et qu'il n'a pas à donner des raisons pour s'en justifier.

Les gens autour de moi peuvent ne pas aimer ce que je fais et c'est leur droit. À ce moment-là, je peux communiquer avec eux sur ce sujet, mais j'ai toujours le droit, moi aussi, d'être d'accord ou non avec eux. Cependant, il arrive souvent que des gens nous demandent de dire pourquoi nous avons agi de telle ou telle façon pour ensuite se permettre de juger à notre place si nous avons de bonnes raisons. En voici un exemple:

ROBERT: Comment une femme intelligente comme toi peut-elle se sentir déprimée?

BERTHE: Parce que je trouve difficile d'accepter mes limites. Je pense toujours que je devrais donner un meilleur rendement... Et puis, je suis un peu fatiguée de ce temps-ci.

ROBERT: Mais voyons, tu n'as pas raison d'être déprimée. Tu sais bien que tu fais ton possible... Et, en revenant de vacances, comment peux-tu être fatiguée? C'est ridicule.

Dans cet exemple, Robert demande à Berthe les raisons de ses sentiments dépressifs pour aussitôt juger à sa place qu'elle n'a pas raison. Il aurait mieux valu qu'il donne simplement son opinion en disant, par exemple: "Moi, je trouve que tu fais ton possible et que tu donnes un très bon rendement." Mais, en lui disant directement qu'elle n'a pas raison, il ne la respecte pas et ne pourra sans doute pas l'aider à être moins déprimée. Par ailleurs, si Berthe se sent obligée de continuer à justifier ses sentiments, elle arrivera plus difficilement à les modifier. Voici un dernier exemple d'un manque de respect des droits personnels, dans un dialogue entre deux étudiants:

PIERRE: Peux-tu me prêter ton stylo pour une heure?

ANDRÉ: Non, je ne peux pas.

PIERRE: Pourquoi est-ce que tu ne peux pas?

ANDRÉ: Parce que je vais peut-être en avoir besoin.

PIERRE: Allons donc! Je suis sûr que tu n'en auras pas besoin. Tu es en train de regarder la télévision. (Il juge que la raison d'André est insuffisante). Puis moi, il faut absolument que j'écrive à ma mère. (Il juge que sa propre raison est plus importante).

ANDRÉ: C'est que... en regardant des émissions éducatives, parfois ça me donne des idées pour mes travaux.

PIERRE: Ah! dis donc! Tu regardes un film. Tu ne trouveras pas d'idées là. (Il juge que la raison d'André est insuffisante). Puis, c'est bien plus important que j'écrive à ma mère pour qu'elle m'envoie de l'argent. (Il juge que sa propre raison est plus importante.). Comment je vais faire pour écrire à ma mère si tu ne me prêtes pas ton stylo? (Il donne à André la responsabilité de trouver une solution à son problème.).

ANDRÉ: Ah! ça va! Prends-le et ne me dérange plus.

Comme on le voit dans ces deux exemples, certaines personnes peuvent nous demander des raisons uniquement pour nous dire que nous avons tort et nous manipuler pour obtenir ce qu'ils veulent. Voilà pourquoi il est important de constater que nous avons le droit de refuser de justifier nos actions et nos sentiments.

Ce droit à la recherche du bonheur nous amène à formuler un autre principe en rapport avec la communication: DANS MA RECHERCHE DU BONHEUR, J'AI INTÉRÊT À COMMUNIQUER AVEC LES AUTRES SUR LES CONDITIONS QUI FAVORISENT NOTRE BIEN-ÊTRE.

Communiquer avec les autres à propos des conditions qui favorisent notre bien-être à chacun, cela veut dire reconnaître les besoins et les désirs de ceux qui m'entourent, les aider à régler leurs problèmes quand je le peux, reconnaître que "ma" logique peut paraître illogique aux autres et écouter ce que les autres pensent de mes raisons d'agir.

Pour pouvoir avoir une relation importante avec quelqu'un, il est essentiel que je sois capable de tenir compte de ses désirs, de ses sentiments et de ses besoins. Cela ne veut pas dire que je dois y répondre à tout instant, mais que je reconnais que l'autre a le droit, tout comme moi, d'avoir ses désirs et ses besoins. La meilleure façon d'arriver à communiquer d'égal à égal avec quelqu'un, c'est répondre à ses désirs et à ses besoins quand cela me plaît. Ce principe est très bien résumé dans la célèbre *Prière gestaltiste* de Frederick S. Perls.[4]

Cette prière affirme que chacun agit naturellement selon ses besoins et que personne n'a à répondre aux attentes des autres s'il n'en a pas le goût. Si deux personnes ont le désir de répondre à leurs attentes mutuelles, c'est tant mieux. Mais si l'une des personnes n'a pas ou perd ce désir, il faut savoir accepter cette réalité.

Quand je suis capable et que j'ai le goût de répondre aux désirs de quelqu'un, cela peut me permettre de créer des liens importants avec l'autre et devenir très enrichissant pour moi-même. C'est à ce moment-là que j'ai intérêt à le faire. Mais, dans une relation d'égal à égal, il s'agit bien d'un intérêt et non

---

4) PERLS, F.S., *Gestalt therapy verbatim,* Real People Press, New York, 1969.

d'une obligation. Par ailleurs, j'ai généralement intérêt à reconnaître simplement que l'autre a le droit d'avoir ses propres besoins, afin de favoriser une reconnaissance et un respect mutuels.

Mon intérêt à communiquer avec les autres porte aussi sur la révélation des raisons de mes comportements, de mes pensées et de mes sentiments. Et comme il a déjà été mentionné précédemment, il est souvent difficile de connaître toutes les raisons ou motifs qui peuvent expliquer ce que j'ai le goût de faire actuellement. Ce qui peut être logique pour moi tenant compte de mon expérience, de mes sentiments, de mes goûts, etc., peut apparaître illogique pour les autres. Je ne peux évoluer qu'en reconnaissant ce qui est "ma" logique. Et plus je peux en parler avec quelqu'un, tout en reconnaissant que celui-ci a le droit de me trouver illogique (dans la mesure où il me respecte), plus je peux entrer dans une relation intéressante avec lui.

Me permettre de suivre ma logique devant quelqu'un, c'est me permettre de montrer clairement mes différences. Les gens qui suivent toujours une logique extérieure à eux, la logique des autres, sont ordinairement des gens moins vivants, monotones, moins heureux. Les gens qui ne reconnaissent pas que leur logique peut paraître illogique pour les autres ne sont pas assez souples pour entrer dans une relation libératrice avec quelqu'un.

Une fois que je peux accepter que ma logique apparaisse parfois illogique aux autres, j'ai intérêt à parler des raisons possibles de mon comportement avec des gens qui respectent mon point de vue. Cela peut me permettre d'évoluer à l'intérieur d'une relation enrichissante et d'être plus heureux.

Si nous revenons à l'exemple de l'individu qui mange plus de boeuf que de riz, il se peut qu'en discutant avec quelqu'un qui sait apprécier le riz, il découvre de bonnes façons d'apprêter le riz ou la valeur nutritive du riz. Ainsi, il pourra élargir l'éventail de ses menus. Le même principe est valable dans des domaines plus complexes.

En résumé, tenter d'expliquer ou de comprendre mon comportement en parlant avec un autre permet de préciser pour moi-même ce qui détermine mes sentiments, mes actions et mes idées, d'enrichir ma connaissance de moi-même en tenant compte du point de vue de l'autre et ainsi d'évoluer et d'être plus heureux.

Conflits et dangers rattachés aux droits personnels

Que devons-nous faire quand il y a conflit entre nos droits et ceux d'un autre? D'abord, il ne s'agit pas d'être rigide. Au contraire, s'affirmer de façon responsable implique que l'on est souple, que l'on sait faire des compromis acceptables pour les deux parties.

Connaître ses droits fondamentaux peut parfois amener certains individus à être si "conscients" de tous leurs droits qu'ils dénoncent constamment tous ceux qui viennent à l'encontre de leurs droits; ils deviennent facilement agressifs et défensifs. Ils en viennent à penser que tout le monde est *obligé* de se comporter de façon honnête et affirmative avec eux. Au lieu de se centrer sur leurs propres buts et de prendre en considération la réalité de l'autre pour déterminer comment ils pourraient réagir de façon affirmative même dans une situation injuste pour elles, ces personnes se centrent uniquement sur la faute de l'autre et l'injustice commise envers elles. Cette attitude amène généralement à des conflits inutiles et à des pertes de temps et d'énergie.

Quand avons-nous intérêt à défendre nos droits personnels? Pour résoudre ce problème dans une situation particulière, il peut être utile de se poser quelques questions.

1) Jusqu'à quel point cette situation est-elle importante pour moi?

2) Comment vais-je me sentir par la suite, si je ne m'affirme pas dans cette situation?

3) Quelles seront les conséquences pour moi si je ne m'affirme pas?

4) Est-ce approprié de m'affirmer dans cette situation?

Résumé

Comme tout être humain, je suis unique. C'est ce qui me donne le droit de m'affirmer et d'exprimer ce que je pense, ce que je ressens et ce que je veux.

Je suis aussi limité. C'est pourquoi j'ai intérêt à communiquer avec les autres pour arriver à dépasser mes limites.

Il découle de cette situation (unique et limitée) qui est la mienne certains droits personnels.

1) Je suis le premier juge de moi-même dans la mesure où je suis le premier responsable de moi-même.

2) J'ai le droit de me développer, d'apprendre et d'évoluer.

3) J'ai le droit de chercher le bonheur dans le respect des autres.

Il en résulte aussi que j'ai avantage à communiquer avec les autres pour:

1) éclairer mon jugement sur moi-même;

2) me développer, apprendre et évoluer davantage;

3) mieux connaître les conditions du bonheur.

Après avoir pris connaissance des droits personnels et des raisons de communiquer et si je suis d'accord avec ces droits et raisons, que puis-je faire pour agir en conséquence? Il ne suffit pas de connaître tous ces principes; il faut que je sache de quelles façons agir pour faire respecter ces droits et les respecter chez les autres et pour mieux communiquer. C'est ce que les prochains chapitres tenteront d'expliciter de façon plus détaillée. Mais voyons d'abord en quoi consiste le comportement affirmatif et quel type de relations interpersonnelles il en résulte.

Chapitre 3

S'affirmer, c'est quoi?

Définition du comportement affirmatif

Le comportement affirmatif est complexe puisqu'il doit répondre à différents types de situations interpersonnelles: situations où quelqu'un d'autre prend l'initiative (par exemple, quelqu'un commence une conversation et je dois lui répondre) et situations où la personne elle-même doit prendre l'initiative (par exemple, je demande quelque chose, je commence une conversation, etc.).

Dans cet ensemble de situations interpersonnelles, les personnes les plus affirmatives parlent en général plus fort que les autres, répondent plus vite aux questions, font des phrases plus longues, montrent davantage leurs émotions personnelles, se plaignent moins et demandent plus souvent des changements dans le comportemnt des autres que les personnes moins affirmatives.

De plus, l'expression corporelle se caractérise par une posture détendue, l'absence de tension musculaire et des mouvements faciles et gracieux. L'expression du visage est souriante si cela est approprié, la tête est droite et le contact des yeux est direct.

Communiquer de façon affirmative, c'est exprimer ses pensées, ses sentiments et ses façons de voir par des mots ou des gestes et d'une façon calme, honnête et appropriée, tout en voulant connaître les sentiments, les pensées et les façons de voir de l'autre. Ceci implique deux types de respect: le respect de soi-même en exprimant ses besoins, ses goûts, ses idées et ses droits et le respect de l'autre en reconnaissant les besoins, les goûts, les idées et les droits de l'autre.

Communiquer de façon affirmative, c'est dire à l'autre: "Voici ce que je pense. Voici ce que je ressens. Voici comment je vois la situation. Mais je suis prêt à écouter et à essayer de comprendre ce que tu penses, ce que tu ressens, comment tu vois la situation."

Imaginez, par exemple, que vous attendez à la caisse d'un grand magasin et qu'une personne vous demande de passer devant vous parce qu'elle est en retard. Le respect de soi, c'est alors de tenir compte de votre propre besoin de passer au plus tôt à la caisse. Le respect de l'autre, c'est alors d'écouter l'autre personne et de tenir compte, si cela vous est possible, de son besoin de ne pas être en retard. L'équilibre entre le respect de soi et le respect de l'autre n'est pas toujours facile à faire, mais la communication affirmative nous aide à trouver cet équilibre.

Communiquer d'une façon non affirmative, c'est ne pas reconnaître mes propres droits, ne pas exprimer d'une façon claire et honnête mes sentiments, mes pensées ou mes façons de voir. Par conséquent, c'est permettre aux autres de ne pas me respecter. C'est donc montrer un manque de respect de soi et parfois aussi, un manque de respect de l'autre, en ne reconnaissant pas qu'il peut accepter des opinions contraires aux siennes, qu'il peut prendre ses responsabilités et s'occuper lui-même de ses propres problèmes. Le but du comportement non affirmatif, c'est d'apaiser l'autre, d'éviter les conflits à tout prix ou encore de manipuler l'autre ou de lui faire peur pour qu'il réponde à mes désirs.

Communiquer de façon non affirmative, c'est dire à l'autre: "Je ne suis pas important; tu peux profiter de moi. Ne t'occupe pas de mes sentiments, seulement des tiens. Mes pensées ne sont pas importantes; ça ne vaut pas la peine que tu t'occupes de moi. Je ne suis rien; tu m'es supérieur." Ou encore: "Je suis plus important que toi. Tes sentiments sont moins importants que les miens. Je ne te dirai pas la vérité et je suis même prêt à te faire peur pour que tu fasses ce que je veux."

Pour mieux comprendre en quoi consiste le comportement affirmatif, c'est-à-dire le comportement qui permet une communication efficace avec les autres, comparons-le à d'autres comportements qui ne permettent pas une bonne communication: les comportements passif, manipulateur et agressif. Soulignons ici qu'il s'agit bien de comportements et non de "personnalités". Cela signifie que nous pouvons être affirmatifs dans certaines situations et passifs, agressifs ou manipulateurs dans d'autres situations. Le tableau de la page 83 permet de comparer ces différents types de comportements.

Le comportement passif

Le comportement passif se caractérise par le fait que l'individu ne respecte pas ses propres besoins, droits et sentiments. Il les oublie ou ne leur accorde pas d'importance par rapport à ceux de l'autre. Il permet à l'autre de choisir à sa place. Il accepte tout des autres sans rien demander pour lui-même. Par ses réactions, il montre qu'il a tort et que l'autre a raison. L'individu passif dit à l'autre: "Excuse-moi d'être là! Fais comme si je n'y étais pas. Ne t'occupe pas de moi. Je ne suis pas important."

Évidemment, un tel comportement permet difficilement de prendre des initiatives, de réaliser ce que nous voulons et d'atteindre des buts personnels. C'est donc un comportement inefficace. La personne qui a un comportement passif laisse les autres décider de ce qu'elle fera. De plus, elle croit que sa passivité sera plus appréciée par les autres ou aura des conséquences plus agréables qu'un comportement affirmatif. Par exemple, une femme regarde la télévision. Son mari arrive et change le canal en disant: "Moi, je regarde le hockey; c'est beaucoup plus intéressant." L'épouse ne dit rien pour ne pas fâcher son mari. Ou encore, elle choisit de se plaindre ou de bouder. Un tel comportement produit souvent des sentiments de malaise et de frustration qui conduisent à la dépression, l'anxiété ou même la colère.

Lewinsohn a comparé le comportement social des gens déprimés et des gens non déprimés.[1] La plus grande différence entre les deux groupes apparaît dans une situation où ces personnes sont critiquées ou ignorées. Les gens déprimés ne disent rien ou se retirent tout simplement de la situation, alors que les autres réagissent à la situation. De plus, les gens déprimés ont moins de contacts sociaux et reçoivent donc moins d'encouragement et d'aide. Nous retrouvons donc des caractéristiques semblables chez les personnes déprimées et chez les personnes passives.

D'autres chercheurs ont fait suivre un programme d'affirmation de soi à des gens déprimés et ont montré que ces personnes manifestaient ensuite plus de confiance en eux-mêmes et étaient moins anxieuses.[2]

De façon générale, l'individu qui ne satisfait pas ses besoins se sent donc souvent déprimé, il a peur d'affronter les autres de crainte qu'ils ne lui fassent trop de demandes, ou encore il devient agressif parce qu'il est débordé par les demandes qu'il ne peut satisfaire et il va alors parfois manifester cette agressivité face à un inférieur.

---

1) LEWINSOHN, P.M., Clinical and theoretical aspects of depression, *In* K.S. Calhoun, H.E. Adams et K.M. Mitchell (eds.), *Innovative treatment methods in psychopathology,* Wiley, New York, 1974.

2) SEE, L.P., CERCELL, P.T. et BEIGAL, A., The effects of assertion training on self concept and anxiety, *Archives of general psychiatry, 31,* pp. 502-504, 1974.

Voyons, dans l'exemple suivant, comment une épouse peut réagir d'une façon passive face à son époux manipulateur:

ÉPOUX: Bonsoir. Le souper est prêt?

ÉPOUSE: Pas tout à fait. Je m'excuse. J'ai été retardée par la voisine qui m'a demandé de faire son bord de robe, puis je n'ai pas eu le temps de finir le lavage.

ÉPOUX: Si tu passais moins de temps au téléphone et devant la télévision, tu aurais le temps de faire ton travail.

ÉPOUSE: C'est vrai. Je suis désolée. Je sais bien que tu es fatigué, que tu as faim et que tu mérites un bon repas après une journée de travail. Ce ne sera pas long... Thérèse m'a demandé d'aller au bingo avec elle ce soir...

ÉPOUX: Hein! Et qui va garder le bébé?

ÉPOUSE: Ah! Peut-être que...

ÉPOUX: Non, sûrement pas moi. J'ai travaillé, moi, aujourd'hui. Si je n'ai plus le droit de me reposer en paix le soir, eh bien! c'est moi qui vais sortir.

ÉPOUSE: Bien non, voyons! Ne te fâche pas. Je n'ai même pas dit que je voulais y aller, au bingo. C'est seulement une idée comme ça. Si tu ne veux pas, je n'irai pas, tu le sais bien.

ÉPOUX: À part ça, tu dépenses de l'argent pour rien au bingo. Tu me coûtes déjà trop cher. Il faut que tu diminues tes dépenses. Il n'est pas question que tu t'achètes une robe neuve pour Noël. Moi, il faut que je paye mon auto neuve.

ÉPOUSE: Je sais bien que je dépense trop. Je vais essayer d'économiser plus à l'avenir.

Cette femme se déprécie elle-même, oublie ses propres besoins et se sent obligée de répondre à tous les besoins de son époux. Elle deviendra facilement déprimée.

Le comportement manipulateur

Apparemment, il est normal d'essayer d'obtenir les "bonnes grâces" de quelqu'un dans une situation où nous pouvons en profiter. Par exemple, dans une entrevue de sélection pour un emploi, une personne essaiera de saisir ce qui plaît le plus à l'évaluateur afin d'obtenir l'emploi. Chacun de nous a expérimenté cette forme de séduction plus ou moins habile et subtile pour obtenir une permission de ses parents, pour emprunter quelque chose ou pour demander un service à quelqu'un. Cependant, certaines personnes sont passées maîtres dans cet art que l'on appelle "manipulation".

Suivant l'inspiration du prince philosophe italien Machiavel qui accordait plus d'importance au pouvoir et à la stratégie qu'à l'éthique, le comportement manipulateur peut être considéré comme celui qui cherche à satisfaire les volontés d'un individu par des moyens non explicites ou détournés. C'est une façon d'exploiter les autres de façon rusée, en changeant ses opinions selon les personnes, en utilisant compliments, flatteries ou menaces au besoin. Voyons un dialogue au téléphone entre Lise et sa soeur Louise, qui illustre le comportement manipulateur.

LOUISE: Bonjour, Lise. Comment ça va?

LISE: Ça va bien, surtout le samedi matin, je peux me détendre un peu.

LOUISE: Es-tu très occupée, aujourd'hui?

LISE: Non, pas trop.

LOUISE: Ça tombe bien. Je vais faire mes emplettes au centre commercial tout près de chez toi. Je pourrais te laisser ma petite fille en passant, puisque tu n'es pas occupée. (Utilise les informations pour satisfaire ses besoins.).

LISE: Tu sais, j'ai quand même des choses à faire. (Elle n'ose pas dire "non" clairement.).

LOUISE: Oh! Elle ne te dérangera pas. Je l'ai bien avertie. Elle aimerait tellement te voir.

LISE: Je sais qu'elle aime beaucoup venir chez moi, mais aujourd'hui je n'aurai pas beaucoup de temps pour être avec elle.

LOUISE: Ça ne fait rien. (Elle ne tient pas compte des besoins de sa fille et de sa soeur.). Je dois absolument finir mes emplettes aujourd'hui. Tu ne voudrais pas que je n'aie pas le temps d'acheter ton cadeau d'anniversaire. (Menaces). Je te connais, tu es tellement serviable, tu ne peux pas me placer dans une situation pareille. (Flatteries).

LISE: Bon, d'accord.

Ce petit exemple nous montre que Louise s'informe de Lise uniquement pour la manipuler, et non parce qu'elle est vraiment intéressée à savoir comment elle va. Elle ne respecte pas les besoins de l'autre, mais cherche à satisfaire ses propres besoins aux dépens de l'autre. Lise tente de dire "non", mais n'ose pas déplaire à sa soeur. Elle reste passive dans cette situation.

Une personne qui a un comportement manipulateur déguise facilement ses besoins en beaux principes qu'elle oblige les autres à suivre: tu dois être serviable, tu dois travailler plus, tu dois être une bonne mère et t'occuper de ton enfant, tu dois économiser plus... Mais, en fait, sous ces beaux principes, elle ne cherche qu'une chose: que les autres satisfassent ses besoins.

Un tel comportement est souvent efficace pour atteindre un but, si ce but est habilement camouflé et si les autres sont passifs et ne se rendent pas compte de la manipulation. Mais il en résulte facilement un sentiment de malaise chez les autres qui se rendent compte après coup qu'ils n'ont pas été respectés.

Le comportement agressif

L'agression est définie comme étant "l'expression hostile de ses préférences par des mots ou des actions de manière à obliger l'autre à se soumettre à ses préférences" ou encore "n'importe quel acte qui enlève ou diminue les droits des autres personnes." [3]

Contrairement à la personne passive, qui oublie ses droits et ses besoins, l'individu agressif ne voit pas ceux des autres. Il refuse aux autres le droit de satisfaire leurs besoins, un peu comme le manipulateur. Mais, contrairement au manipulateur, il communique très clairement et directement ses propres besoins et sentiments. Cependant, comme il ne tient pas compte de ceux des autres, il ne communique pas d'une façon appropriée et à un moment qui lui permettrait de s'entendre avec les autres. D'une certaine façon, il dit à l'autre: "Voici ce que je pense. Je veux absolument que tu m'écoutes. Toi, tu es stupide de penser autrement. Voici ce que je veux et tu vas le faire. Voici ce que je ressens. Toi, tu n'es pas important."

Ce comportement peut être efficace pour atteindre un but s'il produit de la crainte chez les autres et les amène ainsi à se soumettre. Mais il peut aussi produire la colère chez les autres qui vont réagir et rendre le comportement inefficace. L'individu agressif se retrouve souvent seul et déprimé.

Voyons un exemple. M. Beaubien a deux jeunes enfants de quatre et deux ans. Le fils de son voisin, M. Charette, s'est acheté "un système de son" et il le fait jouer très fort à tous les soirs jusqu'à une heure du matin. Alors, les enfants de M. Beaubien n'arrivent pas à dormir. Un soir, M. Beaubien, en colère, va chez son voisin et "gueule" contre "cette espèce de sale adolescent drogué qui fait jouer de la musique sauvage". "Si vous n'arrêtez pas cette musique, qu'il leur dit, je vais faire un rapport à la police." Alors, M. Charette baisse la musique,

---

3) MACDONALD, M., *A behavioral assessment methodology as applied to the measurement of assertion,* thèse de doctorat non publiée, Université d'Illinois, 1974.

mais sort sa tondeuse à gazon qui fait encore plus de bruit. Les deux voisins, à partir de ce moment-là, ne s'adressent plus la parole.

S'il avait été manipulateur, M. Beaubien aurait probablement appelé la police pour se plaindre au lieu d'aller voir M. Charette. Et le lendemain, il serait allé voir M. Charette et aurait fait une sortie contre les voisins incompréhensifs face au comportement des adolescents.

Il est très important de bien faire la différence entre un comportement agressif et un comportement affirmatif. Les gens qui ne s'affirment pas confondent très souvent l'affirmation de soi et l'agressivité, surtout quand il s'agit de défendre ses droits, d'exprimer son désaccord et sa colère.

Le comportement agressif est celui qui utilise la coercition, c'est-à-dire la menace ou la punition pour obtenir l'accord de quelqu'un. Il rejette, ridiculise et rabaisse l'autre. Il accroît ainsi les chances de contre-attaque, crée de la colère et de l'hostilité et diminue la possibilité d'entente entre les personnes. L'expression non verbale est menaçante et crée de la peur.

Dans le comportement affirmatif, il peut y avoir l'expression de la colère, mais d'une façon non accusatrice, comme nous le verrons dans les prochains chapitres. Dire à quelqu'un "Je suis très fâché que tu n'aies pas tenu ta promesse" ne le rejette pas, ne le rabaisse pas et ne l'accuse pas, comme ce serait le cas si l'on disait "Tu es un menteur".

Le comportement affirmatif

Si M. Beaubien de l'exemple précédent avait eu un comportement affirmatif, il serait allé rencontrer le fils du voisin pour lui expliquer calmement sa situation. Il lui aurait dit: "J'ai un problème. Peut-être peux-tu m'aider à le résoudre." Ils auraient discuté des solutions possibles et se seraient sans doute entendus pour que le fils Charette baisse la musique à certaines heures. Et chacun aurait été satisfait d'avoir compris et réglé le problème.

Le comportement affirmatif, c'est une façon d'exprimer ses besoins et sentiments tout en tenant compte des droits d'autrui. La personne qui manifeste un tel comportement communique clairement, calmement et au moment approprié pour qu'il y ait possibilité d'entente.

Un tel comportement est généralement efficace pour atteindre un but parce qu'il permet des compromis et vise à la satisfaction et au respect de soi et des autres. Il en résulte des sentiments positifs et libérateurs pour soi comme pour les autres, qui sont même plus importants que le fait de toujours atteindre les buts désirés.

Remarquons enfin que nous avons des comportements différents d'une situation à une autre. Nous pouvons être passifs vis-à-vis de certaines personnes et agressifs vis-à-vis d'autres, manipulateurs avec certains et affirmatifs avec d'autres. Nos enfants, nos parents, nos amis, nos patrons peuvent tous susciter des réactions différentes. De même, avec une même personne, nous sommes souvent différents d'un moment à l'autre; par exemple, nous pouvons être affirmatifs lorsqu'elle veut nous emprunter un objet dont nous avons besoin, agressifs quand elle nous dérange dans un travail, passifs si elle nous critique et manipulateurs quand nous voulons lui emprunter de l'argent. Mais idéalement, nous devrions arriver à être affirmatifs dans la majorité des situations et avec la majorité des personnes que nous cotoyons.

Caractéristiques de différents types de comportements

Caractéristiques	Comportements			
	Passif	Manipulateur	Agressif	Affirmatif
1) *Respect de soi et de l'autre*				
— Tient compte des droits, besoins et sentiments des autres et les laisse choisir pour eux-mêmes	oui	non	non	oui
— Tient compte de ses propres droits, besoins et sentiments et ne laisse pas les autres choisir pour soi	non	oui	oui	oui
2) *Communication*				
— Communique clairement et directement besoins et sentiments	non	non	oui	oui
— Communique ses besoins et sentiments d'une façon appropriée et au moment approprié pour permettre une entente	non	non	non	oui
3) *Efficacité du comportement*				
— Est efficace pour atteindre un but	non	oui	oui/non	oui
4) *Sentiments qui en résultent*				
— Produit un état de bien-être sans anxiété, dépression ou agressivité, chez la personne elle-même	non	oui	non	oui
— Produit aussi un état de bien-être chez les autres	oui/non	non	non	oui

Les composantes non verbales des comportements passif, manipulateur, agressif et affirmatif

Les messages non verbaux sont ceux qui ne sont pas transmis par des mots ou des phrases, mais plutôt par des gestes ou des expressions. Les composantes non verbales de la communication sont très importantes: elles nous situent dans un contexte et donnent un sens aux composantes verbales. Par exemple, dire "Tu me plais" peut avoir un sens différent selon l'expression non verbale: ça peut être une question, une affirmation sincère ou une remarque sarcastique.

Au chapitre 5, nous analyserons en détail les composantes non verbales de la communication. Cependant, pour bien saisir les différences entre les comportements affirmatif, passif, manipulateur et agressif, il faut déjà être capable de reconnaître certaines composantes non verbales. Le tableau de la page suivante tente de résumer les principales composantes non verbales de ces différents types de comportements.

Le contact des yeux. L'impact de notre message est affecté par notre capacité de maintenir une certaine quantité de contact des yeux. Des recherches ont montré que les gens se regardent environ 40 pour cent du temps pendant une conversation.[4]

Les yeux expriment plusieurs types de messages. Dans une recherche, Zick Rubin [5] montre que deux personnes qui s'aiment passent beaucoup plus de temps à se regarder dans les yeux que deux personnes qui ne sont pas en amour, ce que les amoureux savent depuis longtemps... Mais, les yeux peuvent exprimer d'autres émotions comme la tristesse, la colère, la joie, etc... De plus, le contact des yeux a, en lui-même, une fonction dans la conversation. Par exemple, "celui qui parle est

---

4) ARGYLE, M. et INGHAM, R., Gaze, mutual gaze and proximity. *Semiotica, 1,* pp. 32-49, 1972.

5) RUBIN, Z., Measurement of romantic love, *Journal of personality and social psychology, 16,* pp. 265-273, 1970.

Caractéristiques non verbales de différents types de comportements

Composantes	Comportements			
	Passif	**Manipulateur**	**Agressif**	**Affirmatif**
Yeux	évasifs, fuyants.	fuyants ou dominateurs, selon les circonstances.	perçants, fixes, dominateurs.	bon contact.
Posture	affaissée, tête basse, épaules tombantes, corps replié sur lui-même.	affaissée ou imposante, selon les faiblesses de l'autre.	rigide, tendue, imposante, tête haute, corps droit.	détendue, ouverture manifeste à ses sentiments et à ceux de l'autre.
Gestes	anxieux: trop de gestes ou trop peu; mains qui se tordent, qui cachent la bouche, mouvement de recul, tête basse, épaules tombantes.	gestes affirmatifs, passifs ou agressifs, selon les faiblesses de la personne à qui il parle.	hostiles, menaçants, brusques; ex.: pointe du doigt, coups sur la table ou grande indifférence.	dénotant la sécurité; détendus mais fermes, toujours appropriés au contenu verbal.
Expression faciale	trop souriante ou trop sérieuse; cherche à annuler ses propres sentiments.	voile ses buts; ne laisse paraître que ce qui peut impressionner.	arrogante, dominatrice, condescendante, air "pincé" et méprisant.	chaleureuse, souriante ou triste ou fâchée, mais reflète toujours le sentiment de la personne qui s'affirme.
Voix	basse, trop douce, pleurnicharde, gorge crispée, diminue l'impact du contenu verbal.	trop basse ou trop forte, selon l'impact qu'il veut avoir sur l'autre personne.	stridente, forte, sarcastique, ton condescendant.	assez forte et appropriée au message verbal.

porté à regarder l'autre à la fin de chaque phrase et à ne pas le regarder juste avant ou au début de chaque phrase. S'il ne regarde pas l'autre et cesse de parler, son interlocuteur sera porté à lui laisser la parole, comme s'il prenait un répit pour chercher ses idées. S'il ne regarde pas l'autre et que, tout à coup, il le regarde, c'est comme s'il lui donnait la permission de parler. Un tel comportement encourage la réplique." [6]

Les gens anxieux et non affirmatifs ont souvent tendance à regarder en haut, en bas, autour et non pas directement dans les yeux de la personne à qui ils parlent. Quand vous avez peu de contacts des yeux avec l'autre, vous semblez insécure et l'autre a tendance à ne pas vous prendre au sérieux. D'un autre côté, quand vous regardez l'autre personne avec qui vous parlez, vous êtes généralement perçu de façon plus favorable et confiante. Il faut enfin remarquer qu'un bon contact des yeux est différent d'un regard perçant et fixe, qui est caractéristique d'un comportement agressif.

La posture. La posture est aussi une composante non verbale importante dans l'expression d'un message. Une apparence rigide, tendue ou molle et affaissée donne un sens différent à un message. Un corps rigide et tendu gêne l'expression libre des sentiments, tandis qu'un corps affaissé et mou communique souvent désintérêt et indifférence.

Les gestes. Certains individus manifestent leur anxiété par des gestes excessifs ou inappropriés de la tête, des mains et du corps. Pour d'autres, ces gestes ne sont qu'une habitude. Cependant, trop de mouvements peut détourner l'attention du message verbal. Les gestes inappropriés confondent l'autre personne pendant la conversation parce qu'ils contredisent souvent le message verbal.

L'expression faciale. Depuis plusieurs années, les psychologues sociaux tentent de déterminer dans quelle mesure les gens peuvent identifier l'émotion de quelqu'un à partir de

---

6) KENDON, A., Some functions of gaze-direction in social interaction, *Acta psychologica, 26,* pp. 22-63, 1967.

son expression faciale. Il semble possible à un observateur d'identifier les émotions d'une personne s'il est familier avec cette personne et s'il connaît ses normes culturelles. Par ailleurs, comme l'expression faciale est très flexible et varie de façon très subtile, elle peut appuyer, modifier ou même contredire le sens de l'expression verbale. Par exemple, sourire quand on dit quelque chose de sérieux ou être sérieux quand on dit quelque chose d'agréable peut amener de la confusion dans le message.

La voix. Il y a plusieurs caractéristiques de la voix qui viennent ajouter un sens au contenu verbal. Par exemple, la voix peut être douce, forte, stridente; le ton peut être sarcastique, humoristique, pleurnichard, etc. La voix peut donc, tout comme les autres composantes non verbales, aider ou nuire à l'expression de ce que nous voulons dire et appuyer ou non les comportements passif, manipulateur, agressif et affirmatif. Le tableau de la page 85 fait ressortir les caractéristiques non verbales qui accompagnent normalement ces différents comportements. Lisez-le attentivement et analysez votre comportement non verbal dans différentes situations à l'aide de ce tableau.

Importance du comportement affirmatif dans nos relations interpersonnelles

Les différents comportements analysés précédemment (passif, manipulateur, agressif et affirmatif) créent différentes sortes de relations avec les autres. Par exemple, comment vous sentez-vous avec quelqu'un qui est agressif et vous donne des ordres sans arrêt? Ou encore, avec quelqu'un qui est passif et qui ne dit jamais un mot, ne demande rien et attend tout de vous? Ou encore, avec quelqu'un qui est affirmatif et sait vous écouter et vous supporter s'il y a lieu?

Il peut nous arriver à tous de croire que pour qu'une relation avec quelqu'un soit intéressante, il faut qu'il fasse tout ce que nous désirons et aime exactement les mêmes choses que nous, au même moment. Et, si ce n'est pas ainsi, nous pouvons nous sentir justifiés de le retenir, de l'empêcher de faire ce qu'il veut par des moyens plus ou moins détournés et même de nous empêcher nous-mêmes de faire ce que nous voulons faire. C'est ce qu'on peut appeler une *relation possessive*.

On retrouve ce genre de relation non seulement chez des amoureux et des amis, mais aussi entre parents et enfants, entre professeurs et enfants, entre patrons et employés et même entre étrangers. Voyons un exemple de relation possessive entre étrangers. Pensez à ces vendeurs d'habits ou à ces vendeuses de robes qui vous accaparent pour vous vendre quelque chose que vous ne voulez pas en vous flattant, en vous disant que l'habit ou la robe vous fait très bien. Tout ce qui intéresse ce vendeur ou cette vendeuse, c'est que son besoin de vendre soit satisfait et non pas que vous soyez heureux d'avoir acheté tel habit. Il ne respecte pas votre droit d'aimer ou non tel habit ou telle robe. C'est parfois ainsi dans d'autres types de relations. Je peux vouloir, comme ce vendeur ou cette vendeuse, que mon ami satisfasse mes besoins sans me demander s'il est heureux et si je respecte ses droits. Je veux alors l'attacher, le posséder. De plus, un peu comme un alcoolique devant sa bouteille, je peux oublier le reste du monde. Il n'y a que "lui pour moi et moi pour lui", comme le disait la chanson. J'ai l'impression de ne rien valoir par moi-même, de ne pas être intéressant par moi-même, de ne pas pouvoir me débrouiller par moi-même, sans que l'autre ne soit là. Il faut absolument que l'autre m'aime dans tout ce que je fais et réponde à tous mes désirs. Alors, si l'autre s'intéresse trop au monde extérieur, je me sens abandonné, je suis déprimé, anxieux, inquiet ou en colère contre l'autre. Une telle relation ne permet pas à chacun d'évoluer dans sa propre direction et mène tôt ou tard à la dépression, à l'anxiété ou à l'agressivité. La culture amène souvent des femmes à se retirer dans leur maison pour se consacrer complètement à ce genre de relation possessive. Souvent, ces femmes se retrouvent, à quarante ans, seules, déprimées, anxieuses et aigries. Elles ont alors à reprendre le chemin du monde extérieur et à y découvrir des activités intéressantes et des relations moins possessives.

> Au bout d'l'année
> Tu vas m'avoir perdu d'vue
> Si j'continue d'tourner
> D'tourner autour de toé
> En spirale.

> "On tourne en rond"
> Paroles de Luc Plamondon
> pour Diane Dufresne
> ©Éditions Mondon

Notre société s'aperçoit de plus en plus des méfaits de ce genre de relations. On comprend de plus en plus que les relations possessives mènent à une vie renfermée et nous empêchent d'être vraiment heureux à long terme. Alors, de plus en plus, on entend parler, dans les chansons et dans les livres, d'une autre forme d'amour, d'amitié ou de relation, qu'on peut appeler une *relation libératrice*. Il s'agit d'une façon d'aimer et d'être aimé qui nous permet d'évoluer, de nous sentir valable et intéressant, de respecter les droits de l'autre et d'être respecté, qui nous aide à nous libérer et à vivre mieux avec le reste du monde.

> Comme change la rive
> Et reste le ruisseau
> Toujours pareille à toi
> Tu n'es jamais la même
> Et chaque jour pourtant
> Je t'épouse à nouveau
> Et chaque jour pourtant
> C'est toujours toi que j'aime

> "Chanson du bord de l'eau"
> de Sylvain Lelièvre
> ©Les Éditions de la Basse Ville (CAPAC)

Il y a une façon très simple de reconnaître si vous vivez une *relation libératrice.* Après avoir rencontré quelqu'un, après avoir parlé avec quelqu'un, si vous vous sentez plus en forme pour affronter la vie quotidienne, si vous vous sentez plus heureux et plus capable de faire ce que vous voulez faire, si vous avez confiance en vous, c'est que vous venez de rencontrer quelqu'un qui vous aide à vous libérer. Si, au contraire, vous vous sentez pris, accaparé, incapable de faire ce qui vous plaît, mal à l'aise ou coupable de ne pas vouloir faire ce que l'autre vous demande, vous venez probablement de vivre une *relation possessive.*

Vous pouvez de la même façon reconnaître si vous êtes libérateur ou possessif envers les autres. Si, après vous avoir rencontré, les autres se sentent plus capables de réaliser ce qu'ils veulent faire, vous êtes libérateur. Si, au contraire, ils se sentent malheureux à cause de ce que vous leur demandez, vous êtes possessif.

Pour arriver à vivre des relations libératrices, il est d'abord utile de connaître les droits de chaque individu, et ensuite d'apprendre à communiquer *franchement* et *efficacement* avec les autres, c'est-à-dire apprendre à exprimer *clairement* ce que nous voulons et ce que nous ressentons et à aider les autres à exprimer *clairement* ce qu'ils veulent et ce qu'ils ressentent. En effet, notre façon de communiquer avec les autres, de les *rencontrer,* détermine le genre de relations que nous établissons avec eux.

Types de rencontres et expression des sentiments

Sidney Jourard, un psychologue qui a étudié le phénomène de la révélation de soi, décrit deux types de rencontres: les rencontres qui mystifient et celles qui révèlent.[7]

---

7) JOURARD, S.M. 1971, *La transparence de soi,* Éditions Saint-Yves, Québec, 1977.

Les rencontres qui mystifient sont celles qui cherchent à impressionner l'autre, à le persuader ou à l'influencer. Elles ont un but précis, qui est l'effet recherché sur l'autre personne et non l'expression des sentiments de celui qui parle. Par exemple, je peux parler avec une personne et chercher tout au long du dialogue, à ce que l'autre me trouve un être extraordinaire. Je ne dis que ce qui pourra le plus l'impressionner en ce sens, sans révéler mon intention. À ce moment, je réduis l'autre au statut d'objet "manipulable". Ce genre de rencontre, dit Jourard, conduit invariablement à des résultats qui maintiennent la distance émotionnelle. Il n'y a pas échange de sentiments authentiques.

Par contre, les rencontres qui révèlent sont celles où chacune des personnes cherche à exprimer ce qu'elle est vraiment, de façon simple et sincère, en reconnaissant l'autre comme une personne. Le dialogue consiste alors en un dévoilement de chacun. Dans ce genre de rencontres où chacun exprime ouvertement et directement ses sentiments tout en répondant à ceux de l'autre, un fort sentiment de rapprochement peut en résulter. C'est par suite de rencontres de ce type que peut se développer une relation libératrice. Par ailleurs, un des buts de la communication affirmative consiste à faciliter justement la révélation de soi, particulièrement dans les relations intimes. On peut même affirmer que la révélation de soi constitue la pierre angulaire de la communication affirmative.

Je veux être une chanteuse directe
Une chanteuse du fond de moi
Je ne me cacherai pas derrière des beaux mots
Poétisés ou empruntés

Que les tournures soient mes tournures
Que les idées soient mes idées
Que je puisse dire ce que je pense
Enfin briser mon long silence

"La chanteuse directe"
Paroles d'Angèle Arsenault
©Éditions Angèle Arsenault

Comment avons-nous appris à communiquer de façon affirmative ou non affirmative?

Comment se fait-il que plusieurs d'entre nous ont autant de difficultés dans leurs relations interpersonnelles? Cela n'est peut-être pas étonnant. Où aurions-nous pu apprendre à mieux communiquer avec les autres? À l'école, nous passons beaucoup de temps à apprendre les mathématiques et la grammaire, mais très peu de temps à apprendre à exprimer nos pensées et nos sentiments. Dans notre famille, nous pouvons apprendre cela, si nos parents le savent déjà. Mais, en général, les parents apprennent aux enfants à bien manger, à être propres et polis, mais beaucoup moins à dire ce qu'ils veulent et ce qu'ils ressentent. Et même si nous sommes dans une famille idéale, nous quittons cette famille très tôt pour nous retrouver à l'école, avec des amis, puis dans la société. Et là, nous n'avons plus de guide. Nous devons nous débrouiller avec ce que nous avons appris ici et là sur la façon de parler et de vivre avec les autres. Et malheureusement, il y a beaucoup de forces sociales qui nous amènent à voir les relations humaines comme des relations qui mystifient. Il y a beaucoup de forces sociales qui nous amènent à voir les relations avec les autres comme des situations où l'on exploite et où l'on est exploité, où chacun tente de satisfaire ses besoins aux dépens des autres et sans respecter leurs droits. Mais rien n'est plus loin du bonheur.

Le comportement affirmatif est d'abord un comportement appris. Comment avons-nous appris à nous comporter de façon affirmative ou non affirmative dans telle ou telle situation n'est pas une question à laquelle il est facile de répondre. Il faudrait voir pour chaque personne en particulier. Cependant, il est possible de reconnaître certains facteurs communs: la punition, le renforcement, l'apprentissage par imitation, le manque d'occasions d'apprendre, les facteurs culturels, la façon de penser et la méconnaissance des droits personnels.

La punition. Des gens peuvent refuser de s'affirmer dans une situation précise, parce qu'ils ont été punis (verbalement ou physiquement) antérieurement après s'être exprimés dans une situation semblable. Si, quand vous étiez enfant, vous avez été puni pour avoir exprimé vos opinions, particulièrement pour des opinions contraires aux autres, vous pouvez maintenant vous sentir inconfortable ou anxieux dans une situation où vous avez à exprimer vos opinions. Ainsi, vous avez peut-être peur de perdre, en vous affirmant, l'affection ou l'approbation des autres, ou peur de l'agressivité des autres ou peur de ce que les autres vont penser de vous. Peut-être avez-vous pris l'habitude de voir les conséquences négatives possibles de l'affirmation de soi, mais vous évaluez rarement les conséquences négatives possibles du manque d'affirmation.

Exercice 5. Affirmation de soi et punition

Détendez-vous et fermez les yeux. Essayez de vous souvenir d'une situation où vous vous êtes senti anxieux parce que vous vous êtes comporté de façon affirmative. Par exemple, à l'école ou à la maison, vous pouvez avoir été puni injustement... Qu'arrive-t-il par la suite? Vous développez des habitudes de comportement non affirmatif, passif: quand vous n'êtes pas d'accord, vous ne pouvez pas le dire, vous restez silencieux, vous dites le contraire de ce que vous pensez vraiment. Ouvrez ensuite les yeux. Vous pouvez discuter de ce que vous avez revu avec une personne importante pour vous ou encore l'écrire.

Le renforcement. Nous apprenons aussi à nous comporter de façon non affirmative ou affirmative, parce que ce comportement est encouragé ou "renforcé" dans une situation précise. Ce que les psychologues appellent "renforcement", c'est le fait qu'une conséquence augmente la probabilité d'apparition d'un comportement par la suite. C'est un processus qui semble être très important dans l'apprentissage des comportements humains. Par exemple, quelqu'un vous demande un service; vous êtes gêné de dire "non" et l'autre vous louange pour votre générosité. Ainsi, la conséquence (être louangé pour ne pas avoir dit "non") vous encourage à dire "oui" à l'avenir quand vous voulez dire "non".

Punition et renforcement. Parfois, la punition du comportement affirmatif et le renforcement du comportement non affirmatif apparaissent ensemble dans une même situation. Ainsi, les enfants à l'école peuvent être encouragés à être silencieux et passifs et être punis s'ils ne le sont pas. Ils apprennent ainsi qu'il est préférable ou plus sûr d'être vus qu'entendus!

L'apprentissage par imitation. Le fait qu'un comportement ne soit pas apprécié ou manifesté par les personnes importantes qui nous entourent quand nous grandissons constitue la base d'un autre facteur important. Nous apprenons par un processus appelé modelage, c'est-à-dire par l'observation et l'imitation des personnes importantes qui nous entourent. Albert Bandura, un psychologue de l'université Stanford, a montré, dans une série de recherches, jusqu'à quel point l'apprentissage par imitation peut influencer nos comportements et nos attitudes.[8] Par exemple, si nous avons des parents qui ne montrent pas ouvertement leurs sentiments, nous apprenons qu'il est mauvais de montrer ses sentiments; nous apprenons peut-être à respecter les sentiments des autres, mais non les nôtres. Souvent, des comportements non affirmatifs se transmettent ainsi de génération en génération, comme si c'était un trait héréditaire.

Exercice 6. Affirmation de soi et imitation

Détendez-vous et fermez les yeux. Rappelez-vous les comportements affirmatifs et non affirmatifs de vos parents. Demandez-vous si vous répétez les mêmes comportements maintenant. Vous pouvez en parler avec quelqu'un d'autre ou encore écrire vos réflexions.

---

8) BANDURA, A., *Psychological modeling*, Aldine-Atherton, Chicago, 1971.

Le manque d'occasions d'apprendre. Certains n'ont pas eu la chance d'apprendre ou de développer des comportements affirmatifs. Quand ils sont confrontés à une situation nouvelle, ils sont "mal pris", ils n'ont pas développé assez de connaissances ou d'habiletés pour faire face à cette situation. Ainsi, un enfant qui a des parents surprotecteurs n'apprend pas à se débrouiller seul et à s'affirmer.

Les facteurs culturels. Il peut y avoir des facteurs culturels qui vont à l'encontre du comportement affirmatif. Par exemple, dans notre culture, les femmes se sentent souvent obligées d'être passives et les hommes, d'être agressifs. De plus, plusieurs règles de politesse viennent à l'encontre d'un comportement affirmatif: par exemple, on n'interrompt pas celui qui parle, on ne se montre pas en désaccord avec quelqu'un de plus âgé que soi, on ne demande pas aux invités de quitter les lieux, etc. Il faut arriver à distinguer entre les règles de politesse et le véritable respect de soi et des autres.

Exercice 7. Affirmation de soi et politesse

Pensez aux règles de politesse qui vous empêchent de vous affirmer. Trouvez des exemples dans votre propre expérience où vous ne vous êtes pas affirmé par souci de politesse. Qu'est-ce qui serait arrivé si vous aviez été affirmatif au lieu de suivre ces règles? Écrivez vos réflexions et parlez-en dans vos prochaines rencontres entre amis ou entre parents. Ce sera en même temps un exercice pour apprendre à engager et maintenir une conversation.

La façon de penser. Certaines conceptions personnelles peuvent nous porter à agir d'une façon non affirmative, conceptions qui ont été décrites par Albert Ellis, le créateur de la thérapie rationnelle-émotive.[9] Par exemple, nous pouvons croire qu'il est essentiel d'être approuvés dans tout ce que nous

---

9) ELLIS, A. et HARPER, R.A., *A guide to rational living,* Wilshire Book, North Hollywood, 1961.
AUGER, L., *S'aider soi-même,* Éditions de l'Homme, Montréal, 1974.

faisons, qu'il faut toujours être parfaits et compétents ou que notre vie est dirigée par des forces extérieures et que nous n'y pouvons rien. Ces façons de voir font que nous demeurons passifs et n'osons pas agir de façon affirmative.

La méconnaissance des droits personnels. Les gens peuvent ne pas être affirmatifs parce qu'ils ignorent leurs droits personnels. Par exemple, ils croient qu'ils n'ont pas le droit de s'exprimer (particulièrement si ça peut blesser quelqu'un). Souvent, ils croient que non seulement ils ne devraient pas exprimer de tels sentiments, mais même qu'ils ne devraient pas les avoir. Ou encore, ils sont agressifs parce qu'ils ne se rendent pas compte que les autres ont aussi des droits.

Après cet exposé, vous vous demandez peut-être s'il est possible de se sortir de ce passé qui semble accablant et devenir affirmatif. Souvent, dans les groupes d'entraînement à la communication et à l'affirmation de soi que nous animons, les participants prennent conscience des apprentissages malheureux du passé et en blâment leurs parents. Mais ils se rendent compte rapidement qu'il est bien inutile de blâmer ses parents, car eux-mêmes pourraient blâmer leurs propres parents et ainsi de suite. Cela peut devenir une excuse facile pour ne rien faire.

Heureusement, des chercheurs étudient ce domaine depuis quelques années et les connaissances que nous pouvons en tirer peuvent nous servir de guide. Nous pouvons, grâce à ces nouvelles découvertes, apprendre concrètement comment nous affirmer dans une relation interpersonnelle et comment aider les autres à s'affirmer. Déjà nous pouvons comprendre que certains mécanismes qui nous ont amenés à être non affirmatifs peuvent aussi nous servir pour devenir plus affirmatifs. Par exemple, nous pouvons être encouragés par des personnes importantes pour nous ou nous pouvons nous féliciter quand nous manifestons des comportements affirmatifs; nous pouvons remarquer les conséquences positives de la communication affirmative, observer et imiter les personnes qui s'affirment, apprendre des comportements affirmatifs nouveaux, réfléchir davantage sur nos droits personnels, etc. Dans la suite du livre, ces différents sujets seront abordés; nous verrons comment nous pouvons atteindre des buts que nous choisissons nous-mêmes.

> *J'en ai assez d'avoir peur de vous déranger*
> *Dans votre vie intérieure si bien organisée*
> *J'en ai assez de vous suivre sans jamais vous devancer*
> *Je veux vivre au soleil*
>
> *J'en ai assez de me taire de ne pas oser dire*
> *Les choses défendues la vérité nue*
> *J'en ai assez de vous entendre je voudrais comprendre*
> *Je veux vivre au soleil*
>
> ....
>
> *J'en ai assez de me renfermer jusqu'à en mourir*
> *Et de ne jamais aimer par peur de souffrir*
> *J'en ai assez de mes barreaux je veux voler plus haut*
> *Je veux vivre au soleil*

"Je veux vivre au soleil"
Paroles d'Angèle Arsenault
©Éditions Angèle Arsenault

Résumé

Le comportement affirmatif consiste essentiellement à exprimer nos droits, nos pensées, nos besoins et nos sentiments d'une façon calme, honnête et appropriée, tout en reconnaissant les droits, les pensées, les besoins et les sentiments des autres. Les comportements non affirmatifs (passif, manipulateur et agressif) sont signes, par contre, d'un manque de respect de soi ou des autres. Ces divers comportements se reconnaissent à certaines caractéristiques verbales tout autant que non verbales.

Les comportements non affirmatifs mènent généralement à des relations interpersonnelles possessives, c'est-à-dire irrespectueuses de l'autonomie de chacun. Par ailleurs, les comportements affirmatifs favorisent l'apparition de relations interpersonnelles libératrices, c'est-à-dire respectueuses et enrichissantes.

Tout comme nous avons peut-être appris à communiquer de façon non affirmative, nous pouvons maintenant apprendre à communiquer de façon affirmative. Nous verrons, dans le prochain chapitre, en quoi consiste exactement le processus de communication entre les personnes.

Chapitre 4

Communiquer, c'est quoi?

Le fait de parler librement de nos sentiments à l'intérieur d'une relation libératrice nous amène à y porter attention, à mieux les connaître et à pouvoir ainsi mieux les diriger, de sorte que nous pouvons nous sentir mieux, plus en possession de nos moyens, plus capables de vivre ce que nous voulons vivre. Il semble donc que plus nous pouvons parler des choses importantes dans notre vie et des sentiments qui s'y rattachent, plus nous pouvons nous libérer et évoluer.

Les principales conditions pour qu'une relation soit mutuellement enrichissante et libératrice sont les suivantes: 1) que chacun soit conscient de ses propres pensées et sentiments et les exprime de façon adéquate; 2) que chacun accepte les pensées et sentiments de l'autre et y réponde de façon active. Autrement dit, une bonne relation entre deux personnes dépend de leur façon de communiquer. Ceci nous amène à analyser exactement en quoi consiste le processus de communication.

Comment communiquons-nous?

Dans un livre excellent sur la communication dans le couple (dont nous nous inspirons beaucoup ici), Gottman et ses collaborateurs illustrent le processus de communication à l'aide de la figure suivante [1]:

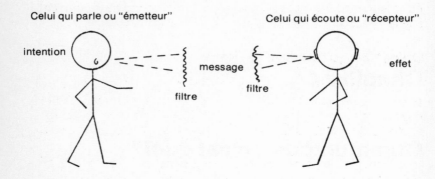

Voici l'explication de cette illustration: Quand deux personnes communiquent, il y a un "émetteur" et un "récepteur". L'émetteur, c'est celui qui parle. Celui-ci a une "intention", c'est-à-dire une certaine idée de ce qu'il veut dire à l'autre (le récepteur) ou une idée de ce qu'il veut que l'autre comprenne. Alors, il envoie un "message" et ce message a un "effet" sur le récepteur. En d'autres mots, celui qui reçoit le message réagit à ce message.

Voici un exemple: monsieur Sirois rencontre mademoiselle Bernard. Monsieur Sirois se dit en lui-même: "Comme je suis content de la rencontrer. Je veux le lui montrer." (C'est son intention.). Il lui dit d'une voix forte, le visage souriant et les bras ouverts: "Bonjour, ma chère mademoiselle Bernard."

---

1) Reproduit avec la permission de Research Press Co., à partir du livre de J. Gottman, C. Notarius, J. Gonso et H. Markman, *A couple's guide to communication,* Research Press, Champaign, Illinois.

(C'est son message.). Mademoiselle Bernard (bonne réceptrice!) se dit en elle-même: "Il semble bien heureux de me rencontrer." (C'est l'effet: message reçu!). "Moi aussi, je vais lui montrer que je suis heureuse de le rencontrer." (C'est son intention.). Elle lui dit avec son plus beau sourire: "Bonjour, monsieur Sirois." (C'est son message.). Cet exemple très simple nous montre que la communication, c'est l'intention d'un émetteur, traduite dans un message, ce message ayant un effet sur le récepteur.

Qu'est-ce qu'une bonne communication?

Nous pouvons dire que la communication est bonne, claire et précise quand celui qui parle (l'émetteur) obtient l'effet qu'il voulait avoir sur le récepteur, c'est-à-dire quand l'intention égale l'effet. Cela suppose un bon émetteur et un bon récepteur.

Pour que la communication soit bonne, celui qui parle doit clarifier ses intentions en exprimant le plus fidèlement possible ce qu'il pense, veut ou ressent, autant au niveau verbal que non verbal. Il ne s'imagine pas que l'autre sait ce qui se passe dans sa tête. Le langage doit donc être assez clair et précis pour que le récepteur n'ait pas à deviner ou lire entre les lignes.

Le bon récepteur essaie de saisir le plus fidèlement possible l'intention de l'émetteur. Il ne fait pas toutes sortes de suppositions sans les vérifier avec l'émetteur. En somme, les deux partenaires essaient d'être certains que l'intention égale l'effet.

Voici un exemple très simple d'une bonne communication: Madame Poirier pense: "Je voudrais manger une pomme." Elle dit: "J'ai faim. Aurais-tu des pommes?" Madame Durand entend le message et pense: "Elle doit avoir faim et elle a le goût de manger une pomme." Elle dit: "Si je comprends bien, tu as faim et tu veux une pomme tout de suite." Madame Poirier pense: "Elle a compris que je veux manger une pomme." Elle dit: "Oui, c'est bien ça." Dans cet exemple, nous voyons que les intentions égalent les effets: la communication est bonne!

Qu'est-ce qu'un message?

Le message, ce porteur ou véhicule de l'intention, a deux composantes: le contenu et le sentiment. Le contenu, c'est la signification du mot à mot dans le message. Le sentiment, c'est la façon avec laquelle le message est livré, particulièrement au niveau non verbal. Par exemple, une mère dit à son enfant: "Veux-tu aller te coucher?". Ce contenu peut être accompagné de différents sentiments qui en déterminent le sens. Selon l'expression non verbale, le message peut signifier: "Je suis bien fatiguée de ma journée et je n'ai plus le goût de te voir debout." Ou encore: "Je ne t'ai pas vu beaucoup aujourd'hui, j'aimerais être avec toi si tu n'es pas trop fatigué."

Un même contenu peut donc être accompagné de sentiments différents et présenter un sens différent selon le ton de la voix, l'expression faciale et gestuelle et tout le langage non verbal. Pour bien saisir l'intention, le récepteur doit donc non seulement bien comprendre le contenu, mais aussi reconnaître le sentiment qui accompagne les mots.

Exercice 8. Le contenu et le sentiment dans un message

A. Si vous pouvez faire cet exercice avec une autre personne, dites-lui: "J'aime parler avec toi", en utilisant différents tons de voix et différentes expressions faciales et gestuelles, qui donnent des sens différents à votre message. L'autre personne doit tenter de comprendre le sentiment exprimé. Ensuite, inversez les rôles.

Si vous ne pouvez faire cet exercice avec une autre personne, faites-le devant un miroir. Vérifiez combien de sentiments vous pouvez exprimer à partir de ce même contenu.

B. Dans la vie quotidienne, au lieu de porter attention uniquement au contenu d'un message, observez le non-verbal et cherchez le sentiment exprimé avec le contenu.

Qu'est-ce qu'une mauvaise communication?

Il nous arrive à tous, malheureusement, d'avoir de mauvaises communications, où l'intention n'égale pas l'effet. Les deux principales causes de ces mauvaises communications sont les suivantes:

1) La façon dont l'émetteur envoie son message ne correspond pas à son intention. De façon consciente ou non, il donne à son message une signification particulière. C'est ce que nous appelions, dans l'illustration du début du chapitre, le filtre de l'émetteur. Le filtre, c'est l'expression non verbale (posture du corps, mouvement des bras et des mains, tonalité de la voix, expression faciale, etc.), les mots employés ou la structure de la phrase, qui donnent au contenu un sens qui ne correspond plus à l'intention de l'émetteur. Par exemple, vous venez de vous mettre en colère au travail parce que quelqu'un vous a insulté. Vous retournez à la maison et votre meilleur ami vous invite à aller au cinéma. Bien que vous répondiez "oui", il se peut que le ton de voix soit sec et que vous ne soyez pas tellement souriant. Ceci ne veut pas dire que vous êtes fâché contre votre ami. Pourtant, votre message indique que vous êtes en colère, mais ce n'est pas votre intention. Il se peut même que vous soyez inconscient du sentiment de colère que vous manifestez encore. De toute façon, vous êtes alors un mauvais émetteur.

2) Une autre raison qui provoque une mauvaise communication, c'est que le récepteur saisit mal le message. Il a, lui aussi, un filtre, qui peut provoquer de la distorsion dans le message. Son filtre, c'est son expérience passée qui vient influencer sa façon actuelle de percevoir les messages qui lui sont envoyés. En voici un exemple:

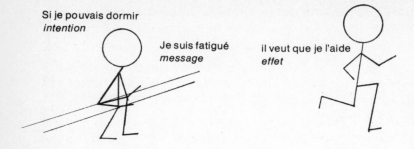

Si je pouvais dormir
intention

Je suis fatigué
message

il veut que je l'aide
effet

Le récepteur a probablement eu des expériences dans le passé où quelqu'un lui a dit souvent "Je suis fatigué", dans le but d'obtenir son aide (porter des paquets, faire un travail à sa place, faire une commission à sa place, etc.). Il croit que l'autre personne lui fait une demande d'aide, alors qu'elle désire tout simplement se coucher.

Pour éviter ces mauvaises communications, il nous faut bien identifier notre intention et ensuite, vérifier souvent si notre message a été bien compris ou si nous avons bien compris le message de l'autre, c'est-à-dire obtenir une confirmation ("feedback").

Comment identifier son intention?

Pour arriver à exprimer clairement un message, il nous faut d'abord connaître nous-mêmes notre intention. Ceci implique une bonne connaissance de nos pensées et de nos sentiments.

La seule façon d'arriver à connaître quelque chose, c'est d'y porter attention. Par exemple, vous pouvez devenir conscient de votre respiration en y portant attention, alors qu'avant d'y porter attention, vous n'en étiez pas conscient. De même, dans une conversation, vous pouvez porter attention aux faits qui sont discutés, à une chose à l'extérieur de la conversation, au message de l'autre ou encore à vos propres pensées et sentiments. L'idéal consiste à pouvoir être assez souple pour porter attention à différentes choses selon nos besoins.

Nos pensées et nos sentiments sont des réactions à ce qui se passe en nous et autour de nous. Mais comment les connaissons-nous? Nos sentiments ne nous arrivent pas avec des noms écrits dessus! Quand nous ressentons quelque chose, il est difficile de savoir si c'est de l'amour ou de l'admiration, ou encore de la jalousie ou de la colère. Schachter et Singer [2] ont élaboré une hypothèse sur la connaissance des émotions qui est étoffée par plusieurs recherches et qui est reconnue actuellement comme la meilleure explication scientifique de ce phénomène. Il considère que cette connaissance dépend de deux facteurs. D'abord, nous sommes excités physiologiquement et nous en prenons conscience. Cela nous permet de différencier les émotions agréables des émotions désagréables. Mais ce n'est pas suffisant. Pour nommer nos émotions, nous observons dans quelle situation nous sommes. Si nous considérons qu'une telle situation suscite normalement de la colère plutôt que de la frustration, nous nous disons en colère. Pour bien comprendre nos sentiments, il faut donc à la fois être conscients de ce que nous ressentons dans notre corps (agréable ou désagréable) et de notre façon de percevoir la situation (de ce qui est important pour nous dans cette situation). Plus notre conscience de notre excitation et de notre perception de la situation est bonne, plus nos émotions sont claires. Et plus nos émotions sont claires, plus nous savons ce que nous voulons dire à l'autre.

Actuellement, pendant que vous lisez, vous ressentez des émotions: vous pouvez être contrarié, ennuyé ou intéressé par ce que vous lisez; calme, anxieux ou impatient par rapport aux exercices que nous vous demandons de faire; mal à l'aise en pensant aux exercices précédents; inquiet à cause de ce qui se

---

2) SCHACHTER, S. et SINGER, J.E., Cognitive, social and physiological determinants of emotional state, *Psychological review, 69,* pp. 379-399, 1962.

passe chez vous; gêné par la présence d'une personne qui vous regarde; heureux à cause de quelque chose que vous découvrez etc. Mais, toujours, vous nommez vos sentiments en tenant compte de votre excitation physiologique et de ce à quoi vous croyez réagir.

Exercice 9. La conscience des émotions

Prenez quelques minutes pour porter attention aux sentiments que vous avez actuellement. Demandez-vous simplement: "Comment je me sens actuellement? Qu'est-ce que je ressens? Comment mon corps manifeste-t-il mon sentiment?" Notez quels sont les signaux que cette émotion provoque en vous. Êtes-vous anxieux? Comment votre corps montre-t-il votre anxiété ou votre détente? Avez-vous des muscles qui sont tendus? Est-ce difficile de parler? Votre bouche est-elle sèche? Transpirez-vous? Ou êtes-vous tout à fait calme?

Puis, regardez la liste des sentiments inspirée de Gottman et ses collaborateurs et choisissez le mot qui convient le mieux à votre sentiment actuel [3]:

Je me sens un peu, assez ou très

agréables

détendu	calme	enthousiaste	chaleureux
"sexy"	ému	réceptif	sécurisé
fort	heureux	occupé	satisfait
amoureux	pétillant	tranquille	confiant
intéressé	excité	ambitieux	imaginatif

désagréables

bougon	triste	anxieux	fatigué
nerveux	honteux	ennuyé	seul
stupide	coincé	abattu	impatient
gêné	blessé	coupable	frustré
désolé	incompétent	rebelle	déplaisant

---

3) Traduit et adapté avec la permission de Research Press Co., à partir du livre de J. Gottman, C. Notarius, J. Gonso et H. Markman, *A couple's guide to communication*, Research Press, Champaign, Illinois.

Ensuite, demandez-vous quelles sont les choses importantes dans votre situation actuelle auxquelles vous réagissez et auxquelles vous pensez et qui font que vous nommez votre émotion de telle façon. Enfin, si vous pouvez en parler avec quelqu'un, faites-le. Vous verrez que le fait d'en parler vous permet de mieux analyser vos sentiments et vos pensées et, par conséquent, de mieux identifier vos intentions.

Qu'est-ce qu'une confirmation?

Une confirmation, c'est quand le récepteur dit à l'émetteur l'effet que le message a eu sur lui. Ceci permet à l'émetteur de vérifier si le récepteur a bien compris son message. En voici un exemple:

PIERRE: Veux-tu venir au cinéma avec moi, ce soir?

MARIE: Ça me fait plaisir que tu m'invites et j'adore le cinéma. C'est parfait!

Cette confirmation clarifie l'effet que le message de Pierre a eu sur Marie et permet à Pierre de comparer cet effet à son intention initiale.

Dans nos communications, il faut demander souvent à nos interlocuteurs de nous donner une confirmation. Cela nous empêche de faire des suppositions et évite beaucoup de confusion dans la communication des sentiments, des pensées ou des perceptions. Nous pouvons demander une confirmation en disant des phrases comme: "Comment réagis-tu à ce que je t'ai dit?" ou "Qu'est-ce que ça te fait?" ou "Qu'est-ce que tu comprends exactement?". Reprenons le même exemple que précédemment:

PIERRE: Veux-tu venir au cinéma avec moi, ce soir?

MARIE: Oui.

Ici, Pierre ne sait pas si Marie est heureuse de l'invitation ou si elle se sent obligée de répondre "oui". Il peut supposer que si elle dit "oui", c'est que cela lui fait plaisir, mais il n'en est pas certain. Alors, il peut demander une confirmation:

Voyons un autre exemple de communication entre deux époux et l'effet de clarification que peut avoir une demande de confirmation.

ÉPOUX		ÉPOUSE	
Intention ou effet (Il pense)	Message (Il dit)	Message (Elle dit)	Intention ou effet (Elle pense)
Elle revient tard du travail. Je me demande si son auto est encore restée en panne.	Tu reviens bien tard!	Mon auto ne peut pas voler par-dessus les autres.	Il pense que je perds mon temps.
Mon Dieu, qu'elle est désagréable!	Par où es-tu passée?	Ce n'est pas de tes affaires.	Il ne va pas se mettre à me surveiller.
Je vais lui montrer à me parler de cette façon.	Je sors ce soir. Je vais m'occuper de mes affaires.	Je me fous de ce que tu fais.	Comme il s'emporte facilement!
Qu'est-ce qui nous arrive? Je me demande si elle a bien compris ce que j'ai dit.	Écoute, qu'est-ce que ça te fait que je te dise que tu rentres tard?	J'ai l'impression que tu n'as pas confiance en moi et que tu veux me surveiller.	Il sent que je ne suis pas contente. Il tient compte de moi.
Où va-t-elle chercher ça? Je n'ai pas dit cela.	Qu'est-ce que j'ai dit pour provoquer en toi ce sentiment?	C'est ta façon de me dire que j'arrive "bien" tard.	Peut-être qu'il avait d'autres intentions que ce que j'ai perçu...
Et moi qui étais inquiet au sujet de sa voiture. Je n'ai certainement pas été	J'étais content de te voir. Je me demandais seulement si ta voiture était	J'avais mal compris. Je pense souvent que tu voudrais que j'arrive plus tôt.	Il vaut mieux que je lui dise exactement ce que je ressens.

PIERRE: J'aimerais savoir ce que ça te fait que je t'invite.

MARIE: Je suis heureuse de ton invitation, mais j'aurais préféré sortir demain soir.

La confirmation permet à Pierre de comparer l'effet chez Marie à son intention initiale et de préciser à Marie la différence entre son intention et l'effet sur Marie:

PIERRE: Ce que je voulais, c'est sortir avec toi. Ce soir ou demain, moi, ça m'est égal.

Donner une confirmation n'est pas toujours facile, comme nous le voyons dans cet exemple. Il faut être attentif à ses propres réactions devant le contenu et le sentiment et être capable de les exprimer à l'autre le plus fidèlement possible.

Recevoir une confirmation n'est pas toujours facile non plus. Il faut être assez ouvert pour accepter que l'autre réagisse à sa manière, qu'il voit les choses dans sa perspective à lui, et assez souple pour tenir compte de soi et de l'autre. Comme vous le voyez, nous insistons toujours sur le même point: pour communiquer de façon affirmative, il faut être capable de révéler ce que nous pensons, ce que nous ressentons et ce que nous voulons, tout en tenant compte de ce que l'autre pense, ressent et veut.

Résumé

Les principales étapes d'une bonne communication sont les suivantes:

1) Exprimer le plus fidèlement possible ce que nous pensons, ce que nous ressentons et ce que nous voulons.

2) Vérifier si l'intention initiale égale l'effet en demandant une confirmation sur le contenu et sur le sentiment du message.

3) Écouter la confirmation.

4) Discuter les différences entre l'intention et l'effet, s'il y en a.

Les deux prochains chapitres porteront sur les différents moyens d'améliorer la communication non verbale et la communication verbale.

Exercice 10. Les quatre étapes d'une bonne communication

Choisissez un sujet de discussion qui vous tient à coeur. Discutez-en avec une autre personne. Vérifiez si vous êtes capable de suivre les quatre étapes ci-haut mentionnées. Si possible, enregistrez-vous sur ruban magnétique.

Si vous ne pouvez profiter de la collaboration d'une autre personne, imaginez des dialogues comportant ces quatre étapes. Vous pouvez écrire ces dialogues.

Chapitre 5

La communication non verbale

Quand nous communiquons avec quelqu'un, nous utilisons des mots et des gestes; nous parlons alors de communication verbale et de communication non verbale.

Importance de la communication non verbale

Nous pouvons croire facilement que la communication non verbale a peu d'importance chez les humains. Mais en fait, cette dernière est souvent plus subtile et plus efficace que la communication verbale. Elle peut transmettre des intentions que les mots n'arrivent à transmettre que difficilement. Par exemple, un sourire communique parfois beaucoup plus facilement ce que nous ressentons que de simples mots. Ou encore, un clin d'oeil peut changer complètement la signification d'une phrase.

Les gens peuvent aussi transmettre des messages par leur seule façon de marcher. Quelqu'un peut marcher comme s'il était le maître de l'univers, alors qu'un autre a une façon de marcher qui indique un grand écrasement, un désespoir profond. Un homme peut dire qu'il va bien, mais marcher lentement et la tête baissée; la façon dont il marche indique qu'il ne va pas bien. Ainsi, la communication non verbale transmet parfois plus d'informations que la communication verbale ou encore des informations qui viennent contredire la communication verbale.

Différentes recherches ont montré l'importance de la communication non verbale. Deux chercheurs de l'Université du Kansas, Marilyn Shea et Howard Rosenfeld, ont réalisé une recherche auprès de quarante professeurs faisant de l'enseignement individuel à quarante étudiants.[4] Ils ont trouvé que les professeurs donnaient beaucoup d'informations aux étudiants sur leur succès ou leur échec dans leur apprentissage, simplement à l'aide de la communication non verbale (mouvements de la tête, sourires et pincements des lèvres). Apparemment, les professeurs ne s'apercevaient pas qu'ils donnaient de telles informations d'une façon non verbale. De plus, ces informations semblaient aider les étudiants à apprendre plus rapidement.

Donald Tepper, du Dawson College à Montréal, et Richard Haase, de l'Université du Texas, ont mis en évidence le fait que l'expression non verbale est plus puissante que le langage pour communiquer à quelqu'un de l'empathie (capacité de comprendre les sentiments), du respect de l'autre et de la sincérité (expression claire des sentiments réels).[5] Par exemple, l'expression faciale apparaît comme un élément extrêmement important pour communiquer à quelqu'un de l'empathie et du respect. En ce qui concerne la communication de la sincérité, l'ensemble des composantes non verbales (mouvements du corps vers l'autre, contact des yeux, ton de la voix et expression faciale montrant l'intérêt envers l'autre) a une importance

4) SHEA, M. et ROSENFELD, H.M., Functional employment of nonverbal social reinforcers in dyadic learning, *Journal of personality and social psychology, 34,* pp. 228-239, 1976.

5) TEPPER, D.T. et HAASE, R.F., Verbal and nonverbal communication of facilitative conditions, *Journal of counseling psychology, 25,* pp. 35-44, 1978.

prépondérante. Enfin, notons que, d'après une étude de Patrick Shrout, de l'université Columbia, les personnes qui sont plus actives au niveau de la communication non verbale dans une conversation donnent une meilleure impression aux autres.[6] Autrement dit, il ne faut pas avoir peur de s'exprimer non verbalement; cela améliore généralement les jugements que les autres portent sur nous.

Pour communiquer adéquatement avec les autres et pour s'affirmer, il ne suffit donc pas de savoir quoi dire, il faut aussi savoir comment le dire. En dehors de la parole, notre corps et notre apparence communiquent déjà une attitude, une pensée ou un sentiment. L'expression de notre visage, de nos mains, de nos bras, notre voix, notre habillement et notre apparence générale disent quelque chose par eux-mêmes et peuvent rendre plus fort ce que nous disons en mots.

> LUI: Quand je te détesterai
> Pour que tu le voies bien,
> Quand je te détesterai
> Je mettrai ma casquette.
> ELLE: Quand tu ne m'aimeras plus
> Pour que tu le voies bien,
> Quand tu ne m'aimeras plus
> Je me ferai des tresses.
> LUI: Depuis cette entente, ma mie porte chignon
> ELLE: Et lui, à tous les vents, il marche tête nue.
>
> "Dialogue d'amoureux"
> Paroles de Félix Leclerc
> ©Félix Leclerc

Exercice 11. Importance de la communication non verbale

Fermez vos yeux et imaginez que vous n'avez pas vu votre meilleur ami depuis deux ans et que cela vous rend triste.

---

6) SHROUT, P.E., Impression formation and nonverbal behaviors: effects of observer-target sex, 1978.

Comment pouvez-vous, sans utiliser de mots, communiquer que cela vous rend triste? De quoi a l'air votre visage? Vous froncez peut-être vos sourcils. Vos yeux sont plus petits que d'habitude. Votre bouche est fermée. Vous ne souriez pas. Les muscles de votre visage sont un peu tendus. Vous baissez un peu la tête. Vous ne faites pas beaucoup de gestes. Votre voix est plus lente, plus faible et plus basse que d'habitude.

Imaginez maintenant que vous rencontrez, par hasard, ce grand ami que vous n'avez pas vu depuis deux ans. Comment vous montrez-vous tous les deux que vous êtes heureux de vous rencontrer? De quoi a l'air votre visage? Vos yeux s'agrandissent. Vos sourcils s'élèvent. Votre bouche est légèrement ouverte. Vous souriez. Vous vous regardez droit dans les yeux. Votre tête est droite. Vous lui donnez une bonne poignée de mains. Vous mettez votre main sur son épaule. Vous faites beaucoup de gestes. Votre voix est plus forte que d'habitude. Vous riez. Vous êtes heureux.

Maintenant que vous avez imaginé comment l'expression non verbale peut communiquer aux autres ce que vous ressentez, vous pouvez jouer ces deux scènes avec une autre personne, toujours sans dire un mot. Ensuite, indiquez-vous l'un l'autre les composantes non verbales qui retiennent votre attention et jusqu'à quel point vous exprimez clairement vos émotions au niveau non verbal.

Le contact des yeux

Le fait de regarder quelqu'un directement dans les yeux a pour effet d'augmenter, chez le récepteur, le niveau d'excitation physiologique et émotive, ce que les spécialistes appelle le "niveau d'activation". Ainsi, quand nous regardons quelqu'un directement dans les yeux, c'est comme si nous lui demandions quelque chose. L'autre se sent alors impliqué personnellement, il s'"active". À ce moment-là, si nous lui montrons ce que nous attendons de lui, il aura probablement tendance à nous répondre et à se rapprocher de nous. Mais, s'il ne sait pas ce que nous attendons de lui ou s'il n'est pas disposé à nous répondre, il deviendra tendu et tentera d'éviter la relation. Ainsi, Ellsworth et Langer ont trouvé que dix personnes sur douze vont aider quelqu'un qui les regarde directement s'ils savent clairement comment aider l'autre, alors que s'ils ne le savent pas, seulement trois personnes sur douze vont offrir leur aide.[7]

Il est facile d'observer que plus les gens s'aiment, plus ils se regardent dans les yeux. Ceci constitue probablement une autre facette du même phénomène: plus les gens s'aiment, plus ils se font des demandes mutuellement (même si ce n'est que des demandes d'attention), plus ils comprennent ces demandes et plus ils sont prêts à y répondre, ce qui fait qu'ils ont de fréquents contacts des yeux. Enfin, plus les gens ont un bon contact des yeux, plus ils sont considérés comme forts et efficaces par les autres, selon une recherche de Massillon et Hillabrant.[8]

Tout ceci nous fait voir l'importance du contact des yeux dans la communication. Or, plusieurs personnes ont de la difficulté à maintenir le contact des yeux quand ils parlent à quelqu'un. Ils paraissent alors gênés, nerveux, manquant de confiance en eux, donc non affirmatifs. Ils peuvent aussi rendre mal à l'aise la personne avec qui ils parlent.

Se tenir la tête droite et regarder l'autre dans les yeux, c'est essentiel pour manifester son intérêt quand nous écoutons quelqu'un et pour être affirmatifs et retenir l'intérêt de l'autre quand nous parlons. Garder le contact des yeux, cela ne veut pas dire fixer continuellement l'autre dans les yeux; cela peut devenir agaçant pour soi et pour l'autre. Mais, cela veut dire maintenir un équilibre entre regarder les yeux de l'autre et

7) ELLSWORTH, P.C. et LANGER, E.J., Staring and approach: an interpretation of the stare as a nonspecific activator, *Journal of personality and social psychology, 33,* pp. 117-122, 1976.

8) MASSILLON, A.M. et HILLABRANT, W., *Effects of a stimulus person's nonverbal displays on impression formation.* Document présenté au Congrès de l'American Psychological Association, Toronto, 1978.

regarder ailleurs, de sorte que chacun ait l'impression de demeurer en contact, présent à l'autre.

Les liens exacts entre le contact des yeux et une capacité de converser de façon adéquate sont encore à explorer. Cependant, nous pouvons déjà considérer qu'un contact des yeux qui se fait pendant environ 40 pour cent du temps se situe dans la normale. Il faut aussi ajouter qu'un émetteur a généralement tendance à regarder le récepteur quand il n'hésite pas et à la fin des phrases. Il regarde ailleurs quand il parle avec hésitation. Enfin, il semble bien que le regard soit important pour maintenir une conversation entre deux personnes, en permettant de saisir l'expression non verbale de l'autre et de signaler ses propres sentiments.

Non seulement nous pouvons encourager une conversation en gardant le contact des yeux, mais nous pouvons aussi terminer une conversation en éliminant le contact des yeux. Pour que quelqu'un cesse de parler, il suffit parfois de ne plus le regarder du tout et de regarder ailleurs. On voit donc comment le contact des yeux est important pour aider la communication entre deux personnes. Il faut être capable de maintenir le contact des yeux et de le diminuer selon nos besoins et selon les circonstances.

Exercice 12. Pratique du contact des yeux en imagination

Il y a sans doute des personnes que vous avez de la difficulté à regarder dans les yeux quand vous leur parlez. L'exercice suivant pourra vous aider à diminuer beaucoup cette difficulté si vous le répétez quelques fois.

Détendez-vous le plus possible. Pensez à quelqu'un que vous avez de la difficulté à regarder dans les yeux. Imaginez que vous lui parlez, que vous êtes tout à fait détendu et que vous le regardez dans les yeux sans gêne.

Si vous avez de la difficulté à imaginer cela, commencez par faire de la pratique en imagination avec modèle. Imaginez que vous voyez une personne que vous connaissez et qui n'a pas de difficulté à regarder un autre dans les yeux.

Exercice 13. Pratique du contact des yeux dans la réalité

S'il vous est possible d'avoir la collaboration d'une autre personne, faites l'exercice suivant qui vous permettra aussi de diminuer votre difficulté à maintenir le contact des yeux.[9]

Assoyez-vous à environ cinq pieds de votre partenaire, puis regardez les yeux de votre partenaire. Constatez comme il est difficile de dire s'il vous regarde vraiment dans les yeux. Remarquez que s'il regarde autour de votre tête, vous pouvez difficilement voir s'il regarde ou non vos yeux. Si l'autre regarde votre nez, votre menton, votre cou ou vos oreilles, vous pouvez difficilement dire ce qu'il regarde. Faites-en l'expérience chacun à votre tour.

Après cette expérience, vous savez que si le contact des yeux avec quelqu'un vous rend nerveux, vous n'êtes pas obligé de regarder par terre. Vous pouvez regarder son menton ou son front pendant quelques secondes, le temps de vous sentir moins nerveux; puis, vous revenez aux yeux quand vous vous sentez à l'aise.

Évaluez ensuite votre niveau de malaise quand vous vous regardez dans les yeux, sur une échelle de zéro à cent, zéro représentant un niveau de détente complète et cent, un niveau de panique.

Maintenant, détendez-vous durant quelques minutes. Si vous avez de la difficulté à vous détendre, vous pouvez consulter le chapitre 7 où nous vous indiquons comment vous relaxer.

Puis, regardez tous les deux différentes parties du corps de l'autre, en demeurant le plus détendu possible. *Regardez chaque partie pendant environ une vingtaine de secondes.* Respirez calmement et prenez le temps de bien examiner les

9) SMITH, M.J., *When I say no, I feel guilty,* Dial Press, New York, 1975.

caractéristiques physiques de l'autre. Demandez-vous à quoi vous font penser les différentes parties du corps de l'autre, tout en demeurant bien détendu. Vous pouvez faire lire le texte suivant par une troisième personne ou l'enregistrer sur ruban magnétique et faire l'exercice en l'écoutant.

Commencez par examiner pendant vingt secondes le pied droit, puis le pied gauche, le genou droit, le ventre, le genou gauche, la cuisse gauche, le ventre, le bras droit, la poitrine, l'épaule gauche; prenez une grande respiration et détendez-vous. Puis, regardez le ventre, le cou, l'épaule droite, le cou, l'épaule gauche, le dessus de la tête; regardez vers l'oreille gauche, examinez bien le menton, laissez venir en vous les images que le menton vous suggère, puis favorisez les images qui diminuent l'anxiété. Ensuite, regardez vers l'oreille droite, le haut du front, la bouche, le bas du front, la joue gauche; détendez-vous bien. Examinez le nez, la joue droite. Laissez aller votre regard sur le visage et laissez venir les images que le visage de l'autre vous suggère, tout en vous relaxant. Regardez l'oeil gauche, le sourcil gauche, les cils droits, les narines, l'oeil gauche. Prenez quelques instants pour vous détendre en vous fermant les yeux. Puis, examinez le nez, l'oeil droit, l'oeil gauche, le front, l'oeil droit, l'oeil gauche. Maintenant, regardez les deux yeux en vous sentant très à l'aise, très détendu.

Maintenant, évaluez à nouveau votre niveau de malaise ou d'anxiété sur une échelle de zéro à cent, quand vous regardez l'autre dans les yeux. Il est important de pratiquer cet exercice jusqu'à ce que votre niveau de malaise soit suffisamment bas, par exemple au-dessous de vingt.

Durant les prochains jours, vous pouvez noter le nombre de fois où vous maintenez un bon contact des yeux avec une personne et votre degré de difficulté, sur une échelle de zéro à cent, à le faire avec différentes personnes. Si vous avez vraiment beaucoup de difficulté à le faire, vous pouvez, par exemple, vous exercer en faisant un contact des yeux avec les personnes qui donnent les nouvelles à la télévision, avant de pratiquer dans la vie quotidienne.

La voix

Des chercheurs de l'Université de la Californie, Bugental, Henker et Whalen ont trouvé que les personnes sûres d'elles-mêmes et se sentant capables de diriger leur vie, se montrent plus affirmatives au niveau de leur ton de voix qu'au niveau du contenu même de leur conversation, alors que le contraire est vrai pour les gens peu sûrs d'eux-mêmes.[10] Ces auteurs considèrent que ces résultats indiquent que le ton de voix est une caractéristique dont nous ne sommes pas toujours très conscients, mais qui exprime très bien la confiance en soi. Les gens qui ont peu confiance en eux-mêmes essaieront d'influencer les autres par un contenu affirmatif et même agressif, mais leur manque de confiance apparaîtra dans leur ton de voix. Ils seront alors moins efficaces dans différentes situations sociales, comme par exemple pour se faire obéir de leurs enfants. D'autre part, les gens plus sûrs d'eux-mêmes seront moins agressifs au niveau du contenu, mais plus affirmatifs au niveau du ton de voix et seront plus efficaces socialement.

Par ailleurs, plus les gens ont une voix haute, plus ils sont jugés nerveux et peu persuasifs. De plus, s'ils parlent très lentement, ils sont jugés plus négativement, compte tenu évidemment de la situation dans laquelle ils se trouvent.[11] C'est donc dire que la voix a une grande importance dans l'impression que les autres se font de nous. En voici une autre preuve: dans une recherche sur les différentes caractéristiques qui distinguent les gens affirmatifs des autres, Eisler, Miller et Hersen ont trouvé que ceux qui sont perçus comme plus affirmatifs

---

10) BUGENTAL, D.B., HENKER, B. et WHALEN, C.K., Attributional antecedents of verbal and vocal assertiveness, *Journal of personality and social psychology, 34,* pp. 405-411, 1976.

11) APPLE, W. KRAUSS, R.M. et STREETER, L.A., *Attribution of speakers' internal states from pitch and rate variations,* document présenté au Congrès de l'American Psychological Association, Toronto, 1978.

répondent plus rapidement à des situations de conflit et avec une voix plus forte.[12]

Il y a plusieurs caractéristiques de la voix qui peuvent aider ou nuire à la communication et à l'affirmation de soi. Par exemple, la hauteur, le volume et la qualité de la voix. Parlez-vous trop haut ou trop bas, trop fort ou pas assez fort? Avez-vous un ton de voix trop dur ou trop pleurnichard?

La vitesse avec laquelle vous parlez a aussi une importance. Si vous parlez trop vite, on peut à peine vous suivre ou on a de la difficulté à vous parler. Si vous parlez trop lentement ou avec hésitation et si vous n'insistez pas sur les mots importants, vous perdez l'intérêt de l'autre.

Exercice 14. Observation des composantes de la voix

Pour faire l'exercice suivant, trouvez-vous un partenaire. L'un des deux parle d'un sujet quelconque (par exemple, votre ville, votre quartier, votre maison, votre auto, un fait quotidien, vos sports préférés, un fait politique, etc.), pendant deux ou trois minutes. L'autre examine les composantes de la voix (hauteur, volume, qualité et vitesse) et dit ensuite ce qu'il a observé, en indiquant autant les points forts que les points faibles. (Il est tout aussi important de connaître ses points forts que ses points faibles, pour pouvoir se servir de ses points forts et améliorer ses points faibles.) Ensuite, les rôles sont inversés.

Si vous n'avez pas de partenaire, enregistrez-vous sur ruban magnétique pendant que vous parlez au téléphone et examinez les composantes de votre voix.

La force ou volume de la voix est une caractéristique qu'il faut être capable de varier. Dans certaines situations, il faut être capable de parler doucement; dans d'autres occasions, il faut parler d'une voix forte et ferme.

12) EISLER, R.M., MILLER, P.M. et HERSEN, M., Components of assertive behavior, *Journal of Clinical Psychology, 29,* pp. 95-299, 1973.

Exercice 15. Varier la force de la voix

Trouvez-vous un partenaire et mettez-vous l'un en face de l'autre. L'un des deux dit "oui" d'une voix très douce et l'autre dit "non" avec le même volume de voix. Vous continuez de la même façon en prenant une voix de plus en plus forte, jusqu'à ce que vous parliez tous les deux très fort.

Vous pouvez aussi faire cet exercice, seul, à l'aide d'un magnétophone.

L'expression faciale et gestuelle

Notre expression faciale exprime beaucoup sur notre attitude vis-à-vis des autres. La principale caractéristique des gens qui sont perçus comme chaleureux, c'est le sourire. Une amusante recherche de Patrick Shrout montre que c'est surtout chez les hommes que le sourire est important pour produire une impression favorable, probablement parce que les hommes ont tendance à sourire moins que les femmes et que cela devient alors un facteur plus important chez les hommes que chez les femmes.[13]

Il y a des personnes qui ont beaucoup de difficulté à sourire, comme il y en a d'autres qui ont beaucoup de difficulté à ne pas sourire. Ainsi, il y a des gens qui sourient même quand ils sont en colère et d'autres qui ne sourient pas même quand ils sont heureux ou qui ont une expression froide même quand ils veulent exprimer de l'affection. Il est important pour être bien compris des gens, d'avoir une expression faciale en accord avec ce que nous ressentons.

Il n'y a pas que la figure qui exprime des sentiments. Tout le corps peut aider ou nuire à l'affirmation de soi et à la com-

---

13) SHROUT, P.E., *Impression, formation and nonverbal behaviors: Effects of observer-target sex.*, document présenté au Congrès de l'American Psychological Association, Toronto, 1978.

munication. Ainsi, il y a des gens qui bougent tellement leurs mains et leurs bras quand ils parlent que ça nous distrait. D'autre part, il y a des gens qui ne bougent pas, gardent leurs bras de chaque côté de leur corps d'une façon rigide ou croisent leurs bras continuellement, de sorte qu'ils ont l'air passif, défensif ou retenu. Être attentif aux gestes aide donc à mieux percevoir les messages ou à mieux s'exprimer.

Exercice 16. Pratique de l'expression faciale et gestuelle

Pour connaître vos capacités et vous améliorer au niveau de l'expression faciale et gestuelle, vous pouvez faire l'exercice suivant.

Imaginez un fait qui s'est passé au cours des derniers jours, un événement qui était, pour vous, gai, triste, agréable, enrageant, etc. Exprimez-le devant une autre personne et demandez-lui si elle a deviné le sentiment que vous avez exprimé et ce qu'elle pense de votre expression faciale et gestuelle. Vous pouvez ainsi vous pratiquer à mieux exprimer vos émotions.

Vous pouvez aussi pratiquer cet exercice seul devant un miroir, ou encore placer un miroir près du téléphone pour que vous voyez votre expression faciale quand vous parlez. Observez ainsi si votre expression est en rapport avec l'émotion que vous ressentez. Relisez le premier chapitre si vous voulez être plus systématique dans vos observations.

La distance interpersonnelle

Nous aimons garder une certaine distance par rapport à la personne avec qui nous parlons, en fonction de la culture, des situations, des personnes et de ce que nous avons à dire. Par exemple, les amis se tiennent généralement plus près l'un de l'autre que des étrangers.

Si nous sommes trop près l'un de l'autre, nous nous sentons mal à l'aise, nous ne pouvons être attentifs et nous ne pouvons nous affirmer. Et c'est à peu près la même chose si nous sommes trop loin l'un de l'autre. Ainsi, la personne avec qui vous parlez doit garder une certaine distance vis-à-vis de vous pour être à l'aise et vous devez aussi garder une certaine distance pour être à l'aise. Quand vous parlez avec quelqu'un, il faut que vous arriviez à garder la distance qui est idéale pour les deux. Ceci semble peu important; mais, si vous n'y faites pas attention, il peut arriver que quelqu'un n'ait plus le goût de parler avec vous ou soit distrait quand vous lui parlez, parce que vous vous tenez trop près ou trop loin de lui, mais sans qu'aucun des deux n'en soit vraiment conscient.

Exercice 17. Vérification de la distance interpersonnelle idéale

Pour découvrir l'importance de la distance idéale, vous pouvez faire l'exercice suivant avec une autre personne.

Placez-vous debout, chacun à chaque bout de la pièce; remarquez comme vous êtes alors trop loin de l'autre pour pouvoir lui parler et être à l'aise. Puis, rapprochez-vous l'un de l'autre en maintenant le contact des yeux, jusqu'à ce que vous commenciez à vous sentir à l'aise pour lui parler. Mesurez la distance entre vous deux. Puis, rapprochez-vous encore jusqu'à ce que vous vous sentiez mal à l'aise. Mesurez à nouveau cette distance. Vous connaissez alors pour vous l'écart entre le trop loin et le trop près. Voyez si vos distances idéales à chacun peuvent s'accorder.

Si vous le pouvez, reprenez cet exercice avec d'autres personnes et remarquez comme la distance idéale peut être différente avec différentes personnes. Voyez en même temps si vos distances idéales à chacun s'accordent. Vous pouvez aussi observer ce phénomène dans la vie quotidienne.

La poignée de mains et le contact physique

Donner une bonne poignée de mains constitue une expression gestuelle qui indique que nous sommes affirmatifs. Les gens qui offrent une main molle semblent généralement gênés, timides. Le fait de toucher la main d'un autre peut les rendre anxieux ou encore ils ont peur de se faire écraser la main. La meilleure façon de ne pas se faire écraser la main consiste à placer sa main le plus loin possible dans la main de l'autre; ainsi, l'autre ne peut écraser vos doigts.

Certaines personnes ont aussi de la difficulté à toucher quelqu'un. En donnant une poignée de mains à un ami, vous pouvez, par exemple, lui mettre la main sur le bras ou sur l'épaule; ceci indique que vous êtes chaleureux.

Exercice 18.   Donner une poignée de mains avec fermeté

Pour vous aider à savoir si vous donnez une bonne poignée de mains, vous pouvez faire l'exercice suivant avec une autre personne.

Pratiquez-vous à donner une bonne poignée de mains, en plaçant votre main le plus loin possible dans la main de l'autre tout en demeurant détendu. Demandez à l'autre de vous dire si votre poignée de mains est trop molle, trop forte ou juste assez ferme. En même temps, vous pouvez mettre la main gauche sur l'épaule ou sur le bras de l'autre; vous verrez comme cela peut exprimer des sentiments positifs vis-à-vis de l'autre.

L'apparence générale

Votre façon de vous habiller et votre apparence générale expriment aussi beaucoup sur vous-même. Quelle image donnez-vous de vous-même par votre apparence? Vous sentez-vous bien et confiant en vous à ce niveau? Encouragez les observations et remarques, positives comme négatives, de vos amis *et* de vous-même à ce niveau. Observez, par exemple, lequel de vos vêtements vous permet d'avoir le plus confiance en vous et mettez-le lorsque c'est particulièrement important pour vous de pouvoir vous affirmer. Évidemment, cela est différent pour chacun et pour différentes situations, et c'est à vous de découvrir, avec l'aide des observations de vos amis (et même de vos ennemis!), ce qui vous aide à exprimer ce que vous êtes ou voulez être. Au moins, à ce niveau, tentez d'éliminer toute inquiétude.

> *Je me regarde dans le miroir*
> *Et c'est la première fois*
> *Je me regarde dans le miroir*
> *Et j'aime ce que je vois*
> ....
> *Je me regarde dans le miroir*
> *Je ne veux plus me cacher*
> *Je me regarde dans le miroir*
> *Et j'ai envie de danser*
> *Je recommence ma vie*
> *Et je me prends comme je suis*

"Je suis la femme"
Paroles d'Angèle Arsenault
©Éditions Angèle Arsenault

Exercice 19.   Pratique des différentes composantes non verbales

Comme exercice final de ce chapitre, choisissez un des sujets proposés à la page 120 ou un autre sujet, comme l'inflation, le hockey, la contraception, l'éducation des enfants, etc. Parlez de ce sujet devant un ami pendant environ cinq minutes ou encore enregistrez-vous tout en vous regardant dans un miroir. Faites évaluer par votre ami ou évaluez vous-même votre contact des yeux (si vous êtes devant un autre), votre expression faciale, votre expression gestuelle, la hauteur, le volume, la qualité de votre voix et la vitesse de votre débit, à l'aide de la grille d'évaluation de la communication non verbale qui suit. Vous aurez ainsi une meilleure connaissance de vos points forts et de vos points faibles au niveau de la communication non verbale.

Grille d'évaluation de la communication non verbale

Comportement	Évaluation	Remarques
Contact des yeux	. . . .	. . . .
Expression faciale	. . . .	. . . .
Expression gestuelle	. . . .	. . . .
Hauteur de la voix	. . . .	(trop haut ou trop bas?) . . . .
Volume de la voix	. . . .	(trop fort ou pas assez fort?) . . . .
Qualité de la voix	. . . .	(trop dur ou trop pleurnichard?) . . . .
Vitesse du débit	. . . .	(trop vite ou trop lent?) . . . .

Critères d'évaluation

1: Très mauvais; absence complet du comportement désirable.
2: Mauvais; grand besoin d'amélioration.
3: Moyen; un certain besoin d'amélioration.
4: Bon; besoin d'un peu de raffinement.
5: Excellent; très peu ou aucun besoin d'amélioration.

Durant les prochains jours, vous pouvez choisir un comportement non verbal que vous maîtrisez plus difficilement et, à chaque fois que vous parlez avec quelqu'un, notez immédiatement votre évaluation du comportement que vous avez choisi. Notez aussi avec qui vous étiez et, à partir de vos notes, essayez de découvrir dans quelles situations, avec quelles personnes vous avez le plus de difficultés. Et pratiquez, pratiquez et pratiquez encore, en n'oubliant pas de vous évaluer. Pour plus de détails sur la façon de vous observer, n'hésitez pas à relire le premier chapitre.

Résumé

Nous avons tendance à sous-estimer la communication non verbale au profit de la communication verbale. Or, plusieurs recherches ont montré que le non-verbal véhicule des messages au moins aussi importants que le verbal.

Dans le chapitre précédent, nous examinions l'influence du contact des yeux, des composantes de la voix, de l'expression faciale et gestuelle, de la distance entre les personnes et de l'apparence générale. Des exercices sont proposés, qui ont pour but d'améliorer ces divers aspects de la communication et de diminuer l'anxiété qui s'y rattache souvent. Le chapitre suivant indiquera, de la même façon, l'importance de la communication verbale et les moyens de l'améliorer.

Chapitre 6

La communication verbale

Importance de la communication verbale

La parole est peut-être l'instrument le plus important que nous ayons à notre disposition pour rendre notre vie intéressante. Imaginons ce que serait notre vie sans la parole. D'abord, nous aurions beaucoup moins de possibilités de montrer aux autres ce que nous sommes, ce que nous pensons, ce que nous ressentons. Nous saurions aussi beaucoup moins rapidement ce que les autres pensent, ce qu'ils ressentent vis-à-vis de nous et vis-à-vis des autres réalités, ce qu'ils désirent, ce qu'ils attendent de nous et de la vie en général. Nous développerions nos connaissances beaucoup plus lentement. Aussi, nos sentiments évolueraient plus lentement à cause du manque d'échanges avec les autres.

Pour une personne qui a connu la parole, devenir muette peut facilement rendre la vie terne, peu intéressante. Mais, imaginez ce que ce serait si aucun être humain ne pouvait parler. Ce serait certainement une catastrophe si, du jour au lendemain, tous les êtres humains devenaient muets.

La communication verbale, source de bonheur et de malheur

La parole, la communication verbale, c'est ce qui crée la majorité des contacts quotidiens entre les hommes, mais c'est aussi ce qui permet des relations profondes, c'est ce qui permet à une relation entre deux personnes de s'épanouir et d'apporter à chacun du support, de l'affection et une plus grande satisfaction dans la vie. Le fait de parler de ses problèmes et de ses difficultés, à l'intérieur d'une relation favorable, nous rend plus heureux et diminue notre anxiété.

C'est pourtant vrai qu'on s'est aimé
C'est vrai, on s'en est pas parlé
J'aurais trouvé ça trop gênant
De dire je t'aime... de ton vivant
J'aurais eu peur que tu ris d'moé
Ou qu'tu dises: "Ben ça paraît pas"
C'est des affaires qui s'disaient pas
Quand tu vivais, quand qu't'étais là.

"Des mots d'amour"
Paroles d'Yvon Deschamps
©Les Éditions Y. D. (CAPAC)

Malheureusement, la communication verbale apporte aussi de grands problèmes dans la vie. Sans la communication verbale, nous aurions sans doute une vie peu intéressante, mais peut-être aussi une vie comportant moins de problèmes interpersonnels compliqués. Le langage nous permet de créer, chez les autres, du bonheur, mais aussi de la tristesse et de la colère. Autrement dit, la communication verbale est une source importante d'émotions agréables et désagréables.

L'expression directe des sentiments

La réaction des gens face à ce que vous exprimez verbalement dépend beaucoup de votre façon de dire les choses. Si quelqu'un fume un cigare devant vous et que cela vous ennuie, vous pouvez le lui dire de différentes façons. Par exemple, vous pouvez dire: "Tu devrais cesser de fumer. Ça dégage une odeur vraiment désagréable." Mais, en disant cela, vous n'exprimez pas directement vos sentiments. Vous semblez plutôt énoncer une accusation ou une constatation négative et universelle sur le comportement de l'autre. Vous présentez votre propre point de vue négatif comme si c'était une vérité absolue ou comme si c'était le point de vue de tout le monde.

Pour exprimer directement ce que vous *ressentez,* il faudrait que vous disiez, par exemple: "Je suis très ennuyé par la fumée de ton cigare". Alors, l'autre pourra réagir à votre sentiment plutôt qu'à une accusation de type autoritaire.

La même chose est vraie des sentiments positifs. Si vous dites à quelqu'un "Je t'aime" ou "J'aime ta façon de travailler", vous exprimez vos sentiments plus directement que si vous dites "Tu es très aimable" ou "Tu travailles bien". Ces dernières expressions constituent des jugements relativement impersonnels qui créent facilement l'illusion d'être des vérités absolues. Elles sont donc fausses puisqu'elles déguisent des points de vue personnels en jugements d'autorité. N'ayez donc pas peur d'exprimer directement vos sentiments tels qu'ils sont.

En général, les phrases qui expriment le plus directement les sentiments sont celles qui commencent par "je" ou par "cela me", au lieu de commencer par "tu". Par exemple: "Cela m'embête que tu ne m'aies pas rapporté mon disque" est plus direct que "C'est une très mauvaise habitude de ne pas rapporter les choses que tu empruntes; il y a des gens qui peuvent mal accepter ça". Dans le premier cas, l'accent est mis sur le sentiment de celui qui parle et, dans le second cas, sur l'accusation. Le fait de se sentir accusé peut provoquer des querelles et être néfaste pour une relation interpersonnelle fragile.

Nous employons souvent la forme accusatrice parce que nous nous sentons obligés de justifier nos sentiments pour qu'ils soient acceptés. En les présentant comme des vérités absolues ou comme des points de vue universels, nous avons l'impression que nos sentiments sont plus raisonnables et plus acceptables. Malheureusement, c'est souvent le contraire qui se produit alors. L'expression indirecte et accusatrice empêche l'autre d'accepter nos sentiments négatifs et l'amène à répondre simplement à notre accusation d'une façon défensive.

La façon constructive et directe d'exprimer nos sentiments négatifs, comme nos sentiments positifs, peut être résumée dans une formule très simple. Elle consiste à dire: *Quand tu fais telle action précise dans telle situation précise, je ressens tel sentiment.*

Exercice 20. Dire ses impressions

Vous pouvez faire cet exercice avec une autre personne ou même en imagination.

Assoyez-vous en face d'une personne. Regardez-la, prenez bien votre temps pour identifier votre impression actuelle de cette personne. Dites-lui aussi honnêtement et ouvertement que possible votre première impression. Commencez vos phrases par "je" ou "cela me".

Vous pouvez aussi trouver, à chaque jour, une caractéristique qui vous plaît chez une personne de votre entourage et lui exprimer directement vos sentiments à propos de cette caractéristique. Si vous avez de la difficulté à le faire dans la réalité, commencez par le faire en imagination. Et n'oubliez pas d'utiliser les différentes composantes de la recherche-action sur soi, telles que décrites dans le premier chapitre.

La demande de confirmation

Après avoir exprimé directement ce que vous pensez et ce que vous ressentez, il est parfois important de vérifier si l'autre a bien compris ce que vous avez voulu dire, c'est-à-dire de demander une confirmation que votre intention égale l'effet, comme nous l'avons vu dans le quatrième chapitre. Il est donc bon de demander à l'autre ce qu'il a compris de ce que vous avez dit et ce qu'il ressent devant ce que vous avez dit. Cela prend un certain tact pour demander à quelqu'un s'il a bien compris. Il ne s'agit évidemment pas de dire: "Répète ce que je viens de dire. Je pense que tu es trop stupide pour me comprendre." Mais plutôt, il faut dire par exemple: "J'aimerais savoir si je m'exprime assez clairement. Qu'est-ce que tu comprends de ce que j'ai dit? Que ressens-tu devant ce que j'ai dit? Qu'est-ce que j'ai dit qui te fait réagir ainsi?"

Le respect de l'autre

Quand quelqu'un nous fait mal ou quand nous pensons qu'il va nous faire mal, nous avons souvent tendance à essayer de lui faire mal à notre tour ou de l'empêcher de parler. Ceci détériore grandement la communication.

Plus nous sommes blessés ou plus nous pensons que nous allons l'être, plus il est difficile d'éviter cette réaction. Et pourtant, c'est au moment où nous sommes le plus insultés qu'il est le plus important d'éviter de blesser à notre tour, si nous voulons éviter la mésentente et si nous tenons à demeurer en relation avec quelqu'un. Il faut alors éviter les insultes, les compliments déguisés ("Enfin, tu as fait quelque chose d'intéressant. Ça n'arrive pas souvent."), les sarcasmes ("Je le savais bien. Tu ne comprends jamais rien.") et les remarques désobligeantes sur le passé. À propos de ce dernier point, il arrive souvent que nous parlons continuellement de ce que nous n'avons pas aimé dans le passé au lieu de parler de ce que nous pensons et ressentons *actuellement*. Parler des choses désagréables du passé ne fait souvent qu'empêcher de régler les problèmes actuels. Il vaut certes mieux exprimer directement nos sentiments actuels face aux problèmes présents.

Prudence et risques dans l'expression des sentiments

Même s'il est important de dire ce que nous pensons et ce que nous ressentons, cela ne veut pas dire qu'il faut toujours le faire, quelle que soit la situation. Dans certains cas, vous pouvez avoir l'impression que l'expression de vos sentiments pourrait être mal accueillie ou blesser ou embarrasser les autres ou vous-même. Il faut bien sûr être prudent et il est généralement préférable de dire ses sentiments les plus personnels dans une atmosphère d'acceptation mutuelle. Cependant, il faut éviter d'être trop prudent à ce propos et ne pas se fermer lorsqu'il y a des possibilités de développer des relations interpersonnelles enrichissantes. Il vaut mieux prendre des risques que de demeurer trop fermé. Vous serez peut-être agréablement surpris de constater que les gens sont souvent heureux d'accueillir l'expression honnête des sentiments.

Dans une recherche, Jones et Archer de l'Université Duke montrent que les gens apprécient davantage quelqu'un qui parle de ses faiblesses ou de ses caractéristiques négatives que quelqu'un qui les cache et qu'ils se révèlent eux-mêmes plus facilement à une telle personne.[1] Cependant, d'autres études nous indiquent que tel n'est pas le cas si cette personne parle de ses faiblesses à tout venant ou embarrasse les autres en en parlant ou encore révèle des caractéristiques personnelles qui sont considérées très déviantes ou rejetées socialement.[2] Il s'agit donc d'atteindre un certain équilibre: nous serons plus appréciés si nous savons nous ouvrir à certaines personnes plus proches, mais pas nécessairement à tout le monde, surtout lorsqu'il s'agit de caractéristiques personnelles peu acceptées socialement.

1) JONES, E.E. et ARCHER, R.L., Are there special effects of personalistic self-disclosure? *Journal of experimental social psychology, 12,* pp. 180-193, 1976.
2) DERLEGA, V.J., HARRIS, M.S. et CHAIKIN, A.L., Self-disclosure reciprocity, liking, and the deviant, *Journal of experimental social psychology, 9,* pp. 277-284, 1973.
EHRLICH, H.J. et GRAEVEN, D.B., Reciprocal self-disclosure in a dyad, *Journal of experimental social psychology, 7,* pp. 389-400, 1971.

Voici un dialogue qui met en scène deux amis qui expriment leurs sentiments, même si cela n'est pas toujours facile:

THOMAS: Tu ne sais pas ce qui m'arrive! Je viens d'obtenir un emploi comme professeur au Collège de Sherbrooke.

DIANE: Tu veux dire que tu vas quitter la ville?

THOMAS: Oui... Je ne suis pas tellement heureux de quitter la ville, mais c'est tellement une occasion formidable pour moi. Ça fait deux mois que je cherche un emploi comme celui-là.

DIANE: Ce n'est pas nécessaire de t'énerver autant... J'ai l'impression que tu penses que je devrais me réjouir que tu partes.

THOMAS: Écoute, je ne pensais pas que tu prendrais ça de cette façon. Qu'est-ce qui te prend?

DIANE: Ça semble te monter à la tête! Je ne te reverrai plus et tu t'attends à ce que je sois toute heureuse. Ce n'est pas moi qui ai un emploi et qui vais déménager et... Oh! je pense que j'exagère un peu, là.
(Silence)

THOMAS: Je suis désolé. J'étais tellement heureux que je n'ai pas pensé à ce que ça pourrait te faire...

DIANE: Je pense que c'est ça qui m'a fait mal... Tu avais tellement l'air de ne pas t'occuper de mes sentiments.

THOMAS: C'est vraiment ce que j'ai fait... Tu sais, tu vas me manquer quand je vais être à Sherbrooke, mais je pourrai venir ici toutes les semaines.

DIANE: À moi aussi, tu vas me manquer. Quand j'étais fâchée tout à l'heure, en fait, c'est ça qui m'inquiétait: de ne plus te revoir.

Il est important de remarquer que l'expression de sentiments négatifs, dans ce dialogue, ne diminue pas l'amitié entre ces deux personnes. Chacun permet l'expression de ces sentiments négatifs, de sorte qu'ils peuvent finalement se comprendre l'un l'autre. Ce n'est pas nécessairement un exemple d'une relation parfaite, mais simplement d'une relation où chacun tend à exprimer ses sentiments et à accepter les sentiments de l'autre.

Critères d'évaluation de l'expression des sentiments

Pour arriver à exprimer nos sentiments, il ne suffit pas de le décider; il faut le pratiquer souvent dans la vie quotidienne et dans des relations interpersonnelles favorables. Nous suggérons, dans ce livre, différentes façons d'exprimer ses sentiments. Il y en a évidemment d'autres. Il est important d'être souples, c'est-à-dire de connaître et de pratiquer plusieurs façons de s'exprimer et de choisir celles qui nous conviennent le mieux.

Voici quelques critères que vous pouvez utiliser pour évaluer votre comportement quand vous exprimez des sentiments.

1) Déterminez votre degré d'anxiété dans la situation à l'aide des indices suivants:
    — contact des yeux
    — posture plus ou moins détendue
    — rires nerveux ou blagues inappropriées
    — mouvements excessifs de la tête, du corps, des mains ou absence de mouvements
    — mesure subjective de l'anxiété sur une échelle de zéro à cent, où le point zéro indique une détente complète et le point cent, un état de panique.

2) Évaluez le contenu verbal:
    — l'énoncé était-il direct et bien à propos?
    — l'énoncé était-il ferme, mais non hostile?
    — l'énoncé montrait-il de la considération, du respect pour l'autre personne?

— l'énoncé reflétait-il adéquatement votre intention?
— l'énoncé conduisait-il à une escalade d'insultes et de provocations mutuelles?
— si l'énoncé tentait d'expliquer quelque chose, était-il court et non pas rempli d'excuses?
— l'énoncé était-il sarcastique, plaignard ou revendicateur?
— l'énoncé rejetait-il les sentiments de l'autre personne?
— y avait-il de longues explications, des excuses ou des compliments inutiles ou faux?
— avez-vous parlé de vos sentiments en employant le "je"?
— si vous n'étiez pas sûr d'être bien compris, avez-vous vérifié si l'autre vous comprenait bien?

3) Comment présentez-vous votre message?
— presqu'immédiatement après que l'autre a parlé.
— pas d'hésitations ou de balbutiements.
— ton de voix, force et qualité de la voix appropriés.

4) Êtes-vous satisfait de votre performance?
— si cela est important pour vous, trouvez des façons concrètes de vous améliorer.

Exercice 21. L'expression des sentiments importants

Exprimer ses sentiments, c'est apprendre à partager avec quelqu'un des choses importantes et personnelles. Comme exercice, partagez avec une autre personne vos sentiments à propos de l'un des sujets suivants:

— un incident de votre enfance qui a été important pour vous

— le moment le plus heureux de votre vie
— le moment le plus malheureux de votre vie
— un secret personnel
— comment vous vous sentez dans votre travail, vos satisfactions et vos insatisfactions
— votre vie amoureuse actuelle
— vos rêves ou vos fantaisies, etc.

Si vous avez de la difficulté à le faire dans la réalité, commencez par le pratiquer en imagination. De plus, il sera sans doute utile de vous évaluer à partir des critères décrits précédemment.

Écouter l'autre

Un des principaux problèmes dans les relations interpersonnelles consiste en ce fait que nous ne prenons pas le temps d'écouter l'autre. Nous avons l'habitude de juger l'autre, de l'approuver ou de le désapprouver rapidement, surtout quand nous nous sentons très impliqués nous-mêmes, quand nous avons nous-mêmes un intérêt, évident ou caché, à ce que l'autre ait raison ou tort. Nous pouvons alors facilement oublier le message de l'autre, ce qui crée incompréhensions et querelles inutiles.

Une attitude qui bloque la communication, c'est quand une personne est tellement certaine d'avoir raison ou de dire les choses les plus intéressantes qu'elle pense que c'est une perte de temps d'écouter l'autre et lui laisse à peine le temps de parler et de terminer ses phrases. Être un bon récepteur, savoir se taire pour écouter, c'est très important dans la communication. Il y a deux façons d'écouter: l'écoute passive et l'écoute active.

Ta parole me construit
Ton silence me nourrit
Tout ce que tu dis m'invente

"Parlez-moi"
Paroles de Gilles Vigneault
©Les Éditions du Vent qui Vire (CAPAC)

L'écoute passive

Souvent, la meilleure façon d'être un bon récepteur consiste tout simplement à montrer à l'autre que l'on s'intéresse à ce qu'il dit et à l'encourager ainsi à continuer à parler. Pour cela, il faut d'abord être attentif à l'autre, le regarder et éviter les distractions. Nous pouvons aussi ajouter des signes de tête ou des phrases brèves qui montrent notre intérêt et qui encouragent l'autre à continuer: par exemple, dire "oui", "hum hum", "d'accord", "c'est intéressant", etc.

Certaines recherches ont montré que le seul fait de dire "hum hum" (écoute passive) au moment même où quelqu'un parle d'un sujet particulier l'amène à parler davantage de ce sujet. D'après une étude de Fischetti, Curran et Wessberg les personnes anxieuses et gênées font autant d'écoute passive que les autres, mais souvent à des moments inappropriés.[3] Quels sont les moments appropriés pour faire de l'écoute passive?

Aron W. Siegman a découvert que le fait de dire "hum hum" au hasard, c'est-à-dire sans tenir compte de ce que l'autre dit, n'amène pas l'autre à parler davantage, bien que cela produise une atmosphère chaleureuse et amicale.[4] Faire de l'écoute passive à tout moment dans une conversation peut donc donner l'impression à l'autre que nous voulons bien l'écouter, mais que nous ne sommes pas intéressés par ce qu'il dit en particulier. Il y a donc lieu, à certains moments, d'indiquer clairement à l'autre ce qui, précisément, nous intéresse dans ce qu'il dit. Nous pouvons arriver à faire cela plus facilement grâce à l'écoute active.

---

3) FISCHETTI, M., CURRAN, J.P. et WESSBERG, H.W., Sense of timing: A skill deficit in heterosexual-socialy anxious males, *Behavior modification, 1,* pp. 179-194, 1977.
4) SIEGMAN, A.W., Do noncontingent interviewer Mm-hmms facilitate interviewee productivity?, *Journal of consulting and clinical psychology, 44,* pp. 171-182, 1976.

L'écoute active

Le récepteur peut prendre un rôle très actif en s'assurant qu'il comprend bien ce que l'émetteur dit, en lui montrant qu'il accepte ses sentiments et en l'aidant à clarifier son message. Les deux principales procédures de l'écoute active sont la vérification du contenu et le reflet des sentiments.

La vérification du contenu

La vérification du contenu est une procédure qui met l'accent sur la bonne compréhension du contenu du message de l'émetteur. Elle consiste, pour l'émetteur, à donner une confirmation au récepteur, après que celui-ci a parlé. Le récepteur peut alors donner son point de vue uniquement quand l'émetteur considère que le récepteur a vraiment compris son message. En voici un exemple:

ROGER:	Je trouve que tu ne travailles pas assez vite et je ne comprends pas comment il se fait que tu ne peux pas faire tout ce que tu as à faire.
BÉATRICE:	Si je comprends bien, ça te fâche que je ne sois pas plus rapide dans mon travail, que je ne fasse pas tout ce que tu attends de moi. (Vérification du contenu.).
ROGER:	Oui.
BÉATRICE:	Pour ma part, j'aimerais bien que tu essaies de faire mon travail pendant une journée. Tu comprendrais peut-être mieux ma situation.
ROGER:	Bon, tu souhaiterais que j'arrive à accepter que tu travailles à ton rythme. (Vérification du contenu.).
BÉATRICE:	Pas nécessairement, mais que tu comprennes ma situation en te mettant à ma place et que tu me dises ensuite ce que tu en penses.
ROGER:	Tu voudrais que je me mette à ta place pour pouvoir ensuite en parler en connaissance de cause. (Vérification du contenu.).
BÉATRICE:	Oui...

Vous voyez, dans cet exemple, que chacun répète l'essentiel de ce que l'autre a dit jusqu'à ce que l'autre soit d'accord sur l'exactitude de la confirmation.

Il arrive souvent que nous avons l'impression d'avoir très bien perçu le message de l'autre, alors que tel n'est pas le cas. Cela peut se passer très rapidement dans une conversation et nous ne nous apercevons pas de notre erreur. À ce moment-là, nous ne prenons pas le temps de vérifier. Le bon récepteur s'assure toujours qu'il a bien compris le message de l'émetteur et qu'il ne fait pas que deviner ce qui se passe dans sa tête. Il fait de la vérification du contenu, en particulier dans les situations où la compréhension mutuelle est particulièrement importante (communication de sentiments très personnels, critiques, problèmes interpersonnels, conflits, etc.). Il reprend alors ce que l'autre a dit et lui demande s'il a bien compris, dès qu'il n'est pas tout à fait évident qu'il a bien compris.

Exercice 22. La vérification du contenu

Vous pouvez faire le jeu de rôle suivant en imagination ou avec une autre personne. L'un de vous deux est un médecin, l'autre est un patient. Le médecin trouve que le patient ne suit pas ses recommandations. Le patient considère que le médecin ne lui donne pas assez d'informations sur les raisons du traitement. Pratiquez la vérification du contenu pendant environ cinq minutes. Vérifiez bien si vous avez compris le contenu et attendez que votre confirmation soit acceptée avant de donner votre propre point de vue. Vous pouvez aussi imaginer d'autres jeux de rôle pour pratiquer davantage la vérification du contenu.

L'acceptation des sentiments de l'autre

Accepter les sentiments de l'autre, cela signifie montrer à l'autre que nous avons conscience de ses sentiments, mais en le faisant d'une façon telle qu'il ne regrettera pas de les avoir montrés. Il n'est pas alors nécessaire de donner des conseils, de rassurer ou même de juger l'autre ou de dire que nous sommes d'accord avec le sentiment de l'autre. Ceci peut même souvent — pas toujours — être mauvais parce que ça peut donner à l'autre l'impression d'être inférieur ou ridicule et l'amener à regretter d'avoir exprimé ses sentiments devant nous. Dans bien des cas, il suffit donc de reconnaître simplement ce que dit l'autre, ses sentiments et de le lui montrer. Ceci indique immédiatement à l'autre que nous nous intéressons à lui.

La vérification et le reflet des sentiments

Une excellente façon de montrer notre acceptation des sentiments de l'autre consiste tout simplement à les nommer. Si vous êtes avec quelqu'un qui a l'air déprimé et qui semble au bord des larmes, il suffit de lui dire: "Je ne sais pas pourquoi, mais tu as l'air triste aujourd'hui." Il s'agit d'un *reflet des senti-*

ments, qui permet de vérifier si nous comprenons bien les sentiments de l'autre, qui amène l'autre à s'exprimer plus précisément et qui manifeste en même temps notre acceptation.

Il vaut souvent mieux refléter les sentiments de l'autre en montrant que nous ne sommes pas absolument certains de comprendre, mais que nous le voulons. La façon de le faire consiste à employer des phrases comme: "J'ai l'impression que tu veux dire que...", "Il me semble que tu...", "Je me demande si tu n'es pas...", "Est-ce que tu veux dire que tu ressens...". Ces phrases aident l'autre à s'expliquer plus clairement. C'est important d'encourager l'autre à être plus précis dans l'expression de ses sentiments et à rattacher ces sentiments précis à des situations ou à des faits précis. Ceci aide l'autre et nous-mêmes à mieux comprendre les sentiments en question.

Exercice 23. Le reflet des sentiments

Vous pouvez faire le jeu de rôle suivant en imagination ou avec une autre personne. Supposez qu'hier, vous avez gardé un jeune bébé. L'un de vous deux exprime un sentiment qu'il a eu en tenant le bébé dans ses bras: malaise, peur, dégoût, affection... L'autre répond en montrant son acceptation des sentiments du premier et vérifie s'il a bien compris en reflétant ces sentiments. Ensuite, renversez les rôles. Enfin, discutez de votre façon de répondre à l'autre. Vous pouvez aussi imaginer d'autres jeux de rôle, peut-être plus proches de vos expériences personnelles, pour pratiquer davantage la vérification et le reflet des sentiments.

Dans certaines situations, il est préférable de ne pas refléter directement des sentiments très négatifs. Par exemple, si vous êtes en présence de quelqu'un qui se déprécie parce qu'il a subi un échec dans son travail, il vaut mieux refléter la perception de la situation externe, qui est à la base du sentiment d'auto-dépréciation, plutôt que le sentiment lui-même. Si vous dites alors: "J'ai l'impression que tu te sens stupide parce que tu as subi un échec", vous encouragez probablement des sentiments négatifs et parlysants. Il vaut sans doute mieux dire alors: "Ce travail te semble plus difficile que tu ne l'aurais cru?". Ceci permettra peut-être à l'autre d'adopter une attitude plus constructive.

L'expression indirecte des sentiments

Très souvent, votre interlocuteur n'exprimera pas ses sentiments clairement et il vous faut alors tenter de les découvrir à travers ce qu'il dit ou montre d'une façon non verbale. Quand quelqu'un pose une question, dit son opinion ou expose une situation, il y a souvent un sentiment qui n'est pas clair. L'expression non verbale peut procurer d'excellents indices des sentiments non exprimés directement. Mais, ce n'est pas toujours facile de les découvrir. Cependant, si vous y arrivez ou si vous montrez simplement à l'autre que vous souhaiteriez pouvoir le faire, vous aiderez peut-être l'autre à exprimer plus librement ses sentiments et à mieux les connaître.

Un des buts du reflet des sentiments, c'est de créer une atmosphère de confiance mutuelle et un sentiment d'accord. Si tel est votre but dans une relation avec une autre personne, il faut donc lui faire confiance. Si l'autre dit "Oui, tu as raison; c'est exactement ce que je ressens", il y a accord entre vous deux. Et l'autre se révèle ainsi à vous. C'est sur ce sentiment d'accord et cette révélation de soi que des relations libératrices se fondent.

Si, au lieu d'essayer de découvrir les sentiments de l'autre, vous essayez trop rapidement de lui donner des conseils ou de le rassurer, vous pouvez alors lui donner l'impression qu'il est ridicule ou inférieur et l'empêcher ainsi d'exprimer ouvertement ses sentiments et de voir clair dans ses sentiments. Il faut éviter de le faire tant que l'autre n'a pas bien exprimé ses sentiments et n'en a pas bien pris conscience. Et même à ce moment, il se peut que l'autre découvre par lui-même les solutions à son problème, sans qu'il soit nécessaire de lui donner des conseils.

Voici deux dialogues qui montrent comment manifester l'acceptation des sentiments de l'autre, sans pour autant lui donner des conseils, le rassurer ou même l'approuver:

PAULINE: Qu'est-ce qui se passe, Félix? Tu as l'air inquiet. (Reflet des sentiments.).

FÉLIX: Inquiet? Bien oui, je pense que je suis un peu inquiet. J'ai des difficultés au collège.

PAULINE: Des difficultés dans tes cours? (Vérification du contenu.).

FÉLIX: Non, ce n'est pas du tout ça; les cours vont très bien. C'est que je m'occupe d'affaires étudiantes et ça me semble être le bon moment pour étendre nos activités: faire un journal étudiant, un ciné-club, etc. Alors, nous avons des décisions importantes à prendre et de bons collaborateurs à trouver.

PAULINE: Ça semble être difficile. (Vérification du contenu.).

FÉLIX: En effet. Je pense que ce qui est le plus difficile, c'est que j'ai des problèmes avec certains de mes collaborateurs actuels. J'ai l'impression de ne pas pouvoir m'entendre avec eux. Je veux aller de l'avant, mais ils trouvent toutes sortes de raisons pour ne pas étendre nos activités: manque de temps, manque de collaborateurs, passivité des étudiants, etc.

PAULINE: J'ai l'impression que tu as le goût de faire des choses et que tu te sens frustré devant leurs réticences. (Reflet des sentiments.).

FÉLIX: C'est bien ça. Et l'attitude de mes collaborateurs m'embête vraiment. J'ai de la difficulté à comprendre leur point de vue. Pourtant, je me dis qu'ils doivent avoir des raisons valables de penser de cette façon-là.

PAULINE: Tu as vraiment l'air d'être confus devant leur point de vue. Tu ne peux pas en voir la raison exacte. (Reflet des sentiments.).

FÉLIX: Oui. Il n'y a vraiment aucune bonne raison de ne pas étendre nos activités... J'ai l'impression que c'est plus une question de conflit personnel qu'autre chose...

PAULINE: Tu te sens personnellement en conflit avec eux. (Vérification du contenu.).

FÉLIX: Bien, vois-tu. Les élections à la présidence du comité des affaires étudiantes approchent et il y a de la rivalité dans l'air... Peut-être que je devrais tout simplement m'asseoir avec eux et parler franchement de ce problème... Je te remercie de m'avoir écouté, Pauline. Ça m'a permis de préciser mes impressions. Je me sens déjà moins inquiet.

PAULINE: Tu es le bienvenu...

Voici le deuxième dialogue.

GUY: Qu'est-ce qui t'arrive? Tu as l'air triste, ce matin. (Reflet des sentiments.).

JOHANNE: Oui, je le suis un peu. Je viens d'avoir une discussion avec Joseph.

GUY: Ça ne va pas avec Joseph? (Vérification du contenu.).

JOHANNE: Ce qui arrive, c'est que nous discutons beaucoup de ce temps-ci pour savoir si nous aurons un enfant immédiatement ou si nous attendrons que j'aie fini mes cours.

GUY: Vous n'arrivez pas à vous entendre? (Vérification du contenu.).

JOHANNE: Exactement. Moi, je trouve que, si j'ai un enfant immédiatement, je peux continuer à suivre mes cours et, dans deux ans, je pourrai aller travailler et le faire garder. Ça me semble avoir beaucoup

	de bon sens, mais il ne voit pas les choses de la même manière.
GUY:	C'est décourageant pour toi qu'il ne te comprenne pas? (Reflet des sentiments.).
JOHANNE:	Lui, il considère qu'il est trop tôt pour avoir un enfant. J'ai de la difficulté à voir les choses comme lui, mais je sais qu'il est bien sûr d'avoir raison.
GUY:	J'ai l'impression que tu aimerais pouvoir comprendre sa façon de voir. (Reflet des sentiments.).
JOHANNE:	En effet. Et j'aimerais qu'il puisse comprendre ce que je ressens.
GUY:	Tu aimerais qu'il accepte tes sentiments. (Reflet des sentiments.).
JOHANNE:	Oui... Probablement que nous avons tous les deux besoin de comprendre les sentiments de l'autre... Je te remercie de m'avoir écouté, Guy.

Montrer ainsi son acceptation des sentiments de l'autre, c'est une habileté qu'il est important d'acquérir, mais cela ne veut pas dire qu'il faut l'employer à chaque fois que nous entrons en contact avec quelqu'un. À mesure que vous vous pratiquerez à montrer cette acceptation dans votre vie, vous découvrirez les situations où il est approprié de manifester cette habileté de même que les personnes avec qui vous avez le goût de le faire.

Conseil ou reflet des sentiments

Il y a des moments où il est important de conseiller quelqu'un plutôt que de refléter ses sentiments. Si quelqu'un vous demande où est située la plus proche station-service, ce n'est probablement pas le temps de lui montrer que vous acceptez son sentiment de désarroi devant son auto en panne ou de lui dire: "J'ai l'impression que vous êtes déçu de ne pas trouver de station-service."

Ceci est évidemment une caricature, et il est souvent plus difficile que cela de savoir s'il est temps de donner un conseil ou s'il est préférable de montrer de l'acceptation des sentiments. Il y a plusieurs facteurs dont il faut tenir compte, plusieurs questions à se poser:

— Est-il nécessaire que l'autre ait une solution à son problème?
— Est-ce urgent?
— Jusqu'à quel point peut-il trouver la solution par lui-même?
— Ai-je bien indiqué à l'autre que j'accepte ses sentiments?
— En lui donnant un conseil, est-ce que je lui donne l'impression qu'il est ridicule ou inférieur, est-ce que je lui fais regretter de s'être exprimé?
— En lui donnant une solution, est-ce que je l'empêche d'être conscient de ses sentiments et de ce qu'il veut et désire?

Voici d'autres exemples.

Le premier dialogue montre une façon de *rassurer* l'autre qui ne permet pas de montrer d'acceptation:

PIERRETTE: Il y a quelque chose qui m'inquiète beaucoup.

THÉRÈSE: Qu'est-ce que c'est?

PIERRETTE: Bien... J'ai toujours l'impression que Paul ne m'aime pas assez.

THÉRÈSE: Tu as l'impression qu'il ne t'aime pas assez? Allons donc, tu es ridicule! Il fait tout pour te faire plaisir.

PIERRETTE: Tu crois? Bon, c'est peut-être vrai. N'en parlons plus.

Le deuxième dialogue montre une façon d'*être d'accord* avec l'autre qui ne permet pas de montrer d'acceptation:

LOUISE: Je voudrais te dire quelque chose, mais j'ai un peu honte de ce que je ressens.

PIERRETTE: Essaie. Tu sais bien que je suis capable de te comprendre.

LOUISE: Bien. Ces temps-ci, je déteste quasiment André. Il ne me laisse pas seule deux minutes. Je l'ai toujours sur les talons.

PIERRETTE: Là, je te comprends! Je n'ai jamais vu un homme aussi peu autonome de ma vie. Je me suis souvent demandé comment tu pouvais l'endurer!

LOUISE: Bien, je... Ah! oublie donc tout ça!

Le troisième dialogue montre une façon de *conseiller* l'autre qui ne permet pas de montrer d'acceptation:

ANDRÉ: Ah! que je suis content de sortir seul ce soir!

PAUL: Ça te fait du bien de ne pas être avec Colette?

ANDRÉ: Parfois. Il y a des fois où je trouve qu'elle parle trop à mon goût.

PAUL: Veux-tu bien me dire pourquoi tu ne lui dis pas de se taire?

Acceptation des sentiments et expression de soi

Accepter les sentiments de l'autre ne signifie pas qu'il faut oublier ses propres sentiments de joie, de peur, de colère, d'affection, de malaise, etc. Au contraire, il faut généralement les exprimer pour permettre à l'autre de s'exprimer sans crainte. Nous agissons beaucoup par imitation et, dans une relation, plus un partenaire exprime ses sentiments avec confiance, plus l'autre le fera aussi en se sentant en sécurité.

Accepter les sentiments de l'autre ne signifie pas non plus avoir les mêmes sentiments que l'autre. Par exemple, si l'autre est en colère, il n'est pas nécessaire que vous soyez en colère pour que l'autre sache que vous comprenez ses sentiments.

Cela peut même nuire, comme nous l'avons vu précédemment, de trop s'empresser à être d'accord avec l'autre. Vous devez conserver vos propres sentiments et même les exprimer, tout en indiquant à l'autre que vous acceptez ses sentiments.

Il peut arriver des situations où vous avez de la difficulté à déterminer s'il vaut mieux refléter les sentiments de l'autre ou exprimer vos propres sentiments. Elizabeth Koopman et ses collaboratrices conseillent, devant un tel dilemme, d'évaluer quel est celui qui ressent l'émotion la plus forte.[5] Si c'est l'autre, il vaut mieux refléter les sentiments de l'autre. Si c'est vous-mêmes, il vaut mieux exprimer vos propres sentiments.

Notez enfin que si vous êtes habile pour comprendre les sentiments des autres, cela ne veut pas dire que vous l'êtes aussi pour exprimer vos propres sentiments, et vice versa. Il s'agit de deux habiletés distinctes. Si vous vous pratiquez à en développer une, il faut prendre garde de ne pas oublier l'autre.

L'affirmation de soi empathique

Lange et Jakubowski nous proposent une façon d'exprimer nos propres sentiments et de défendre nos droits, tout en tenant compte des droits et des sentiments de l'autre personne.[6] Il s'agit de l'affirmation de soi empathique.

En voici un exemple. Un vendeur doit livrer des meubles à Caroline:

CAROLINE: Bonjour, monsieur.

VENDEUR: Bonjour, madame.

CAROLINE: Vous devez venir porter des meubles à la maison cet après-midi. À quelle heure viendrez-vous?

---

5) KOOPMAN, E.J., HUNT, E.J. et COWAN, S.D., *Talking together,* Behaviordelia, Kalamazoo, Michigan, 1978.
6) LANGE, A.J. et JAKUBOWSKI, P., *Responsible assertive behavior,* Research Press, Champaign, Illinois, 1976.

VENDEUR: Oh! Je ne sais pas exactement à quelle heure mon camion sera de retour.

CAROLINE· Je comprends que c'est difficile pour vous de savoir exactement à quelle heure votre camion sera disponible, mais j'aimerais savoir à quelle heure environ il arrivera chez moi. (Affirmation de soi empathique.).

Au niveau de l'expression des sentiments, l'affirmation de soi empathique nous permet de reconnaître les points de vue différents des autres, tout en exprimant nous-mêmes nos sentiments. À ce moment-là, l'expression de sentiments différents ne nous amène pas nécessairement sur un champ de bataille pour savoir qui est le meilleur, qui a raison, etc., mais peut créer de nouvelles possibilités d'évolution, surtout dans des relations plus intimes.

Exercice 24. L'affirmation de soi empathique

Choisissez une situation personnelle où vous devez exprimer des sentiments justifiés d'ennui ou encore une situation où vous n'êtes pas d'accord avec quelqu'un sur la façon de faire quelque chose. Vous exprimez ceci en employant l'affirmation de soi empathique. Vous pouvez faire cet exercice par écrit (en écrivant le dialogue), en imagination ou avec une autre personne.

Les limites de l'écoute active

Dans la vie quotidienne, il faut comprendre que l'autre ne peut pas tout d'un coup se révéler à nous, tout comme nous ne pouvons pas tout d'un coup saisir et accepter tous les sentiments de l'autre. Tout cela doit se produire naturellement et graduellement dans une relation. Il peut arriver que deux personnes, dans une situation très favorable, s'ouvrent l'une à l'autre très rapidement, mais il ne faut pas s'attendre à ce que ce soit la règle générale et croire que toutes nos relations seront ainsi. En somme, la vérification du contenu et le reflet des sentiments sont surtout importants dans les discussions très personnelles, pour résoudre des conflits et pour clarifier la communication entre deux personnes.

Remarquons enfin que s'il y a un temps pour l'écoute active, pour montrer à l'autre que nous le comprenons, il y a aussi un temps pour conseiller l'autre, pour lui montrer que nous sommes d'accord avec lui, que nous l'apprécions ou que nous en avons assez! Ceci peut aussi permettre une meilleure communication et une résolution plus rapide des problèmes et des conflits.

Exercice 25. L'évaluation de la communication verbale

Vous trouverez à la page suivante une grille d'évaluation de la communication verbale que vous pouvez utiliser pour évaluer vous-même votre habileté à ce niveau. Nous nous servons régulièrement de cette grille, en psychothérapie, pour aider les couples ou les familles à mieux communiquer. Les gens enregistrent leurs conversations à la maison ou dans notre bureau et s'évaluent eux-mêmes. Ils peuvent alors noter sur quel point particulier ils doivent ou veulent s'améliorer. Vous pouvez de même vous en servir dans n'importe quelle situation interpersonnelle pour vous évaluer et vous améliorer.

Évaluez votre propre comportement en encerclant le chiffre qui correspond le mieux à ce que vous faites. Vous pouvez aussi demander à une personne en qui vous avez confiance de vous évaluer et comparer votre évaluation à la sienne. L'échelle va de *1 à 9*, le point *1* indiquant que vous jugez votre comportement comme étant très déficient et le point *9* indiquant que vous jugez votre comportement comme étant très bon.

Résumé

La communication interpersonnelle est facilitée quand nous exprimons nos sentiments d'une façon directe et non accusatrice (c'est-à-dire en employant le "je") et quand nous

Grille d'évaluation de la communication verbale

	Mauvais	Bon

Je dis clairement et précisément ce que je pense et ressens. — 1 2 3 4 5 6 7 8 9

J'exprime ce que je ressens d'une façon non accusatrice, mais directe et constructive. — 1 2 3 4 5 6 7 8 9

Je respecte l'autre: pas d'insultes, de compliments déguisés, de sarcasmes, de remarques désobligeantes sur le passé. — 1 2 3 4 5 6 7 8 9

J'écoute l'autre. — 1 2 3 4 5 6 7 8 9

Je laisse l'autre parler. — 1 2 3 4 5 6 7 8 9

Je vérifie si j'ai bien compris ce que l'autre a dit. — 1 2 3 4 5 6 7 8 9

Je vérifie si l'autre a bien compris ce que j'ai dit. — 1 2 3 4 5 6 7 8 9

Je vérifie si l'autre pense ou ressent ce que je crois qu'il pense ou ressent. — 1 2 3 4 5 6 7 8 9

Je vérifie les besoins de l'autre et je les respecte. — 1 2 3 4 5 6 7 8 9

Je remarque le côté positif de ses comportements, de ses idées et de ses sentiments, que j'apprécie sincèrement. — 1 2 3 4 5 6 7 8 9

Quand je suis sincèrement d'accord avec l'autre, je le dis honnêtement. — 1 2 3 4 5 6 7 8 9 demandons des confirmations de la compréhension de notre message. Lorsque nous avons acquis ces habiletés de base (expression directe et demande de confirmation), nous pouvons espérer trouver, dans la communication verbale, une source importante d'enrichissement personnel.

Il est possible d'apprendre non seulement à parler à l'autre, mais aussi à l'écouter. L'écoute passive consiste principalement à être attentif à ce que dit l'autre et à le manifester. Par ailleurs, l'écoute active constitue une habileté plus complexe. Elle comporte la vérification du contenu du message de l'autre (ou confirmation du contenu) et le reflet des sentiments (ou confirmation et acceptation du sentiment). Il est important de distinguer l'acceptation des sentiments et le fait de donner des conseils, de rassurer ou d'approuver l'autre. Ces derniers comportements verbaux ont leur place dans la communication, mais ne doivent pas empêcher l'autre d'exprimer et de prendre conscience de ses sentiments.

Il peut se trouver des situations où il est difficile d'établir un juste équilibre entre l'expression de soi et l'écoute de l'autre. Dans une relation idéale, c'est celui qui possède l'émotion la plus forte qui s'exprime en priorité. Par ailleurs, la procédure d'affirmation de soi empathique permet de s'exprimer tout en manifestant l'acceptation des sentiments de l'autre.

Dans les prochains chapitres, nous verrons des applications plus spécifiques des procédures de communication affirmative.

Deuxième partie

Applications

La deuxième partie présente les applications les plus importantes des principes de la communication affirmative: comment réduire l'anxiété sociale (Chapitre 7), comment commencer et maintenir une conversation (Chapitre 8), comment faire des demandes et des refus (Chapitre 9), comment répondre aux critiques (Chapitre 10), comment faire des critiques et résoudre des conflits (Chapitre 11) et comment faire des compliments et répondre aux compliments (Chapitre 12).

Chapitre 7

Comment réduire l'anxiété sociale

L'*anxiété sociale,* c'est le malaise physique et psychologique que nous pouvons ressentir quand nous nous trouvons dans un groupe, ou devant une personne en autorité, ou devant quelqu'un qui nous pose des questions embarrassantes ou qui est agressif ou imposant, etc.

Cette anxiété sociale nous empêche parfois de nous affirmer et de communiquer efficacement avec les autres. Et quand nous ne nous affirmons pas, nous nous sentons facilement incompétents, incapables. Et plus nous nous sentons incompétents, plus nous sommes anxieux et moins nous nous affirmons. Et le cercle continue.

Il y a, dans ce cercle, trois éléments qui sont interdépendants: l'anxiété sociale, le manque d'affirmation de soi et de communication et le sentiment d'incompétence.

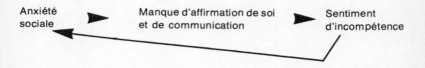

Anxiété sociale ► Manque d'affirmation de soi et de communication ► Sentiment d'incompétence

Pour apprendre à s'affirmer et à mieux communiquer avec les autres, il est important de s'attaquer à ces trois niveaux. Dans ce chapitre, nous allons voir comment diminuer l'anxiété sociale.

La relaxation

Étant donné que nous ne pouvons pas être en même temps anxieux et détendus, nous pouvons combattre l'anxiété en apprenant tout simplement à nous relaxer. Plusieurs études expérimentales ont, en effet, montré que la relaxation peut être utile pour contrôler la tension et diminuer la vulnérabilité dans des situations stressantes.

Que dis-tu?
Prendre du temps pour me détendre? Mais j'ai des réunions, beaucoup de travail, du ménage, des courses.

Si c'est ça que tu veux, continue de courir!

Apprendre à se détendre implique que nous sommes capables de reconnaître ce que c'est que d'être tendu. Il est donc important de pouvoir identifier les signaux corporels de la tension en étant attentifs à ce que nous ressentons. Vous pouvez, par exemple, examiner si vous êtes actuellement tendu ou relaxé. Est-ce que vos mains sont tendues? Et votre dos? Avez-vous mal dans le bas du dos? À l'estomac? À la tête? Ceci peut être un signe que vous êtes tendu. Est-ce que votre cou est détendu? Est-ce que vos épaules sont soulevées? Est-ce que vos mâchoires sont serrées? Si vous êtes tendu, vous fatiguez votre corps inutilement. Il est donc important de porter attention à la tension qu'il peut y avoir dans votre corps et de vous détendre dès que vous la sentez.

Il y a plusieurs méthodes de relaxation. Par exemple, le disque "Techniques de relaxation", réalisé par Michel Sabourin, présente deux méthodes relativement simples à pratiquer.[1] Vous pouvez d'ailleurs vous procurer ce disque si vous avez de la difficulté à vous détendre. Mais voici une méthode relativement semblable et décrite par Ronald Adler.[2]

Votre corps compte seize groupes musculaires. Vous apprendrez à les détendre un à un. Pendant quelques secondes, vous augmenterez la tension au maximum dans un de ces groupes musculaires, puis vous relâcherez le plus possible. Le contraste tension-détente vous fait apprécier la différence entre ces deux états. De plus, le fait de tendre un certain groupe de muscles vous aide à être plus attentif à ce qui se passe dans cette partie de votre corps dans différentes situations.

Au début de votre entraînement, chaque exercice de relaxation peut durer environ trente minutes. Par la suite, vous pouvez diminuer votre temps de pratique jusqu'à quinze minutes. Il est préférable de pratiquer deux fois par jour, du moins

1) SABOURIN, M., *Techniques de relaxation,* disque RCA (KPL 10054), Don Mills, Ontario, 1974.
2) Traduit et adapté avec la permission de Holt, Rinehart and Winston Inc., à partir du livre de Ronald B. Adler, *Talking straight,* Holt Rinehart et Winston, New York, 1977.

au début. Ce petit effort d'entraînement régulier vous permettra d'atteindre un état de détente profonde au moment désiré. L'entraînement lui-même peut se faire environ en dix séances, mais vous aimerez probablement tellement les effets que vous voudrez pratiquer la relaxation différentielle (p. 163) en métro, en autobus, au travail, en auto, etc.

Pour pratiquer la relaxation, choisissez un endroit calme où vous ne serez pas dérangé. Assoyez-vous sur une chaise confortable qui supporte votre tête, vos bras et vos jambes ou encore allongez-vous par terre, sur un tapis. Vous pouvez aussi utiliser un petit oreiller pour poser votre tête. De plus, ce sera sans doute plus facile pour vous si vous pouvez baisser la lumière et fermer les yeux.

Exercice 26. Procédure de base de la pratique de la relaxation

1) La main dominante. Provoquez la tension des muscles de la main dominante (i.e. si vous êtes droitiers, commencez par la main droite). Tendez les muscles en serrant très fort le poing de façon à ce que vous sentiez la tension dans votre main et jusque dans votre avant-bras. Gardez cette position pendant cinq à sept secondes. Serrez très fort, puis détendez en laissant votre main légèrement à plat sur le sol. Maintenant, laissez votre main molle et sentez la détente qui envahit cette partie de votre corps. Goûtez cette sensation pendant environ vingt secondes.

Répétez cette procédure aussi souvent que nécessaire pour bien ressentir la relaxation. Ensuite, passez à chacune des étapes décrites plus bas. Pendant que vous progressez, assurez-vous de répéter chaque procédure jusqu'à ce que les muscles en question soient aussi détendus que ceux que vous venez de détendre dans l'exercice précédent. En d'autres mots, à mesure que vous avancez, votre corps doit devenir de plus en plus détendu. La première fois, il vous faudra peut-être jusqu'à quarante minutes pour terminer la liste qui suit, mais après quelques séances seulement, vous atteindrez un état de détente presqu'immédiatement, sans avoir besoin de tendre vos muscles, ce qui est d'ailleurs le but de cette méthode.

Voici la suite des principales étapes de la pratique de la relaxation. Assurez-vous de bien maîtriser une étape avant de passer à l'autre.

2) Le biceps dominant. Poussez fortement le bras par terre (ou sur la chaise) jusqu'à ce que le biceps dominant soit tendu, mais sans tendre la main et l'avant-bras déjà détendus. Poussez pendant environ cinq secondes et relâchez immédiatement. Si vous n'y arrivez pas de cette façon, vous pouvez aussi replier l'avant-bras et serrer, mais sans tendre les muscles de la main et du poignet.

3) L'autre main et l'autre avant-bras. Répétez la procédure décrite au numéro un avec votre main et votre avant-bras non dominants. Serrez le poing de cinq à sept secondes et détendez-vous.

4) L'autre biceps. Répétez la procédure décrite au numéro deux avec le biceps non dominant. Tendez le biceps pendant environ cinq secondes et détendez-vous.

5) Le haut du visage. Soulevez les sourcils aussi haut que possible jusqu'à tendre votre cuir chevelu, ou froncez les sourcils. Gardez cette tension de cinq à sept secondes, puis détendez-vous.

6) Le centre du visage. Plissez les yeux et les muscles du nez comme pour le relever. Gardez cette tension pendant cinq secondes et détendez-vous.

7) Le bas du visage. Serrez les dents en écartant fortement les coins de la bouche. Serrez ainsi de cinq à sept secondes et détendez-vous.

8) Le cou et la gorge. Rentrez le menton comme pour toucher votre poitrine; votre tête ne touche plus la chaise ou le sol. Sentez la tension pendant cinq à sept secondes. Puis, détendez-vous.

9) La poitrine, les épaules et le dos. Prenez une bonne respiration; gardez-la et ramenez vos omoplates l'une vers l'autre en envoyant les épaules en arrière. Vous devez ressentir de la tension dans la poitrine. Tenez cette position de cinq à sept secondes. Puis, détendez-vous.

10) L'abdomen. Durcissez le ventre, comme si vous étiez prêt à ce que quelqu'un vous frappe. Gardez cette position de cinq à sept secondes et détendez-vous.

11) La cuisse droite. Tendez les muscles du dessus de la cuisse droite, puis ceux du dessous de la cuisse droite. Gardez cette tension de cinq à sept secondes. Détendez-vous.

12) Le mollet droit. Tirez les orteils de la jambe droite vers le haut jusqu'à tendre fortement le mollet. Tenez cette position de cinq à sept secondes. Détendez-vous.

13) Le pied droit. Poussez les orteils du pied droit vers le bas en arquant le pied. Gardez la tension de cinq à sept secondes et détendez.

14) Le haut de la jambe et la cuisse gauches. Répétez la procédure du numéro onze avec la cuisse gauche.

15) Le mollet gauche. Répétez la procédure du numéro douze avec le mollet gauche.

16) Le pied gauche. Répétez la procédure du numéro treize avec le pied gauche.

Ensuite, sentez bien votre détente générale. Puis, ouvrez les yeux. Vous vous sentirez calme et détendu comme si vous veniez de faire une sieste.

Faites ces exercices en suivant votre rythme. Vous pouvez avoir plus de difficulté à détendre certaines parties que d'autres. Prenez votre temps, vous n'êtes pas obligé de tout faire le premier jour. Assurez-vous de bien ressentir la détente dans un groupe de muscles avant de passer à un autre groupe. S'il vous arrive d'avoir des crampes durant l'exercice, détendez-vous, puis essayez à nouveau sans tendre aussi fort.

Avant de commencer l'exercice, détachez votre ceinture ou tout ce qui peut serrer votre corps. Allez à la toilette. Décrochez le téléphone afin de ne pas être dérangé. N'oubliez pas de choisir un moment où vous avez le temps voulu pour vous concentrer. Ne faites pas de mouvements inutiles pendant l'exercice. Enfin, rappelez-vous que la capacité de se détendre est une habileté qui se développe et qu'il vous faut faire souvent et régulièrement pour vous améliorer. Permettez-vous, à la fin de chaque séance de pratique, de "goûter" la détente, imprégnez-vous de cette sensation de façon à ce que vous puissiez facilement reconnaître les moments de tension.

Un autre exercice très agréable consiste à vous souvenir du grand bien-être éprouvé en état de relaxation. Vous retrouvez cet état en comptant lentement de dix à un. À chaque chiffre, laissez s'échapper la tension de façon à ce qu'au chiffre un, vous soyez complètement détendu. Vous pouvez imaginer que la tension coule dans votre corps et s'échappe par le bout de vos orteils, comme si vous pressiez un tube de pâte à dents! À dix, vous laissez "circuler" l'anxiété ou la tension à partir de vos mains vers vos avant-bras, puis vers vos biceps, votre cuir chevelu, votre visage. Continuez à imaginer que, tout comme un tube de pâte à dents, votre corps se vide lentement de sa tension qui passe ensuite par le cou, les épaules, la poitrine et ainsi de suite jusqu'au bout des orteils. Au moment où vous serez rendus à un, la tension aura coulé jusque dans vos jambes et s'échappera par le bout de vos orteils.

Une image mentale peut aussi induire un grand état de relaxation. Par exemple, imaginez que vous êtes étendu sur une plage. L'air est bon, ni trop chaud ni trop froid. Le soleil vous réchauffe. Vous êtes très bien, détendu. Le rythme des vagues bat comme le rythme de votre respiration. Laissez-vous baigner de soleil. Cette procédure serait particulièrement efficace pendant les hivers québécois!

La relaxation différentielle

Dans la vie quotidienne, quand vous vous sentez tendu, il est rarement possible de vous coucher et de faire une relaxation complète. Cependant, vous pouvez faire une relaxation partielle, c'est-à-dire détendre uniquement les muscles que vous n'utilisez pas. C'est ce que l'on appelle la *relaxation différentielle*.

Il y a souvent des femmes qui écrivent à la dactylo et qui se plaignent de douleurs au dos. Si tel est votre cas, remarquez que vous pouvez détendre les muscles du visage, du cou, des épaules, du ventre, des cuisses, des jambes, tout en maintenant un minimum de tension dans le dos et les bras pendant que vous écrivez à la dactylo. Ceci n'est qu'un exemple de l'utilisation de la relaxation différentielle. Avec cette méthode, vous pouvez aussi vous aider à être moins nerveux, moins anxieux dans la vie quotidienne. Et si vous apprenez à demeurer calme, vous pourrez alors plus facilement faire face à des situations difficiles.

Exercice 27. La relaxation différentielle

Prenez différentes positions. Évaluez quels groupes musculaires doivent être tendus et lesquels vous pouvez détendre quand, par exemple, vous êtes debout, assis, assis au téléphone, debout en transportant un objet moyennement lourd, debout en descendant un escalier, debout en faisant la vaisselle, assis en conduisant une automobile, assis en métro, etc. N'oubliez pas de relâcher le plus possible les muscles que vous pouvez détendre dans ces différentes positions. Pratiquez cette méthode de relaxation le plus souvent possible durant les prochains jours.

Quelles sont les situations sociales qui vous rendent anxieux?

L'anxiété sociale, c'est une peur, une gêne, qui a été apprise et qui peut être désapprise. C'est souvent durant l'enfance que nous avons appris à craindre les autres. Mais il est ici peu utile de connaître les situations exactes qui nous ont amenés à ressentir de l'anxiété sociale, sauf si cela nous permet de mieux connaître ce qui nous fait peur *actuellement.* Donc, le plus utile, c'est d'abord de découvrir ce qui *actuellement* nous rend mal à l'aise quand nous sommes avec d'autres personnes. Est-ce le fait qu'ils sont dans une position autoritaire, qu'ils sont plus vieux ou plus jeunes que nous, qu'ils nous observent, qu'ils nous jugent, qu'ils sont agressifs, qu'ils sont indifférents, qu'ils parlent peu ou qu'ils parlent beaucoup, qu'ils sont du sexe opposé, etc.? Vous pouvez, en vous posant de telles questions, trouver différents aspects d'une situation sociale qui peuvent vous rendre anxieux. Servez-vous aussi de la grille de communication affirmative (page 32) pour faire cela. C'est à chacun de découvrir ce qui, personnellement, le rend anxieux.

peur de mon père
peur de ma mère
peur d'la misère
peur du tonnerr'
peur d'l'ordinair'

jalouse de la provocante Lise

peur d'engraisser
peur d'embrasser
peur de m'tromper
peur d'éclater
peur de parler

jalouse d'la témérair'Elise

peur d'la grand'peur
peur du bonheur
peur d'la noirceur
peur de mon coeur
peur de ma soeur

jalouse de la gourmande Denise

peur de l'ennui
peur du whiskie
peur d'l'énergie
peur de c'qui é p'tit
peur qu'on m'envie

jalouse de la perverse Eloïse

peur d'être belle
peur d'être rebelle
peur d'être réelle
peur d'être pucelle
peur d'être miel

jalouse de la vibrante Maryse

peur d'être conquise
peur d'être soumise
peur d'la maîtrise
peur d'l'analyse
peur de la crise

jalouse de la fière Marie-Louise

peur de trop jouir
peur de n'pas jouir
peur de souffrir
peur d'pas souffrir
peur d'en mourir

"Peur de..."
Paroles de Denise Boucher,
musique de Gaston Brisson
pour Pauline Julien
©Les Éditions Nicolas Enrg.

Les aspects d'une situation sociale doivent être d'abord perçus par nous pour nous rendre anxieux. Ces perceptions se situent en nous sous forme de pensées et d'images. Par conséquent, nous pouvons diminuer nos peurs en modifiant ces pensées et ces images. Nous allons maintenant voir comment.

Construction d'une hiérarchie de nos craintes sociales

Nous ferons d'abord une hiérarchie de nos peurs en déterminant des situations sociales qui nous rendent un peu anxieux, d'autres qui nous rendent moyennement anxieux et d'autres qui nous rendent très anxieux.

Voici un exemple d'une hiérarchie portant sur la peur d'être observé.

1) Je marche dans la rue et je dis bonjour à mon voisin.

2) Je marche dans la rue, le facteur me rejoint et me dit bonjour.

3) Je marche dans la rue et un groupe de cinq personnes me disent bonjour.

4) Je vais prendre l'autobus. J'attends en file et les gens me regardent.

5) Je vais acheter un litre de lait à l'épicerie. En sortant, je l'échappe devant un groupe de personnes qui me regardent.

6) En entrant dans un supermarché, je trébuche et deux personnes me regardent.

7) En entrant dans un supermarché rempli de monde, je trébuche et une vingtaine de personnes me regardent.

8) Je ne suis pas la bonne direction dans une allée du supermarché et une vingtaine de personnes me regardent avec un air désapprobateur.

9) J'arrive en retard à un cours ou à une conférence. Je fais maladroitement du bruit et tout le monde me regarde.

10) Il n'y a plus de place à l'arrière de la salle de cours et je dois m'avancer au milieu.

11) Il n'y a plus de place à l'arrière de la salle de cours et je dois m'avancer jusqu'à la première rangée.

12) Le professeur (ou le conférencier) me fait remarquer mon retard et plusieurs personnes me regardent et rient.

Voici un autre exemple d'une hiérarchie portant sur la peur d'exprimer ses idées, ses besoins et ses sentiments:

1) Je n'achète pas un vêtement que je viens d'essayer dans une boutique.

2) Je commence une conversation avec une voisine.

3) Je commence une conversation avec un groupe de cinq personnes.

4) Dans un grand magasin à rayons, j'insiste pour qu'un vendeur m'aide à trouver certains articles dont j'ai besoin.

5) Je suis très occupée et je termine rapidement une conversation avec un collègue de travail.

6) Je demande des questions à un vendeur sur des appareils électriques sans en acheter.

7) Je fais un compliment sincère à mon conjoint ou ami.

8) J'ai une voiture et je refuse d'aller conduire un ami chez lui.

9) J'exprime clairement mon désaccord à mon conjoint ou à quelqu'un que j'aime.

10) Je demande clairement à quelqu'un que j'aime de me rendre service.

11) J'exprime ma colère à un membre de ma famille (parent ou conjoint) sans chercher à m'excuser.

12) J'exprime mes fantaisies sexuelles à quelqu'un que j'aime.

Comme vous le voyez dans ces exemples de hiérarchies, il faut que les premières scènes provoquent peu d'anxiété, que les dernières en provoquent beaucoup et que celles du milieu en provoquent moyennement. Après ces explications et ces exemples, vous pouvez probablement écrire votre propre hiérarchie.

Exercice 28. La construction de vos hiérarchies personnelles

Dans les espaces qui suivent, décrivez, au numéro douze, la situation sociale qui vous rend le plus anxieux. Décrivez cette scène en mettant des détails sur les personnes présentes, le lieu, l'attitude et les comportements des personnes, etc. Le fait de mettre des détails vous aidera à trouver les scènes moins anxiogènes en modifiant quelque peu ces détails (par exemple, parler devant cent cinquante personnes, devant cinquante personnes, devant vingt personnes, devant dix personnes, etc.). Ensuite, au numéro un, décrivez une situation sociale qui vous rend très peu anxieux. Puis, trouvez des situations entre ces deux extrêmes et mettez-les dans l'ordre du moins anxiogène au plus anxiogène. Votre description des scènes doit être assez précise pour que vous puissiez facilement les imaginer. De plus, le degré d'anxiété ne doit s'accroître que légèrement d'une scène à l'autre.

Scène	Description	Degré d'anxiété
1)	....	....
	....	....
	....	....
2)	....	....
	....	....
	....	....
3)	....	....
	....	....
	....	....
4)	....	....
	....	....
	....	....
5)	....	....
	....	....
	....	....

6) ....

....

....

7) ....

....

....

8) ....

....

....

9) ....

....

....

10) ....

....

....

11) ....

....

....

12) ....

....

....

Maintenant que vous avez construit votre hiérarchie, évaluez, sur une échelle de zéro à cent, votre degré d'anxiété
dans chacune des ces situations, zéro constituant un point où
vous ne ressentez aucune anxiété et cent, un point d'anxiété

extrême, de panique. Indiquez votre évaluation de zéro à cent dans l'espace approprié, à côté de chacune des descriptions de scènes. Il est important qu'il y ait des écarts à peu près équivalents entre chaque scène consécutive dans votre hiérarchie, c'est-à-dire qu'il ne devrait pas y avoir plus de dix ou quinze degrés de différence entre chaque scène consécutive.

Relaxation et visualisation des situations anxiogènes

Depuis une trentaine d'années, il y a un domaine où la psychothérapie a fait des progrès considérables: c'est celui du traitement de l'anxiété et des peurs. Grâce à l'ingéniosité du psychiatre Joseph Wolpe [3] et à de nombreuses recherches expérimentales, les psychothérapeutes peuvent diminuer et même éliminer la majorité des phobies. Dans les prochaines pages, vous trouverez l'une de ces méthodes qui a été élaborée par Thomas D'Zurilla et ses collaborateurs, et qui nous apparaît relativement simple à exécuter: l'exposition prolongée et graduée.[4] Ensuite, vous verrez comment utiliser les "auto-verbalisations" pour diminuer davantage votre anxiété sociale.

Exercice 29. Pratique de la visualisation

Vous allez d'abord vous pratiquer à imaginer ou à penser à une scène. Cela vous aidera ensuite à mieux visualiser chacune des scènes de votre hiérarchie.

Mettez-vous d'abord à l'aise soit en vous couchant ou en vous assoyant sur une chaise confortable. Puis, fermez vos yeux et imaginez une scène plaisante pour vous, comme un après-midi au bord de l'eau, ou à la campagne, ou en ski, etc., selon vos goûts personnels. Essayez de voir la scène clai-

3) WOLPE, J., *Pratique de la thérapie comportementale, Masson, Paris, 1975.*
4) D'ZURILLA, T.J., WILSON, G.T. et NELSON, R., A preliminary study of the effectiveness of graduated prolonged exposure in the treatment of irrational fear, *Behavior therapy, 4,* pp. 672-685, 1973.

rement dans ses principaux détails. Evitez d'être distrait de cette scène. Imaginez cette scène comme si vous étiez là, et non pas en vous regardant de l'extérieur. Vous participez à la scène. Vous voyez des objets, des personnes, vous entendez des sons, vous touchez des choses, des personnes, vous ressentez des émotions comme si vous y étiez. Pour vous aider à préciser votre perception de la situation, vous pouvez vous poser les questions suivantes: "Dans l'endroit précis où je me trouve, qu'est-ce que je vois et qu'est-ce que j'entends? Où sont les autres personnes? Quelle est leur expression, leur taille, leur voix? À quoi est-ce que je pense? Qu'est-ce que je dis et à quelles personnes? Est-ce que j'ai faim ou soif? Qu'est-ce que je ressens dans mon corps?"

Imaginez cette scène pendant environ deux minutes. Puis, détendez-vous. Oubliez la scène pour vous concentrer uniquement sur votre détente. Ensuite, revoyez la scène pendant encore deux minutes. Puis, détendez-vous.

Si vous avez de la difficulté à imaginer ainsi une situation, vous pouvez commencer par faire l'exercice suivant: regardez un objet ou une personne, fermez les yeux et imaginez cet objet ou cette personne.

Exercice 30. L'exposition prolongée et graduée

La procédure d'exposition prolongée et graduée est basée sur l'extinction, un principe psychologique bien établi expérimentalement. Ce principe permet de prédire que, si une personne fait face souvent à une situation qui lui fait peur ou la rend anxieuse, mais qui ne présente pas de danger réel, cette anxiété diminuera graduellement et disparaîtra. De plus, ce processus d'extinction sera accéléré si la personne apprend à se relaxer dans cette situation.

Dans cet exercice, vous allez visualiser, tout en vous relaxant, chacun des items de votre hiérarchie en commençant par le numéro un, c'est-à-dire par la scène la moins anxio-

gène. Faites cet exercice pendant des séances de vingt minutes, réparties sur quelques jours, jusqu'à ce que vous ayez
complété votre hiérarchie.

Installez-vous confortablement, détendez-vous et visuali-
sez la première scène en détail. Concentrez-vous sur tout ce
que vous voyez, entendez, touchez et ressentez. Si vous ressentez alors de l'anxiété, continuez quand même à imaginer la
scène jusqu'à ce que votre anxiété diminue jusqu'au point
zéro de l'échelle d'anxiété. Ensuite, continuez à imaginer la
scène pendant environ quinze secondes. Il est très important
que la scène soit précise dans votre imagination et que vous
ne passiez pas à une autre scène avant d'avoir atteint le point
zéro d'anxiété ou presque. Ensuite, oubliez la scène et détendez-vous. Enfin, recommencez à imaginer la scène quelques
fois de la même façon que précédemment, jusqu'à ce qu'elle
ne provoque plus d'anxiété.

L'extinction peut se faire parfois en quelques secondes et
peut parfois prendre plus de dix minutes. Ne vous préoccupez
pas du temps que cela prend, mais seulement de bien visualiser votre scène. L'important, c'est d'arriver à imaginer la
situation, tout en étant très détendu. Quand vous avez réussi
à faire cela avec la première scène de votre hiérarchie, vous
pouvez procéder de la même façon avec la deuxième scène.
Si, après avoir employé la procédure durant dix minutes avec
une scène, vous n'arrivez pas à diminuer votre anxiété à un
niveau très bas (entre zéro et vingt), trouvez une autre scène
qui vous rend moins anxieux. Vous pourrez revenir sur cette
scène difficile un peu plus tard. Si vous éprouvez des difficultés, vous pouvez aussi vérifier les points suivants:

1) Visualisez-vous bien la scène sur laquelle vous travaillez?
   Sinon, faites quelques exercices pour améliorer votre con-
   centration et votre imagination (voir l'exercice 29).

2) Êtes-vous capable de continuer à imaginer la scène pendant quelques minutes sans être distrait? Sinon, pratiquez-vous avec d'autres scènes agréables pour vous (voir
   l'exercice 29).

173

3) Êtes-vous capable de vous détendre? Sinon, pratiquez encore la relaxation (voir l'exercice 26) ou utilisez les auto-verbalisations, qui sont décrites dans les prochaines pages.

4) Avez-vous de la difficulté avec un item en particulier? Si oui, vérifiez bien si votre hiérarchie progresse de façon graduelle (voir l'exercice 28).

Si, après avoir employé cette méthode, vous ressentez encore une anxiété sociale importante, vous pouvez consulter un spécialiste dans le domaine. Les psychologues, travailleurs sociaux et psychiatres spécialisés en thérapie du comportement sont ceux qui utilisent le plus ces méthodes. Vous pouvez les consulter dans certains hôpitaux ou vous renseigner auprès des différentes corporations ou associations professionnelles.

L'anxiété sociale et les autoverbalisations

La réussite d'une psychothérapie peut s'évaluer en termes du degré d'autonomie et d'indépendance que la personne qui consulte a acquis. Un moyen qui semble très efficace pour aider les gens à s'aider eux-mêmes consiste à favoriser des changements constructifs dans les autoverbalisations, c'est-à-dire dans les phrases que la personne se dit à elle-même. En effet, des recherches montrent que la nature du dialogue intérieur est un des facteurs les plus importants dans le comportement inefficace et, en particulier, dans l'anxiété sociale.[5] En quoi consiste ce dialogue intérieur?

Le dialogue intérieur, c'est une série de phrases que nous nous disons à nous-mêmes et qui se déroulent ordinairement très rapidement, sans qu'on s'y arrête ou qu'on y porte attention. Elles peuvent se produire: 1) *avant* que quelque chose

---

5) SCHWARTZ, R.M. et GOTTMAN, J.M., Toward a task analysis of assertive behavior, *Journal of consulting and clinical psychology, 44,* pp. 910-920, 1976.

d'important pour nous se passe ou avant de poser un geste ou une action; 2) *pendant* que nous faisons quelque chose; 3) *après* un comportement ou un événement. Ce dialogue intérieur exprime nos perceptions des événements et de nos comportements, nos jugements, nos habitudes, nos critiques, nos souhaits, nos peurs, etc. Il peut alors augmenter ou diminuer notre anxiété.

Par exemple, quelqu'un se présente pour une demande d'emploi. Son dialogue intérieur peut être le suivant: "J'aimerais beaucoup obtenir cet emploi, mais il y a sans doute des gens plus compétents que moi. Si on me pose des questions et que je ne sais pas répondre, ils vont penser que je suis idiot. Je ne devrais peut-être pas me présenter à cette entrevue. Je n'ai pas assez d'expérience. Je suis nerveux et tout le monde va le remarquer. Je bafouille quand je suis nerveux et j'ai l'air ridicule." Cette sorte de dialogue intérieur augmente l'anxiété de la personne et diminue sa compétence.

Très souvent, ce qui nous arrête ou nous empêche de faire quelque chose, ce n'est pas que nous sommes réellement incapables, mais plutôt que nous ne reconnaissons pas nos propres capacités et que nous exagérons nos faiblesses. Dans une recherche où on comparait un groupe d'hommes anxieux socialement à un groupe d'hommes peu anxieux, on a trouvé que les hommes anxieux sous-estiment les aspects positifs de leur performance et surestiment les aspects négatifs. Ils ont une mémoire juste et plus précise de l'information négative que de l'information positive ce qui revient à dire qu'ils se sous-estiment plus facilement même si en réalité, ils sont capables d'accomplir les mêmes tâches que les hommes peu anxieux.[6]

Il semble donc assez évident que le manque de confiance en soi et l'anxiété sociale vient, en partie, du fait que nous avons des attentes irrationnelles qui se manifestent dans notre

6) VALENTINE, J. et ARKOWITZ, H., Social anxiety and the self-evaluation of interpersonal performance, *Psychological reports, 36,* pp. 211-221, 1975.

dialogue intérieur. Sans trop en être conscients, les personnes anxieuses socialement se disent à elles-mêmes que dans telle situation sociale, elles ne sauront pas quoi faire, elles provoqueront une catastrophe, les autres vont mal réagir vis-à-vis d'elles, etc.

Voici d'autres exemples de ces pensées irrationnelles:

"J'aimerais bien téléphoner à Ginette, mais si elle ne m'a pas téléphoné elle-même, ce doit être parce qu'elle ne veut pas me parler."

"J'ai le goût d'aller souper au restaurant avec Paul, mais si je le lui propose, il va penser que je veux m'imposer."

"Si je dis à mes enfants que je veux rester seule, ils vont penser que je ne les aime plus."

Nous provoquons ainsi de l'anxiété en nous simplement en nous disant de telles choses et, pendant ce temps-là, nous ne pensons pas à ce que nous pourrions faire pour affronter la situation. Ceci nous amène à éviter la situation sociale en question et notre anxiété vis-à-vis de cette situation augmente de plus en plus. Nous continuons alors à voir beaucoup d'aspects négatifs dans cette situation et très peu d'aspects positifs; de plus, nous n'avons jamais la possibilité de les vérifier puisque nous évitons cette situation. Mais, il semble que nous pouvons diminuer notre anxiété en éliminant ces idées irrationnelles et défaitistes et en les remplaçant par des idées rationnelles.

Exercice 31. Observation et modification des autoverbalisations

Pour identifier ses autoverbalisations irrationnelles, il faut faire une période d'auto-observation en essayant de répondre de façon précise aux questions suivantes:

— Qu'est-ce que je me dis avant de demander quelque chose?

- Si l'autre personne refuse d'accéder à ma demande?
- Si j'obtiens ce que je veux?
- Si je ne veux pas rendre un service que quelqu'un me demande?
- Après avoir accepté de faire ce que je ne voulais pas?
- Après avoir refusé d'accéder à la demande de quelqu'un, comme je le voulais?
- Avant de dire ce que je pense?
- Après avoir dit ce que je pense?
- Quand je veux parler à quelqu'un qui m'intéresse?
- Quand je ne veux pas parler à quelqu'un qui ne m'intéresse pas?
- Avant, pendant et après chaque scène de ma (ou mes) hiérarchies(s) des craintes sociales?

Vous pouvez observer vos autoverbalisations pendant quelques jours à propos de n'importe quel comportement qui vous semble important. Puis, vous pouvez vous demander si ces autoverbalisations sont rationnelles, c'est-à-dire si elles sont basées sur la *réalité*. Vous pouvez en discuter avec d'autres personnes ou encore relire le chapitre 2 sur les droits fondamentaux, pour vous aider à découvrir vos autoverbalisations irrationnelles.

Après cette période d'auto-observation, vous pouvez décider de changer certaines autoverbalisations irrationnelles, qui sont les plus négatives et paralysantes pour vous, en les remplaçant par des *critiques constructives.* Ces critiques constructives sont aussi des autoverbalisations que vous décidez de vous dire à vous-mêmes pour diminuer l'influence de vos pensées irrationnelles. En voici quelques exemples:

1) Pensée irrationnelle: "Si quelqu'un me critique, ça veut dire que je ne suis bon à rien."

Critique constructive: "Faux, ça veut simplement dire qu'il n'aime pas quelque chose que j'ai fait. Je peux profiter de cette critique si je le veux ou bien ne pas en tenir compte si je juge que ce n'est pas valable. Je n'ai aucune raison de m'abaisser comme je le fais."

2) Pensée irrationnelle: "Si je demande quelque chose, on va me trouver trop exigeant."

Critique constructive: "J'ai le droit de demander ce que je veux. Je laisse les autres libres de me répondre "oui" ou "non". Si je ne dis pas ce que je veux, personne ne pourra deviner mes besoins et je serai toujours frustré."

3) Pensée irrationnelle: "Si je fais ce que j'ai le goût de faire, comme prendre un peu de temps pour me détendre, je vais passer pour un grand égoïste."

Critique constructive: "J'ai le droit d'avoir des besoins et d'y répondre, sans que cela nuise aux autres. Si je me détends, je serai sans doute beaucoup plus disponible par la suite. Peut-être que mon exemple va les amener à faire la même chose. Comme ce serait agréable!"

Quand, dans la vie quotidienne, vous retrouvez de telles idées irrationnelles et défaitistes, vous pouvez vous en servir comme d'un signal pour les combattre et vous dire à vous-même des choses plus rationnelles et positives, c'est-à-dire plus en contact avec la réalité. Il ne s'agit pas d'un "bourrage de crâne" par d'autres idées tout aussi irrationnelles du genre: "Il ne faut jamais avoir peur. J'ai toujours raison. J'ai le droit de demander ce que je veux et tant pis si j'ennuie continuellement les autres." Votre critique constructive doit tenir compte de votre réalité et de celle des autres, du respect de vous-même et des autres.

Vous pouvez aussi employer des autoverbalisations positives pendant que vous pratiquez l'exposition prolongée et graduée (exercice 30). En imaginant chacun des items de votre hiérarchie, vous pouvez vous dire à vous-même des phrases qui ont pour but de vous détendre, de vous encourager et de vous permettre de garder un sentiment de compétence et de réussite.

Voici des exemples de phrases que vous pouvez vous dire intérieurement avant d'affronter une situation anxiogène:

- D'abord, je me décris à moi-même ce que j'aurai à faire dans cette situation, pour quelles raisons je serai là, quel est mon but, qu'est-ce que je veux réussir.
- Je peux faire un plan pour me permettre de faire ce que j'ai à faire et faire face à la situation.
- Ça ne donne rien de m'inquiéter. Il vaut beaucoup mieux penser à ce que je peux faire plutôt que de devenir anxieux.
- Je ne dois pas me déprécier, mais uniquement être rationnel et décider de ce que je vais faire.
- Si je deviens mal à l'aise, je trouverai bien un moyen de m'en sortir. Même si ce n'est pas le meilleur moyen qui existe, ce n'est pas grave.
- Peut-être que ce sera une situation difficile, mais j'ai confiance en moi, je saurai quoi faire.
- J'ai le temps de prendre une grande respiration et de me relaxer avant d'affronter la situation.

Pendant la situation anxiogène, vous pouvez vous dire:
- Je suis calme et je continue à me relaxer.
- Si je prends la situation étape par étape, je peux y faire face.
- Je pense surtout à ce que j'ai à faire et aux choses positives qui peuvent se produire.
- Ma tension peut être une alliée, parce que, si je ressens de l'anxiété, c'est pour moi un signal pour me servir des moyens que j'ai pour affronter la situation.
- Je n'ai rien à prouver à personne. S'ils m'acceptent, tant mieux. Sinon, tant pis. Ce n'est pas nécessaire que tout le monde m'aime.

- Je prends une grande respiration et je me détends. Ça va bien. J'ai le contrôle sur la situation et sur moi-même.
- Je me concentre sur le présent. Qu'est-ce que j'ai à faire?
- C'est possible que ma peur augmente, mais ce n'est pas grave: je peux la maîtriser en me relaxant.
- Je me décris à moi-même ce qu'il y a autour de moi. Pendant ce temps-là, je ne pense pas à ce qui m'inquiète.
- Je ne peux m'attendre à ce que les gens pensent toujours comme moi et fassent toujours ce que je veux.

Quand la situation est terminée, les phrases suivantes peuvent vous encourager à garder un sentiment de réussite et de compétence:

- Ça y est, j'ai réussi.
- C'était moins pire que je ne l'aurais cru.
- Quand je peux contrôler mes pensées, je peux contrôler ma peur.
- Je suis heureux des progrès que je fais. Je vais en parler à mon meilleur ami.

Ces phrases s'inspirent en partie des travaux de Meichenbaum de l'Université de Waterloo en Ontario.[7] Vous pouvez choisir, parmi ces phrases, celles qui vous apparaissent les plus utiles et en trouver d'autres. Ensuite, enregistrez-les sur ruban magnétique en les espaçant par quinze secondes de silence. Puis, écoutez-les et répétez-les intérieurement pendant que vous pratiquez l'exposition prolongée et graduée (exercice 30).

---

7) MEICHENBAUM, D., D., Self-instructional methods, in F.H. Kanfer et A.P. Goldstein (Eds.), *Helping people change*, Pergamon, New York, 1975.

Je ne veux rien savoir
Je ne veux rien comprendre
Je veux recommencer
Je veux voir, je veux prendre
Il sera toujours temps
Et jamais assez tard
D'accrocher ses patins
D'éteindre son regard
Je ne veux pas survivre
Je ne veux pas subir
Je veux prendre mon temps, me trouver, m'affranchir
Me tromper de bateau, de pays ou de port
Et bien mourir ma vie et non vivre ma mort

....

Et puis je me reprends
Et puis je me répète
Qu'avant cette saison
Avant cette retraite
Il faut sauter les ponts, les murs et les haut-bords
Il faut mourir sa vie et non vivre sa mort
Et pendant ce temps-là le printemps se dégivre
Le jour fait ses journées, la nuit fait ses veillées
C'est à recommencer que l'on apprend à vivre
Que ce soit vrai ou pas,
Moi, j'y crois.

"Avant de m'assagir"
Paroles de Jean-Pierre Ferland
©Éditions Jean-Pierre Ferland

Vous connaissez maintenant différentes procédures (re-laxation, exposition prolongée et graduée et autoverbalisation) pour diminuer l'anxiété sociale. Pratiquez-les toutes et choisis-sez les moyens qui vous apparaissent les plus efficaces pour vous et qui ne sont pas nécessairement les mêmes pour une autre personne. En effet, une recherche de Ollendick et Mur-phy montre, par exemple, que la relaxation musculaire peut être plus efficace pour certains et que la relaxation avec auto-verbalisation est plus efficace pour d'autres.[8]

Le contrôle que vous aurez sur votre anxiété en utilisant ces moyens va aussi se manifester dans la vie quotidienne. Mais, évidemment, il est aussi important d'employer ces procédures dans la vie quotidienne quand vous faites face à des situations difficiles. Enfin, ces mêmes procédures peuvent être utilisées pour diminuer d'autres types de peurs, comme la peur des animaux, des avions, des ascenseurs, des piqûres, des dentistes, des examens, etc.

Résumé

L'anxiété sociale constitue une entrave importante à la communication affirmative. Afin de diminuer votre vulnérabilité et votre sentiment d'incompétence dans les rencontres inter-personnelles, vous pouvez apprendre à vous relaxer, cons-truire une hiérarchie de vos craintes sociales et pratiquer l'exposition prolongée et graduée aux situations anxiogènes. De plus, l'observation et la modification de vos autoverbalisa-tions peut vous permettre de diminuer davantage votre anxiété.

Nous trouverons d'autres applications de ces diverses procédures dans les prochains chapitres et, en particulier, dans le chapitre suivant, qui porte sur la façon de commencer et de maintenir une conversation.

---

8) OLLENDICK, T.H. et MURPHY, M.J., Differential effectiveness of muscular and cognitive relaxation as a function of locus of control, *Journal of behavior therapy and experimental psychiatry, 8,* pp. 223-228, 1977.

Chapitre 8

La conversation

Des échecs répétés dans nos relations antérieures ou une éducation trop rigide peuvent nous empêcher d'entrer facilement en contact avec les gens autour de nous. Cette difficulté peut être *générale,* c'est-à-dire se présenter dès que nous sommes en présence de quelqu'un ou *spécifique* c'est-à-dire se manifester uniquement devant certaines personnes, par exemple des personnes en position d'autorité ou des personnes du sexe opposé. Mais, que notre difficulté soit générale ou spécifique, si nous avons une difficulté dans ce domaine, nous devons apprendre de nouvelles façons de nous comporter en présence des autres personnes et pratiquer ces comportements dans la vie quotidienne.

Les autoverbalisations et la conversation

Nous avons déjà vu l'importance des autoverbalisations dans l'augmentation ou la diminution de l'anxiété sociale. Voici quelques autoverbalisations irrationnelles qui nous empêchent souvent de commencer une conversation avec quelqu'un, de même que les critiques constructives correspondantes:

1) Pensée irrationnelle: "Je n'ai pas le droit de m'imposer. Je ne dois déranger personne."

Critique constructive: "Quelle évidence ai-je pour dire que parler à quelqu'un, ça veut dire le déranger? Peut-être que l'autre personne sera bien heureuse que je lui parle et, si je la dérange, elle sera probablement capable de me le dire. Malgré cela, il se peut que j'aie quand même peur de la déranger ou d'être rejeté... Mais, si je veux commencer une conversation, je dois accepter ce risque."

2) Pensée irrationnelle: "C'est si important pour moi de me faire accepter par les gens que je ne peux m'avancer et commencer une conversation."

Critique constructive: "C'est une autre verbalisation qui ne m'aide pas à me sentir bien avec les gens. Au fond, tout le monde a besoin d'entrer en contact avec les autres. Peut-être que l'autre personne est aussi gênée que moi et elle sera bien heureuse que je fasse les premiers pas. Elle m'appréciera d'autant plus."

3) Pensée irrationnelle: "Je ne sais pas quoi dire. Si je ne dis pas quelque chose de très intelligent, l'autre personne va penser que je suis un idiot."

Critique constructive: "Ce genre d'autoverbalisation m'empêche de rencontrer les gens simplement. Ordinairement, les gens ne parlent pas de sujets très profonds la première fois qu'ils se rencontrent. Pour moi, ce qui est le plus important, c'est de montrer mon intérêt à entrer en relation et non de parler de tel ou tel sujet. Si l'autre me trouve idiot, c'est sa perception à lui. Au moins, moi, je saurai que je suis capable de faire des choses dans mon intérêt. Je ne peux pas être aimé par tout le monde. Si je ne dis rien pour ne pas que les gens me détestent, je cours aussi le risque que très peu de gens me connaissent et m'aiment. Alors, de toute façon, j'arriverai au même résultat: je n'aurai pas d'amis. Il vaut mieux prendre des risques."

Exercice 32. La conversation

Pendant quelques jours d'auto-observation (voir le premier chapitre), trouvez les autoverbalisations qui vous aident et celles qui ne vous aident pas à commencer et à maintenir une conversation avec d'autres personnes. Puis, faites l'exercice suivant:

Assoyez-vous confortablement ou étendez-vous. Détendez-vous. Pensez à une personne ou à une situation où vous vous sentez souvent mal à l'aise, gêné de commencer une conversation. Essayez de vous représenter cette scène en détail. Comment est la personne à qui vous aimeriez parler? Dans quel lieu êtes-vous? Y a-t-il des gens qui vous regardent? Dans quelle posture êtes-vous? Où regardez-vous? Que faites-vous? À quoi pensez-vous?

Maintenant, imaginez que vous êtes complètement différent. Vous n'êtes plus gêné du tout. Vous êtes parfaitement à l'aise dans cette situation ou avec cette personne. Qu'y a-t-il de différent d'il y a quelques minutes, alors que vous étiez mal à l'aise? Que faites-vous? Qu'est-ce qui arrive? Essayez de vous représenter de la façon la plus précise possible comment vous pourriez vous sentir. Comment vous sentez-vous dans votre corps? Que dites-vous? Que pensez-vous?

Quand et comment commencer une conversation?

La plupart des gens aiment rencontrer de nouvelles personnes et répondent favorablement à ceux qui initient les conversations. Parfois, certaines personnes n'apprécient pas ces nouvelles rencontres, parce qu'elles sont préoccupées par autre chose ou qu'elles sont peu sociables. Dans de telles circonstances, vous avez la responsabilité de respecter l'autre et de ne pas trop insister. Malheureusement, ce n'est pas immédiatement clair que quelqu'un ne veut pas engager une conversation ou qu'il est gêné ou méfiant. Mais après quelques phrases, c'est généralement assez facile à déterminer.

Ai-je fait quelque chose qui ne vous plaît pas?

Évidemment! puisque rien ne me plaît.

Voici quelques caractéristiques verbales ou non verbales que l'on retrouve chez les gens qui ne veulent pas s'engager dans de nouvelles relations:

— peu de sourires;
— regards hostiles;
— corps tendu;
— comportement non verbal qui manifeste peu de réponses;
— réponses brèves et "sèches";
— voix dure;
— aucune question à celui qui a commencé la conversation.

Voici, par contre, quelques caractéristiques des personnes qui veulent s'engager dans de nouvelles relations:

— sourires et gestes qui montrent une réponse chaleureuse;
— réponses verbales qui donnent de l'information sur soi;
— questions à la personne qui commence la conversation.

Vous pouvez vous servir de ces indices pour décider si vous devez ou non continuer une conversation avec quelqu'un.

Plusieurs personnes rapportent qu'elles ont de la difficulté à savoir comment et dans quelle situation commencer une conversation. C'est ordinairement plus facile quand vous avez l'attention de la personne et que vous n'êtes pas à plus de quelques pieds de distance, de sorte que vous pouvez être entendu facilement. Quand vous pouvez attirer le regard de cette personne, vous pouvez sourire et dire ce que vous avez à dire.

Dans la plupart des cas, vous pouvez initier une conversation sur un sujet général qui pourrait intéresser votre interlocuteur. De plus, tentez d'utiliser l'information que vous possédez sur l'autre. Par exemple, vous êtes devant une personne qui tient dans ses mains un livre sur la mécanique; alors, vous pouvez lui dire: "Je remarque que vous avez un livre sur la mécanique. C'est un sujet qui vous intéresse?"

Les premières phrases que vous dites quand vous entrez en contact avec quelqu'un ont assez peu d'importance. C'est beaucoup plus les messages non verbaux et l'écoute passive qui vont montrer à l'autre que vous êtes intéressé à parler avec lui et à le connaître davantage. Alors, ne craignez pas d'employer des clichés, du genre: "Avez-vous déjà vu autant de neige?" ou "Vous avez une belle auto!" ou encore "Puis-je vous aider à porter vos paquets?". Ensuite, quand "la glace est cassée", vous pouvez être plus personnel.

Exercice 33. La conversation au téléphone

Si vous avez une très grande difficulté à commencer une conversation, vous pouvez faire les conversations téléphoniques suivantes, ainsi que le suggère Philip Zimbardo: [1]

---

1) ZIMBARDO, P.G., *Shyness,* Addison-Wesley, Reading, Mass., 1977.

— Téléphonez à la personne préposée à l'information et demandez les numéros de téléphone de gens à qui vous voulez parler. Puis, remerciez-la et notez sa réaction.

— Téléphonez à un magasin et demandez le prix d'un article.

— Téléphonez à une ligne ouverte à la radio. Dites que vous aimez le programme (si c'est le cas!) et demandez une question.

— Téléphonez à un cinéma et demandez les heures de spectacle.

— Téléphonez à la section sportive d'un journal et demandez le compte de la dernière joute de hockey, de baseball ou de football.

Consacrez une heure à cet exercice et faites tous ces appels téléphoniques en commençant par celui qui vous apparaît le moins anxiogène. Vous pouvez, si vous le voulez, commencer par faire ces appels en imagination.

Exercice 34. Dites bonjour

Voici un autre exercice suggéré par Philip Zimbardo. Durant la prochaine semaine, saluez les personnes que vous rencontrez au travail ou sur la rue, même si vous les connaissez peu. Souriez et dites à peu près ceci: "Bonjour. Il fait chaud aujourd'hui!" Peut-être que certains seront surpris que vous leur parliez. Peut-être que d'autres ne vous répondront pas. Mais vous recevrez probablement plusieurs réponses très agréables.

Exercice 35. Commencer une conversation avec un étranger

Engagez une conversation avec des étrangers, alors que vous attendez dans un endroit public (par exemple, à l'épicerie, au théâtre, chez le médecin, à la station-service, à la banque, au musée, à l'arrêt d'autobus, etc.). Vous pouvez commencer la conversation à partir de l'expérience que vous vivez actuellement avec l'autre personne:

— "Il y a tellement de monde ici. Ça doit être un bon film."

— "Vous avez une belle valise. Pouvez-me dire où vous l'avez achetée?"

— "Est-ce que c'est un livre intéressant que vous avez là?"

Pour le moment, il n'est pas nécessaire que vous poursuiviez la conversation davantage. Mais, si cela vous semble facile, faites-le.

Les principaux comportements verbaux qui nous permettent d'entrer en contact avec quelqu'un et de maintenir la conversation sont les suivants:

— poser des questions ouvertes;

— écouter l'autre d'une façon passive et active;

— donner de l'information sur soi;

— utiliser l'information sur l'autre.

Poser des questions ouvertes

Les questions ouvertes sont des questions qui amènent des réponses autres que "oui" ou "non". Ce sont des questions qui commencent par "pourquoi", "qu'est-ce que", "qu'est-ce qui", "comment", etc. Par exemple, si vous demandez à quelqu'un "Qu'est-ce que tu as fait aujourd'hui?", la réponse sera sans doute plus longue que si vous lui demandez "As-tu travaillé aujourd'hui?". Un autre exemple d'une question ouverte: "Qu'est-ce que tu trouves le plus intéressant dans tes études?" ou encore "Comment es-tu arrivé à t'intéresser à tel domaine d'études?" au lieu de "Trouves-tu tes études intéressantes?" Un autre exemple: "Où es-tu allé pendant tes vacances?" au lieu de "As-tu passé de belles vacances?"

Exercice 36. Identifier les questions ouvertes

Écoutez des entrevues à la télévision ou à la radio. Identifiez les questions ouvertes et fermées des animateurs. Vous pouvez vérifier par vous-mêmes si, de fait, les meilleurs animateurs sont ceux qui posent le plus de questions ouvertes.

Exercez-vous à poser des questions ouvertes avec une autre personne.

L'écoute active et l'écoute passive

Il est très important, dans une simple conversation, de faire de l'écoute active ou passive, selon les circonstances. L'écoute passive permet de montrer son intérêt et l'écoute active aide à aborder plus directement l'aspect émotif (voir le chapitre 6). Une étude d'une équipe de chercheurs de l'Université du Kansas est particulièrement intéressante à ce propos.[2] Ces psychologues ont appris à poser des questions et à faire de l'écoute passive à quatre jeunes filles qui avaient de la difficulté à entretenir une conversation. Quinze adultes ont évalué l'habileté de converser de ces quatre jeunes filles avant et après l'entraînement. Après l'entraînement, ces jeunes filles furent jugées meilleures dans la conversation que d'autres jeunes filles de leur âge, alors qu'avant l'entraînement, c'était le contraire. Cette recherche montre bien l'importance sociale de savoir poser des questions et écouter l'autre dans une conversation.

Donner de l'information sur soi

Pour entrer en contact avec quelqu'un, il ne suffit pas d'écouter et de poser des questions. Il est aussi important de

---

2) MINKIN, N., BRAUKMANN, C.J., MINKIN, B.L., TIMBERS, G.D., TIMBERS, B.J., FIXSEN, D.L., PHILLIPS, E.L. et WOLF, M.M., The social validation and training of conversational skills, *Journal of applied behavior analysis, 9,* pp. 127-139, 1976.

répondre aux questions des autres et de donner de l'information sur soi, de dire ce que nous pensons, ce que nous croyons, ce que nous faisons dans la vie, ce que nous ressentons face à différentes choses.

Donner de l'information sur soi ne veut pas dire s'éloigner du sujet de la conversation. Si l'autre vous pose une question, répondez directement à la question, puis, relativement à cette question, donnez des informations sur vous-même.

N'ayez pas peur de parler de ce que vous ressentez dans la situation. Vous trouverez d'ordinaire une oreille sympathique. Vous pouvez très bien dire à quelqu'un que vous venez de saluer dans un groupe: "Je ne connais pas ce pas de danse. Voulez-vous me le montrer?" ou "Je me sens un peu gêné parmi tout ce monde" ou encore "Je viens de divorcer et je me sens un peu mal à l'aise d'être seul dans un groupe." Cependant, si l'autre personne ne répond pas à ce que vous dites ou semble mal à l'aise devant le fait que vous exprimez vos sentiments, évitez d'insister, car vous la ferez fuir. À ce moment-là, vous avez le choix entre parler avec cette personne à un niveau moins personnel (et peut-être y revenir plus tard) ou aller parler avec quelqu'un d'autre.

Enfin, n'oubliez pas que les composantes non verbales viennent appuyer la communication verbale. Avant de poser une question ouverte ou avant de donner de l'information sur vous-même, vous pouvez prendre une bonne respiration, vous détendre, prendre le temps de regarder l'autre personne et décider du moment approprié pour parler.

Voici un exemple d'un dialogue où les interlocuteurs emploient les questions ouvertes et l'information sur soi:

SYLVIE: Bonjour, Claude.

CLAUDE: Bonjour, Sylvie.

SYLVIE: Qu'est-ce que tu as fait en fin de semaine? (Question ouverte).

CLAUDE: J'ai passé la fin de semaine dans le Nord. J'ai fait de la raquette et de la motoneige. (Information sur soi).

SYLVIE: Tu aimes ça, les sports d'hiver?

CLAUDE: Oui, beaucoup.

SYLVIE: Quels sont tes sports d'hiver préférés? (Question ouverte).

CLAUDE: Surtout la raquette. J'aime mieux la raquette que la motoneige. (Information sur soi).

SYLVIE: Tiens, pourquoi? (Question ouverte).

CLAUDE: Bien d'abord, ça coûte moins cher, puis ça fait moins de bruit. Mais surtout, ça me donne davantage le temps de voir le paysage autour de moi. (Information sur soi).

SYLVIE: Moi aussi, j'aime beaucoup la nature. (Information sur soi).

CLAUDE: Moi, j'aime tellement ça que certains matins, je pars avec mes raquettes, mon sac à dos et quelques provisions dans mon sac à dos et je passe la journée dans la forêt. (Information sur soi).

SYLVIE: Tu as vraiment l'air d'aimer beaucoup la nature.

CLAUDE: Oui, beaucoup.

SYLVIE: Je pensais que tu étais plutôt un gars de la ville. Comment se fait-il que tu aimes la nature au point de passer une journée dans le bois? (Question ouverte).

CLAUDE: C'est vrai que je suis plutôt un gars de la ville. Mais, quand j'étais jeune, j'ai fait du scoutisme; c'est là que j'ai appris à aimer la nature. (Information sur soi).

SYLVIE: Tu es bien chanceux. Moi, en fin de semaine, je suis restée à la maison. (Information sur soi).

CLAUDE: Comment ça? Une aussi belle fin de semaine! Qu'est-ce qui t'arrive? (Question ouverte).

SYLVIE: Il m'est arrivé de la visite. J'ai eu de la visite toute la fin de semaine.

CLAUDE: Pourquoi ne les as-tu pas amenés dans le Nord? (Question ouverte).

SYLVIE: Bien, c'était des gens du Nord qui venaient passer la fin de semaine à Montréal. J'aurais tellement aimé cela, aller à la campagne. Vois-tu, moi, je suis née à la campagne et j'adore m'y retrouver. (Information sur soi).

CLAUDE: Ah oui! Tu es née à la campagne! Dans quelle région?

SYLVIE: Magog.

CLAUDE: Je ne connais pas beaucoup cette région. (Information sur soi). C'est agréable, cette région?

SYLVIE: Magog, c'est une belle ville avec un grand lac de trente-trois milles et des montagnes et des forêts tout autour...

Exercice 37. Se connaître soi-même

Il arrive souvent que les personnes gênées ne soient conscientes que de leurs faiblesses et ne montrent que ces côtés négatifs. Ceci n'aide pas à entrer en contact avec un autre. Il faut donc connaître ses goûts, ses qualités, ses forces tout autant que ses faiblesses. Pour vous y aider, parlez avec une autre personne de vos côtés positifs, de vos goûts, de vos expériences intéressantes, de vos habiletés particulières, de vos principales qualités, etc.

Exercice 38. Jeu de rôle sur la conversation

Avec une autre personne, jouez différentes situations où, à tour de rôle, chacun commence une conversation. N'oubliez pas d'utiliser les questions ouvertes, l'écoute passive et active et l'information sur soi. Vous pouvez enregistrer votre conversation sur ruban magnétique, pour ensuite l'analyser. Vous pouvez aussi observer les composantes non verbales. Si vous ne pouvez pas profiter de la participation d'une autre personne, faites cet exercice en imagination. Voici des exemples de situations que vous pouvez utiliser dans cet exercice.

— Vous participez à une soirée. Vous ne connaissez que la maîtresse de maison. Vous remarquez une personne à qui vous aimeriez parler. Vous vous approchez d'elle, tout en étant très détendu. Vous vous présentez et vous commencez une conversation. Puis, un vieil ami, que vous n'avez pas vu depuis longtemps, arrive. Vous terminez la conversation et vous allez retrouver cet ami.

— Vous vous introduisez dans un groupe d'amis et vous participez à la conversation.

— Vous êtes inscrit à un centre de loisirs et vous y arrivez pour la première fois. Vous commencez une conversation avec une personne qui s'y trouve.

Exercice 39. Être informé

Pour maintenir une conversation et y participer, il est important d'avoir, en réserve, des sujets de conversation. Vous pouvez, par exemple, lire les journaux ou écouter la radio ou la télévision, pour vous renseigner sur l'actualité politique, artistique ou sportive, selon vos goûts. Puis, exercez-vous à en parler soit devant le miroir, devant une chaise vide ou avec une autre personne.

Utiliser l'information sur l'autre

Au cours d'une conversation, les gens donnent beaucoup d'informations sur eux-mêmes sans même s'en rendre compte. Souvent, en nous servant simplement de ces informations, nous pouvons maintenir une conversation. Par exemple, deux étrangers, Normand et Alice, sont debout l'un à côté de l'autre, à l'arrêt d'autobus:

ALICE: Excusez-moi. Pourriez-vous me dire l'heure?

NORMAND: Oh! Déjà six heures! D'ordinaire, il y a un autobus à toutes les cinq minutes et ça fait déjà quinze minutes que nous attendons. (Information sur soi: Normand prend souvent cet autobus.).

ALICE: Prenez-vous souvent cet autobus? (Utilisation de l'information).

NORMAND: Presqu'à chaque semaine. Je suis étudiant à l'université et en fin de semaine je vais chez mes parents. (Information sur soi: Normand est étudiant et ne demeure pas chez ses parents.).

ALICE: En quoi étudiez-vous? (Utilisation de l'information).

NORMAND: En génie agricole. Je termine ma maîtrise. (Information sur soi).

ALICE: Vraiment! C'est intéressant! Moi aussi, je m'intéresse beaucoup aux plantes... (Information sur soi).

Vous voyez dans cet exemple comment nous pouvons maintenir une conversation simplement en nous servant de l'information que nous avons sur l'autre. Si Alice avait trouvé peu intéressante l'information sur les études de Normand, elle aurait tout aussi bien pu enchaîner sur l'autre information (i.e. Normand ne demeure pas chez ses parents) et poursuivre la conversation sur la vie d'un étudiant loin de sa famille. Ainsi, si vous êtes intéressé à connaître une autre personne, il est souvent facile de partir de l'information qu'elle vous donne pour maintenir la conversation. N'oubliez pas enfin que les messages non verbaux (sourires, froncements des sourcils, apparence générale, etc.) constituent aussi des informations sur l'autre que vous pouvez utiliser.

En général, si une personne est intéressée à parler avec vous, elle donnera de l'information sur elle-même en réponse à vos questions ouvertes. Voyez à donner vous-même de l'information à peu près au même niveau d'intimité que l'autre personne. Si l'autre ne vous suit pas au même niveau d'intimité dans l'information sur soi, décidez alors si vous voulez rester à un niveau inférieur ou si vous préférez terminer la conversation.

Exercice 40. Identifier l'information
sur soi

Écoutez des entrevues à la radio ou à la télévision et évaluez à quel moment un interviewé donne de l'information sur soi, qui dépasse la simple réponse aux questions. Vérifiez par vous-même si les interviewés les plus intéressants sont ceux qui donnent le plus d'informations sur eux-mêmes. De plus, remarquez s'il aurait été possible d'utiliser ces informations autrement que l'animateur ne l'a fait.

Exercice 41. Utiliser l'information
sur l'autre

Faites cet exercice avec une autre personne. Essayez de mieux connaître cette personne en posant des questions ouvertes et en utilisant au maximum l'information qu'elle vous donne sur elle-même. Ensuite, inversez les rôles.

Quand vous entrez en contact avec quelqu'un, il est important de varier vos comportements: ne soyez pas toujours celui qui pose des questions ou toujours celui qui écoute ou toujours celui qui donne de l'information. Soyez souple. Pour y arriver, il faut vous pratiquer dans la vie quotidienne à faire tous ces comportements. Au début, cela vous paraîtra peut-être artificiel, mais à mesure que vous prendrez l'habitude d'agir ainsi, vous n'aurez pas besoin d'y penser d'avance et vous le ferez de façon spontanée. Vous pouvez graduellement, à l'aide de la pratique, développer votre manière personnelle de débuter et de maintenir la conversation et ce style personnel variera selon les circonstances, selon les personnes que vous rencontrez et selon ce que vous ressentez.

Résumé

Pour apprendre à converser plus facilement, il est d'abord utile d'observer et de modifier, si nécessaire, nos autoverbalisations en rapport avec les contacts interpersonnels. Par ailleurs, nous pouvons nous servir d'un certain nombre d'indices pour savoir quand et avec qui commencer une conversation. Enfin, certains comportements nous aident à maintenir une conversation et à la rendre plus agréable: poser des questions ouvertes, écouter l'autre, donner de l'information sur soi, utiliser l'information sur l'autre.

Le prochain chapitre traitera en détail d'un type de conversation qui crée des problèmes à de nombreuses personnes: faire des demandes aux autres et refuser d'acquiescer à des demandes d'autrui.

Chapitre 9

Demandes et refus

M'affirmer, c'est exprimer clairement et précisément ce que je veux, ce que je pense et ce que je ressens. Dans certaines circonstances, m'affirmer consiste à faire une demande à quelqu'un.

Donner et recevoir

Certains individus pensent qu'il vaut mieux donner que recevoir. D'autres croient qu'il vaut mieux recevoir que donner. En fait, donner et recevoir sont tout aussi importants et tout aussi plaisants l'un que l'autre. Nous avons probablement tendance à éviter autant les gens qui ne veulent rien recevoir de nous que les gens qui ne veulent rien donner.

Si je pense qu'il ne faut jamais rien recevoir des autres, si je suis trop fier ou trop gêné pour demander un service, si je veux être toujours indépendant, ne jamais demander d'aide ou de conseils, je me retrouverai seul parce que, en général, les gens autour de moi aiment donner tout autant que recevoir. Si je leur montre que je n'ai pas besoin d'eux, si je ne leur demande jamais rien ou ne leur offre jamais rien, ils s'occuperont peu de moi. Par contre, si je fais continuellement des demandes sans accepter de me faire dire "non", ils vont aussi me fuir. Il faut donc atteindre un équilibre et, pour cela, je dois pouvoir "échanger": recevoir et donner.

Il est normal de faire des demandes aux autres. Cependant, il ne faut pas s'attendre à ce que les gens disent toujours "oui". Les autres ont, autant que moi, le droit de dire "non". Ce n'est généralement pas un drame de se faire dire "non". Et ce n'est pas parce que l'autre est un ami qu'il est obligé de dire "oui". Certaines personnes sont passées maîtres dans l'art de manipuler les autres au nom de l'amitié, en leur disant plus ou moins clairement qu'ils ne sont pas de vrais amis s'ils ne répondent pas toujours positivement à leurs demandes. Manipuler ainsi les autres ou céder à de telles manipulations ne produit pas de véritables amitiés libératrices, mais uniquement des relations possessives. Autrement dit, j'ai le droit de faire des demandes, puisque c'est là l'expression de ce que je veux, mais j'ai aussi la responsabilité d'accepter le refus de l'autre. Demander, ce n'est pas s'imposer, exiger ou obliger l'autre, mais le laisser libre de répondre.

Des gens pensent parfois qu'entre amis, on devrait deviner les besoins l'un de l'autre et ne pas avoir à faire des demandes. Mais, cela est faux: personne n'est capable de deviner ce qui se passe dans la tête de l'autre et tout ce dont il a besoin. Je dois donc savoir demander clairement ce que je veux.

Identifier ce que je veux

Avant de demander quelque chose, il faut que je sache ce que je veux exactement, ce que j'attends de l'autre. Cela peut paraître simpliste, mais, en fait, identifier ce que je veux, reconnaître mes besoins et me donner le droit de demander à l'autre d'y répondre, ce n'est pas toujours facile.

Prenons l'exemple d'une femme qui fait beaucoup de bruit en lavant la vaisselle. Elle souhaite qu'en l'entendant, ses enfants viendront l'aider, sans qu'elle n'ait à le leur demander clairement. Elle ne reconnaît pas son droit d'avoir besoin d'aide et est incapable d'exprimer clairement ce qu'elle veut.

Normalement, la première personne qui est consciente de mes besoins, c'est moi. Je sens le besoin de parler, de sortir, d'aller au cinéma, de me coucher, de m'amuser, de travailler, etc... et je peux avoir besoin ou avoir tout simplement le goût de demander quelque chose à quelqu'un. Tout le monde a quelque chose à demander à quelqu'un à un moment donné. Je peux me donner le droit d'avoir des besoins et de demander, sans me sentir inférieur, "quêteur" ou tyran. Me donner ce droit me permettra aussi d'arrêter de me plaindre de ce que je manque, comme si j'étais une pauvre victime des événements, des gens et de la vie en général. Ceci m'amènera aussi à prendre la responsabilité de mes besoins, à être le premier à vouloir répondre à mes besoins. Si je considère ceux-ci importants, je peux prendre le risque de demander clairement ce que je veux.

Il m'arrive parfois d'avoir besoin d'évaluer les risques que je cours en faisant ma demande. Je peux alors me poser quelques questions, comme:

— Qu'est-ce que je peux perdre en ne demandant pas ce que je veux?

— Qu'est-ce que je peux perdre en demandant ce que je veux?

— Qu'est-ce que je peux gagner en ne demandant pas ce que je veux?

— Qu'est-ce que je peux gagner en demandant ce que je veux?

Faire une demande

Si ma demande s'adresse à une personne en particulier, je dois d'abord attirer l'attention de cette personne pour que ma demande soit bien entendue. Par mon attitude non verbale (ton de la voix, contact des yeux, position du corps, etc.) autant que par mes paroles, je fais en sorte que ma demande soit entendue.

Louis et Yves partagent le même appartement. Louis étudie et Yves écoute de la musique. Louis voudrait qu'Yves baisse son système de son. Il va le trouver au salon, le regarde (comportement non verbal) et lui demande calmement: "Yves, pourrais-tu utiliser les écouteurs ou baisser le volume, s'il te plaît. Je voudrais étudier."

La demande doit être *claire* et *brève*. Si je sais ce que je veux, je peux l'exprimer simplement sans me perdre dans les mille explications du pourquoi de la demande, des excuses, des malaises, des souhaits, etc. Certaines demandes soulèvent parfois tellement de confusion que nous finissons par nous demander ce que l'autre veut exactement. En voici un exemple: René rencontre Paul et lui dit: "Paul, j'ai une faveur à te demander. Je sais que je te demande souvent de me rendre service, mais... Il faudrait que j'aille au garage ce soir, après le travail. Je ne voulais pas te déranger... Vois-tu, j'ai demandé à Jeannine de me conduire, mais elle ne pouvait pas. Elle a repris ses cours à l'université et elle finit trop tard. J'avais des vérifications importantes à faire faire. Elle me coûte tellement cher cette vieille bagnole. Tu comprends? Et les autobus, ça me fatigue à l'heure de pointe."

Après tout ce verbiage, que veut René exactement? Cette longue demande montre beaucoup d'insistance et de confusion, de sorte que Paul peut se sentir obligé de dire "oui". La demande brève et claire laisse l'autre plus libre et responsable de sa réponse.

Lorsque je sais ce que je veux, je dois aussi le dire de façon persistante et patiente, sans crier et sans me fâcher. C'est la plupart du temps la meilleure façon de m'affirmer et d'être compris. Être persistant et calme, c'est particulièrement important dans les relations superficielles, comme les relations commerciales et les relations d'affaires, où des vendeurs expérimentés peuvent facilement me faire changer d'idée, quand, par exemple, je reçois une marchandise défectueuse ou un mauvais service dans un restaurant. Mais cela peut également être important dans plusieurs relations plus personnelles, comme lorsque mes parents s'opposent à ce que je vive de la façon dont je le veux, ou à ce que je prenne des décisions sans les consulter, ou encore quand des personnes en autorité prennent des décisions injustes à mon égard, ou quand des amis ne respectent pas mon droit de prendre des décisions qui me concernent. Souvent, dans des relations personnelles, des conflits s'enveniment parce que les gens ne s'en tiennent pas à ce qu'ils veulent, mais s'égarent dans des verbiages incessants pour justifier leur point de vue ou pour attaquer le point de vue de l'autre. Il pourrait plus facilement y avoir entente si chacun faisait entendre son point de vue à l'autre de façon patiente. Si je dis ce que je veux et pense de façon affirmative, c'est-à-dire d'une façon persistante, patiente et calme, tout ce que l'autre peut faire, c'est dire s'il est d'accord ou non ou m'offrir un compromis. Si je suis ainsi persistant et calme, les manipulations deviennent inutiles; il est donc préférable de communiquer directement avec l'autre et de trouver avec lui une solution aux conflits. Il peut arriver que je n'atteigne pas mon but, que l'autre ne soit pas d'accord avec moi, mais je demeure fier de n'avoir pas envenimé inutilement un conflit et de savoir précisément où je me situe par rapport à l'autre.

Laissez-moi donc faire
Si je saute en l'air
Laissez-moi exagérer
Laissez-moi rire si j'ai envie de rire
Laissez-moi me tromper

....

Laissez-moi pleurer si j'ai du chagrin
Laissez-moi me relever
Laissez-moi vous quitter au petit matin
Mais laissez-moi vous aimer

....

Laissez-moi visiter tous les pays
Laissez-moi me promener
Laissez-moi choisir ma sorte de vie
Mais laissez-moi la trouver

....

Laissez-moi le droit de changer ma vie
Laissez-moi recommencer
Laissez-moi aller au bout de ma folie
Mais laissez-moi m'arrêter

Laissez-moi crier si j'ai envie de crier
Laissez-moi me défouler
Laissez-moi tranquille
Laissez-moi, laissez-moi
Mais laissez-moi exister

"Je veux toute toute toute la vivre ma vie"
Paroles d'Angèle Arsenault
©Éditions Angèle Arsenault

La technique du "disque brisé"

Pour apprendre à s'exprimer de façon persistante et calme, le docteur Zev Wanderer, un psychologue de la Californie, a élaboré une technique, qu'il a appelée la technique du "disque brisé" *(Broken record)*.[1] On sait qu'un disque égratigné retombe toujours dans le même sillon et répète toujours la même chose. C'est un exemple de la persistance qu'il faut démontrer parfois pour s'affirmer. Cette technique ne veut pas apprendre à répéter toujours la même chose, mais à être persistant dans l'expression d'une idée, d'un sentiment ou d'un besoin, à ignorer tous les éléments secondaires et à ne pas s'éloigner du point que nous voulons exprimer. Cette technique permet donc d'éviter d'être manipulés et d'être éloignés de nos besoins et sentiments, et d'amener l'autre à nous entendre. Le dialogue suivant illustre la technique du disque brisé.

Quelques temps après avoir étudié cette technique, Marcel a eu à l'employer dans une relation d'ordre commerciale. Il avait acheté un télé-couleurs qui faisait défaut à peu près tous les deux mois. Les couleurs devenaient pâles et l'appareil s'éteignait dès qu'on touchait à un bouton de l'appareil. La garantie allait se terminer un mois plus tard et Marcel voulait que la compagnie change le téléviseur ou le répare de façon

---

1) SMITH, M.J., *When I say no, I feel guilty,* Dial Press, New York, 1975.

adéquate. Il a donc téléphoné au gérant de service de la compagnie et voici à peu près le dialogue qu'ils ont eu:

MARCEL: Bonjour, monsieur, je suis Marcel Denoncourt.

GÉRANT: Bonjour, monsieur Denoncourt.

MARCEL: En novembre dernier, j'ai acheté un téléviseur et, depuis ce temps, il est continuellement défectueux. Je voudrais que vous me le remplaciez.

GÉRANT: Pouvez-vous m'expliquer le problème que vous avez?

MARCEL: Oui. Les couleurs sont très pâles et le téléviseur s'éteint dès qu'on touche à un bouton (Information) et je voudrais que vous me le remplaciez. (Disque brisé).

GÉRANT: Nous allons vous envoyer un technicien qui va tout vous arranger ça.

MARCEL: C'est inutile. Vous m'avez déjà envoyé un technicien quatre fois et j'ai toujours le même problème. (Information). Alors, je veux que vous me remplaciez le téléviseur. (Disque brisé).

GÉRANT: Non, ce n'est pas possible. Je vais vous envoyer un autre technicien. Le meilleur que j'ai. Je vous assure qu'il pourra vous le réparer. Les autres fois, vous n'avez pas appelé ici directement; vous auriez dû le faire. (Tentative de culpabilisation: "Vous avez fait une erreur; voilà pourquoi vous avez des problèmes."). Mais là, je m'en occupe personnellement. (Manipulation: "Vous voyez comme je suis plein de bonne volonté; faites-moi confiance.").

MARCEL: Je vous en remercie, mais actuellement, ce que je veux, c'est que vous remplaciez l'appareil que j'ai. (Disque brisé).

GÉRANT: Écoutez, je connais ça, les téléviseurs, moi, et je vous assure que nous pouvons le réparer. (Manipulation: "De quoi vous mêlez-vous? Vous êtes un ignorant. Faites-moi confiance!"). L'autre technicien n'a probablement pas changé les bonnes pièces.

MARCEL: Je comprends bien que c'est ce que vous pensez, mais, moi, je ne peux pas croire qu'il soit encore possible de réparer ce téléviseur et je veux en avoir un neuf. (Affirmation de soi empathique et disque brisé).

GÉRANT: Mais, monsieur, vous me demandez là quelque chose d'impossible. Je ne peux pas vous en donner un neuf, alors que vous avez utilisé celui-là pendant onze mois. (Refus de responsabilité).

MARCEL: Le téléviseur que j'ai n'a jamais bien fonctionné et j'en veux un bon. (Disque brisé).

GÉRANT: Écoutez, tous les téléviseurs en couleurs de n'importe quelle compagnie ont souvent besoin d'entretien; c'est normal. Ne vous imaginez pas que vous pouvez avoir un télé-couleurs qui va toujours bien fonctionner sans réparations. (Manipulation: "Vous êtes un ignorant, vous ne connaissez rien là-dedans, cessez de vous plaindre.").

MARCEL: Je vous dis que mon téléviseur n'a jamais bien fonctionné et j'en veux un qui fonctionne. (Disque brisé).

GÉRANT: Excusez-moi, j'ai un autre appel. (Tentative d'évasion!).
(Cinq minutes plus tard.)

GÉRANT: Excusez-moi, je suis très occupé et j'aimerais bien que nous puissions régler votre problème rapidement. (Tentative d'évasion).

MARCEL: Je vous comprends; je suis, moi aussi, très occupé et j'aimerais bien moi aussi, que nous puissions régler mon problème rapidement et de façon satisfaisante.

GÉRANT: Bon, que disions-nous?

MARCEL: Je vous disais que je veux que vous remplaciez mon téléviseur. (Disque brisé).

GÉRANT: Non, c'est tout à fait impossible. On ne peut pas faire ça. (Tentative de culpabilisation: "Vous me demandez l'impossible, soyez raisonnable.").

MARCEL: Je comprends que c'est difficile pour vous d'accepter cela, mais, moi, j'ai payé pour un téléviseur et je veux en avoir un qui fonctionne. (Affirmation de soi empathique et disque brisé).

GÉRANT: D'accord, je vais vous envoyer un technicien qui va tout vous arranger ça. (Manipulation: il ignore la demande.).

MARCEL: Non, vous l'avez déjà fait quatre fois, et là, je veux un autre téléviseur. (Disque brisé).

GÉRANT: Mais, c'est impossible. Écoutez, si vous achetez une auto et que vous avez des problèmes avec cette auto, vous allez chez votre concessionnaire et il vous la répare, c'est tout. Vous ne demandez pas qu'il vous la change. (Manipulation: il tente de s'éloigner du sujet.).

MARCEL: Pour le moment, il ne s'agit pas de mon auto, mais de mon téléviseur qui fonctionne mal depuis que je l'ai et je veux que vous me le remplaciez. (Disque brisé).

GÉRANT: Mais, vous exagérez, il a bien fonctionné pendant quelques mois et c'est tout à fait normal qu'il ait besoin d'être réparé de temps en temps. (Manipulation: "Vous êtes un ignorant et un plaignard.").

MARCEL: Comprenez-moi bien, ce téléviseur a presque toujours été défectueux depuis que je l'ai et j'en veux un bon. (Disque brisé).

GÉRANT: Quelle sorte de travail vous faites, vous? (Tentative d'évasion).

MARCEL: C'est pas ça, la question. Le problème là, c'est que ma garantie se termine bientôt (Information) et je veux que vous me remplaciez le téléviseur que j'ai acheté, avant que ma garantie ne soit terminée. (Disque brisé).

GÉRANT: Mais, vous dites toujours la même chose. (Tentative de culpabilisation: "Il faut être fou pour tenir autant à son idée.").

MARCEL: Absolument, puisque la seule solution que je vois à mon problème, c'est que vous changiez mon téléviseur. (Disque brisé).

GÉRANT: Bon, je vais ajouter trois mois à votre garantie. (Tentative d'évasion ou de compromis?).

MARCEL: Ce n'est pas ça qui va faire fonctionner mon appareil.

GÉRANT: Et je vais vous envoyer mon meilleur technicien pour le réparer.

MARCEL: Non, vous l'avez déjà fait; ça n'a rien donné. Et, maintenant, je veux un bon appareil. (Disque brisé).

GÉRANT: Bon, je vais vous acheter votre appareil au prix qu'il vaut actuellement et ça peut vous coûter environ $100. de plus pour en avoir un neuf. (Offre de compromis ou manipulation?). Ça, on ne fait jamais ça, mais je vais le faire pour vous. C'est le mieux que je peux faire. (Manipulation: "Vous voyez comme je suis plein de bonne volonté.").

MARCEL: Non, j'ai déjà payé pour avoir un bon appareil. Et c'est ça que je veux: que vous m'en donniez un bon. (Disque brisé).

GÉRANT: Écoutez, ce que je peux faire, c'est aller chercher votre appareil et vous en prêter un pendant que nous allons réparer le vôtre. Nous allons vérifier toutes les pièces ici au laboratoire et je vous garantis qu'il sera très bien réparé. Et j'ajoute trois mois à votre garantie et si, d'ici là, il est encore défectueux, rappelez-moi. (Offre de compromis).

MARCEL: Bon, d'accord. (Acceptation du compromis). Je voudrais que vous m'envoyez ce prolongement de ma garantie par écrit.

GÉRANT: D'accord.

MARCEL: Quand viendrez-vous chercher mon téléviseur?

GÉRANT: Vendredi prochain. Quelle est votre adresse?...

Deux semaines plus tard, son téléviseur était réparé et, trois mois plus tard, il fonctionnait encore très bien.

Vous pouvez voir, dans ce dialogue, comme il est important, dans certaines situations, d'être persistant et de répéter calmement ce que nous voulons pour être respectés et pour arriver à une entente satisfaisante. Quand, dans le dialogue, le gérant de service cherchait à s'éloigner du sujet ou à miser sur l'ignorance de Marcel pour l'amener à changer d'idée, Marcel n'hésitait pas à employer la technique du disque brisé pour communiquer efficacement ce qu'il voulait et ne pas se laisser entraîner dans des sujets secondaires. Il faisait cela sans accuser ou blâmer le gérant, ce qui n'aurait fait probablement qu'envenimer les choses. Il est arrivé ainsi à un compromis qui lui apparaissait acceptable à ce moment-là. De plus, il se sentait sûrement satisfait d'avoir résisté aux manipulations du gérant de service. S'il n'avait pas su résister, il se serait senti dépassé, ne sachant pas quoi faire, mal pris avec un téléviseur qui fonctionnait mal et non respecté dans ses droits.

Exercice 42. Le disque brisé

Il est important de pratiquer cette technique pour arriver à la maîtriser. Pour cela, faites un jeu de rôle avec une autre personne. Ce jeu de rôle peut porter sur une relation superficielle, comme une relation d'ordre commercial: par exemple, un vendeur de porte à porte qui veut vous vendre une encyclopédie, ou une voisine qui vous demande un service (lui prêter votre auto ou garder son bébé) que vous ne pouvez pas lui rendre, ou un vendeur à qui vous voulez remettre une marchandise défectueuse. Si vous pouvez trouver une situation que vous avez vécu récemment, c'est encore mieux. Enfin, si vous ne trouvez personne pour faire cet exercice, vous pouvez le pratiquer en imagination.

En plus de pratiquer cette technique sous forme de jeux de rôles, n'hésitez pas à la pratiquer dans la vie quotidienne et, d'abord, dans les relations superficielles; par exemple, si un colporteur se présente chez vous, au lieu de fermer la porte, profitez-en pour pratiquer la technique du disque brisé. Ou encore, si quelqu'un vous téléphone pour vous vendre quelque chose, ne raccrochez pas, mais pratiquez la technique du disque brisé pour arriver à maîtriser davantage cette procédure.

Il y a évidemment des situations où il est inutile et même dangereux d'employer cette technique. Par exemple, au cours d'un hold-up, il est inutile de dire qu'il ne faut pas chercher à s'affirmer; donnez l'argent demandé, vous n'avez pas le choix. N'essayez pas non plus d'obtenir des choses impossibles, comme de retourner un article cinq ans après l'avoir acheté, sous prétexte qu'il est défectueux depuis un mois.

Il faut, bien sûr, prendre garde de ne pas employer cette procédure à tout propos et d'une façon désagréable. Il ne faut pas s'en servir comme d'un moyen de manipuler les autres, de ne pas les écouter quand ils expriment des droits légitimes ou des points de vue personnels. Ce point est extrêmement important. Les différentes façons d'agir que vous apprenez ici sont peu valables si vous n'apprenez pas à bien juger quand et comment vous en servir. Si vous vous en servez mal ou au mauvais moment, cela peut être inefficace et désagréable pour vous comme pour les autres. Il faut donc souvent se demander s'il est approprié d'agir de telle ou telle façon dans telle situation et profiter de ses erreurs pour imaginer et apprendre de nouvelles façons d'agir à l'avenir. Enfin, dans plusieurs relations, surtout dans des relations plus personnelles, il est important d'être plus souple et d'employer aussi d'autres moyens de communication, que nous étudierons dans d'autres parties du livre ou que nous avons déjà étudiés.

Exprimer ses demandes d'une façon positive

L'expression de mes demandes peut se faire d'une façon positive. Il est important que je transforme mes sentiments négatifs en suggestions positives pour arriver à une solution des problèmes. Par exemple, je peux exprimer directement un sentiment négatif, en disant: "Je me sens dévalorisé et peu important pour toi, parce que tu ne me demandes jamais ce que j'ai fait durant la journée." Mais il est important qu'à un moment donné, je transforme cela en suggestion positive, en disant: "J'aimerais que tu me demandes plus souvent ce que j'ai fait durant la journée et que je puisse ainsi partager avec toi des choses heureuses comme des choses malheureuses."

Exercice 43. Pratique des demandes en imagination

Détendez-vous et imaginez que vous faites des demandes aux gens autour de vous d'une façon affirmative, c'est-à-dire d'une façon directe et amicale, avec un bon contact des yeux et une voix suffisamment forte.

Exercice 44. Pratique des demandes dans la réalité

Exercez-vous d'abord à faire des demandes faciles à des personnes que vous ne connaissez pas beaucoup. Voici des exemples:

— Demandez à quelqu'un son opinion sur un sujet assez général.

— Demandez de clarifier ou d'apporter plus d'explications sur ce qu'il a dit.

— Demandez une faveur.

— Demandez une légère modification de comportement (par exemple: parler plus fort).

Ensuite, faites des demandes à une personne plus intime. Voici des exemples:

— Demandez-lui son opinion sur un sujet qui vous intéresse.

— Suggérez une activité à faire ensemble.

— Demandez un compliment qui semble justifié.

— Demandez une faveur.

— Demandez un changement de comportement.

Pratiquez-vous à utiliser le "je" et non le "tu". Par exemple, dites: "Je voudrais aller au cinéma. Veux-tu venir avec moi?" et non "Voudrais-tu aller au cinéma?" Ou encore: "J'aimerais que tu baisses le volume de la musique" et non "Baisse le volume."

Comment dire "non" à des demandes

La difficulté de dire "non" clairement et poliment à des demandes peut rendre notre vie difficile, nous amener à éviter des gens, par peur qu'ils ne nous fassent des demandes ou par peur de nous sentir obligés de faire des choses que nous n'avons pas le goût de faire.

Nous avons le droit de disposer de nous-mêmes, de notre temps et de ce que nous possédons comme bon nous semble, dans la mesure où nous ne faisons pas de tort à autrui et où nous sommes responsables des conséquences de nos actes. Par conséquent, c'est à nous de décider si nous acceptons ou refusons de répondre aux demandes des autres.

Penses-tu qu'c'est comme ça qu'tu vas m'avoir à soir
Tu peux ben passer la nuit sur mon trottoir
Mais tu viendras pas dormir dans mon dortoir
Tu peux ben chanter pis gratter ta guitare
Moi ça m'dérange pas j'me couche toujours ben tard
Tu peux ben attraper l'rhume sur mon trottoir
Mais tu viendras pas t'moucher dans mon mouchoir

Essaye donc d'rentrer voir à qui t'as affaire
Tu vas t'faire sortir la tête la première
Tu peux garder tes fleurs pis tes bonbonnières
Ça m'fait pas penser à toi dans mes prières

Depuis l'temps que je r'fuse de te satisfaire
Tu peux ben grimper après les lampadaires

Tu peux ben t'frapper la tête sur mon trottoir
Mais tu viendras pas bouder dans mon boudoir

"Rill pour rire"
Paroles de Luc Plamondon
pour Diane Dufresne
©Éditions Mondon

Dans certaines situations, il peut être difficile de connaître ses droits et il faut se servir de son jugement! Quand je ne suis pas sûr si mes droits sont respectés dans une situation donnée, je peux me demander: "Est-ce qu'on me traite d'une façon équitable et juste, sans discrimination à cause de mon statut social, économique ou professionnel, de mon sexe, de ma race, de ma religion ou de mon éducation? Est-ce qu'on respecte mon droit de prendre mes propres décisions à propos de ce qui me regarde?" Si la réponse est non, il est alors important de m'affirmer tout en tenant compte des conséquences négatives possibles, des risques que je prends en m'affirmant. Il est important de bien prendre conscience de ces risques. Un des principaux risques, c'est que les gens qui ont l'habitude de ne pas respecter les droits des autres n'aiment pas me voir agir ainsi. C'est souvent un risque à prendre si je veux me sentir bien dans ma peau, respecté des autres et de moi-même. La plupart des gens vont probablement répondre favorablement à mon désir de faire respecter mes droits, si je le fais d'une façon appropriée.

Afin de diminuer la possibilité de conséquences négatives quand j'ai à défendre mes droits, il est important de le faire d'abord en étant très poli et compréhensif et de devenir de plus en plus ferme si l'autre ne semble pas comprendre (affirmation de soi progressive). En voici un exemple: deux femmes, Marie et Colette, mangent dans une brasserie et un homme, M. Lejeune, vient leur offrir une bière:

M. LEJEUNE: Bonjour, mesdemoiselles. Je vous offre une bière. Vous voulez prendre une bière avec moi?

MARIE: Vous êtes très gentil, mais nous sommes venues ici pour parler toutes les deux ensemble. Merci quand même.

M. LEJEUNE: Allons, une petite bière. Ça prend quinze minutes. Je ne vous dérangerai pas longtemps.

MARIE: Non, merci. Nous préférons continuer à parler ensemble toutes les deux.

M. LEJEUNE: Allons donc! Il faut être plus sociable que ça. Garçon, trois bières.

MARIE: Monsieur, je vous le dis pour la troisième et dernière fois: nous ne voulons pas que vous veniez vous asseoir avec nous. S'il vous plaît, laissez-nous.

Dans cet exemple, le refus final est très ferme et affirmatif, parce que l'homme n'a pas tenu compte des premières affirmations plus polies. Si Marie avait commencé par la troisième phrase, cela aurait été inapproprié et agressif.

Exercice 45. L'affirmation de soi progressive

Il est très important de pratiquer cette façon de s'affirmer en étant d'abord très poli et compréhensif et en devenant de plus en plus ferme si l'autre ne comprend pas. Avec une autre personne ou en imagination, faites un jeu de rôle portant sur une relation superficielle, comme une relation d'ordre commercial. Si vous pouvez trouver une situation que vous avez vécue récemment ou que vous allez vivre prochainement, c'est préférable. Puis, pratiquez-vous à dire "non" à l'aide de l'affirmation de soi progressive. Si vous avez beaucoup de difficultés à dire "non", il serait souhaitable de commencer par faire des observations précises sur ce comportement (voir le premier chapitre).

Il est important que je puisse dire exactement ce que je pense ou ressens face à une demande, que je puisse dire "oui" quand je pense "oui", que je puisse dire "non" quand je pense "non" et que je puisse dire "peut-être" quand je pense "peut-être". Ceci me permet de me respecter en prenant moi-même mes décisions, en dirigeant moi-même ma vie, en évitant de me sentir manipulé et en évitant de m'engager dans une action sans le vouloir vraiment pour le regretter ensuite. Les gens qui se sentent constamment manipulés ne s'aperçoivent généralement pas que leurs réponses vagues et indécises encouragent les autres à les manipuler. À ce propos, une recherche de Eisler, Miller et Hersen montre qu'une des différences importantes entre les gens qui s'affirment et ceux qui ne s'affirment pas, c'est la capacité de dire "non" à des demandes auxquelles ils ne veulent pas répondre (par exemple, refuser d'acheter une chose dont ils n'ont pas besoin).[2]

Certains peuvent penser que ce n'est pas correct de dire "non", qu'il faut plaire à tout le monde à tout prix, que les autres vont les haïr s'ils refusent de répondre à leurs demandes. Cela peut arriver, mais ceux qui ne nous aiment pas si nous disons "non" ne sont sans doute pas de vrais amis. Il doit être clair pour nous et pour les autres qu'ils ont le droit de faire des demandes et que nous avons le droit de dire "non".

Bien sûr, il y a des situations où il n'est pas correct de dire "non", par exemple si nous avons une responsabilité ou si nous nous sommes engagés à faire quelque chose. Mais, même dans ces cas-là, il faut bien examiner si nous pouvons nous permettre d'exercer notre droit de changer d'idée, tout en en prenant la responsabilité.

Certains peuvent penser qu'il est impossible de dire "non" d'une manière polie et même amicale et sans se fâcher. Mais cela est faux. Quand nous refusons de répondre à une demande, nous pouvons le faire de façon directe et polie, tout en évitant d'être manipulés par des flatteries, des pressions culpabilisantes, des menaces ou des insultes. Il n'est pas non plus nécessaire de s'excuser. Par exemple, si nous ne voulons pas prêter d'argent à quelqu'un, il suffit de dire: "Non. J'ai besoin de tout mon argent de ce temps-ci." Et c'est tout. Si nous nous excusons, l'autre peut tenter de contredire nos raisons, et de nous manipuler avec *ses* bonnes raisons. D'autre part, s'il fait cela, nous n'avons qu'à répéter calmement ce que nous venons de dire ("disque brisé") ou à montrer nos sentiments face à son insistance ou face à son besoin. On peut même lui suggérer des alternatives: "Peut-être que tu pourrais en emprunter à la banque." Voici un dialogue où l'on retrouve ces différents éléments:

---

2) EISLER, R.M., MILLER, P.M. et HERSEN, M., Components of assertive behavior, *Journal of clinical psychology, 29,* pp. 295-299, 1973.

ROGER:	Salut. Pourrais-tu me prêter $5. pour que je puisse aller manger et m'acheter un paquet de cigarettes?
ALAIN:	Non. Tu me dois déjà plusieurs $5.
ROGER:	Ah! Écoute! Je sais que tu es plus généreux que ça.
ALAIN:	Non. Je ne te prêterai pas d'argent.
ROGER:	Qu'est-ce qu'il y a? Ça ne va pas aujourd'hui?... Tu es vraiment avare.
ALAIN:	C'est possible, mais je ne te prêterai pas d'argent.
ROGER:	J'ai tellement faim. Tu sais bien que je ne te demanderais rien si je n'en avais pas besoin.
ALAIN:	Je comprends bien que tu as faim, mais je ne te prêterai pas d'argent.
ROGER:	Je te promets que c'est la dernière fois que je t'emprunte de l'argent et que je vais tout te remettre demain.
ALAIN:	Je suis heureux que tu puisses me remettre ce que tu me dois, mais je ne te prêterai pas d'argent aujourd'hui.
ROGER:	Ça me fâche beaucoup que tu me refuses un pauvre $5.
ALAIN:	Je comprends que tu sois déçu, mais ma décision est finale.

Quand quelqu'un vous fait une demande, soyez d'abord certain de la comprendre. Au besoin, demandez que la demande soit clarifiée. Vous avez le droit de bien comprendre ce qu'on vous demande avant de prendre une décision. Attention aux gens qui vous font sentir que vous n'êtes pas intelligent si vous ne comprenez pas tout de suite!

Quand vous avez bien compris, vous n'êtes pas nécessairement obligé de prendre une décision immédiatement. Vous pouvez dire: "Je vais y penser et je te donnerai une réponse plus tard." Certains vendeurs peuvent, par exemple, vous pousser à prendre une décision rapide sans que vous n'ayez le temps de réfléchir. Il faut savoir résister à ces pressions. Évidemment, quand vous avez décidé de dire "oui" ou "non", il ne faut pas remettre à plus tard uniquement par peur de le dire. Mais, quand vous n'êtes pas certain, il est bon de prendre le temps d'y réfléchir.

Voici enfin quelques exemples de réponses que vous pouvez donner quand quelqu'un insiste pour que vous disiez "oui" à sa demande.

1) Une réponse empathique qui porte sur le contenu: "Je comprends que tu désires telle chose..."

2) Une réponse empathique qui porte sur le processus: "Je regrette que tu persistes. Je trouve que tu ne respectes pas ma décision."

3) Une demande de changement: "J'aimerais vraiment que tu cesses d'insister."

Dans le dialogue précédent, il y a d'autres exemples de réponses possibles à quelqu'un qui insiste.

Exercice 46. Demandes et refus.

Voici un exercice que vous pouvez faire d'abord en imagination, puis, si possible, avec une autre personne. Choisissez un objet que vous ne voulez pas prêter. L'autre personne vous le demande d'une façon directe et sur un ton amical. Vous répondez "non" sans vous justifier. Vous pouvez, cependant, montrer que vous comprenez le besoin de l'autre, tout en refusant de le satisfaire.

Ensuite, l'autre demande le pourquoi du refus; vous devez vous sentir libre de donner ou non des explications. Puis, l'autre met en doute la valeur des explications données ou tente de vous manipuler par des flatteries, des pressions culpabilisantes, des menaces ou des insultes ou encore insiste exagérément. Vous lui répondez d'une façon affirmative.

Ensuite, changez de rôle. Vous pouvez enregistrer vos dialogues et discuter de la valeur de vos réponses.

Durant les prochains jours, pratiquez-vous à faire ou à refuser des demandes. Par exemple, entrez dans un restaurant et demandez un verre d'eau, sans prendre autre chose. Si on vous refuse, dites "Bon, d'accord" et quittez tout simplement. Si on vous le donne, remerciez.

Quand une demande vous paraît désagréable ou quand vous êtes certain de ne pas vouloir y répondre, dites-le immédiatement: "Non, je ne veux pas", ou "Non, je n'aime pas cela", ou "Non, pas tout de suite." Vous arriverez ainsi plus facilement à "dédramatiser" vos refus, autant pour vous que pour les autres.

Résumé

Il se peut que nous ayons de la difficulté à faire des demandes parce que nous craignons de déranger les autres ou de nous faire dire "non" ou parce que nous croyons que les autres doivent deviner nos besoins.

Pour faire une demande de façon adéquate, il faut d'abord connaître nos besoins et les exprimer de façon claire et persistante. Certaines procédures peuvent nous aider à ce niveau, et, en particulier, la technique du "disque brisé" et la transformation des sentiments négatifs en suggestions positives.

En ce qui concerne la réponse aux demandes d'autrui, la principale difficulté consiste souvent à dire "non" quand nous ne voulons pas acquiescer à une demande. L'affirmation de soi progressive constitue une procédure de base pour arriver à dire "non" sans trop d'anxiété et en faisant respecter nos droits et nos sentiments. De plus, quand l'autre personne insiste exagérément pour que sa demande soit satisfaite, nous pouvons faire soit une réponse empathique qui porte sur le contenu ou le processus d'insistance, soit une demande de changement de comportement chez l'autre.

Les critiques constituent un type de demandes, teintées de forts sentiments négatifs, auxquelles il est souvent difficile de répondre de façon affirmative. C'est ce que nous analyserons dans le prochain chapitre.

Chapitre 10

Répondre aux critiques

Réactions typiques à la critique

Très souvent, quand quelqu'un nous critique, nous avons une réaction typique: nous nous sentons mal à l'aise, anxieux, nous rougissons, nous sommes paralysés, puis si nous sortons de cette stupeur, nous nions automatiquement la critique et nous contre-attaquons en critiquant l'autre à notre tour. Que la critique soit vraie ou fausse, exagérée ou juste, peu importe, nous avons toujours à peu près cette même réaction de défense, qui est évidemment tout le contraire d'un comportement affirmatif.

Mais que voulons-nous défendre? D'ordinaire, nous voulons défendre l'image que nous nous faisons de nous-mêmes ou l'image que les autres se font de nous-mêmes. Nous voulons préserver cette image, pour qu'elle soit sans tache, admirable et admirée. Si nous acceptons d'avoir fait une erreur ou si les autres croient que nous ne sommes pas parfaits, notre image a une tache, et cela nous apparaît terrible. D'un coup, il n'y a que cela d'important. Tout ce que nous avons de positif ou tout ce que l'autre peut voir de positif en nous, nous l'oublions; nous ne voyons que cette "terrible tache" que l'autre veut imposer à l'image que nous avons si bien su conserver et préserver. Pour arriver à avoir un comportement affirmatif face aux critiques, il faut donc changer notre façon de penser face aux erreurs que nous faisons, c'est-à-dire changer nos autoverbalisations. Voici quelques principes (ou critiques constructives) que nous proposent Lazarus et Fay [1]:

1) Il faut rejeter cette idée que nous devons être aimés par tout le monde et toujours. Si, en étant honnêtes et affirmatifs, nous perdons l'amitié de quelqu'un, ce n'était pas vraiment de l'amitié. De plus, en essayant d'être aimés par tout le monde, nous finissons par ne pas nous aimer nous-mêmes. Et si nous ne nous aimons pas nous-mêmes, comment pouvons-nous espérer que les autres nous aiment?

2) Il faut considérer que c'est souvent en faisant des erreurs que nous apprenons et qu'il est important de connaître nos erreurs et d'en profiter pour apprendre. Il est même souhaitable et nécessaire de faire des erreurs; car, celui qui n'en fait jamais, c'est qu'il n'a jamais rien risqué et qu'il a peu de chances d'évoluer et de faire des choses intéressantes. Alors, quand quelqu'un nous critique, il faut savoir l'écouter pour ensuite décider si nous voulons changer ou non. Si l'autre nous insulte, il faut se dire qu'il n'a pas compris que c'est une bonne chose de faire des erreurs et que c'est souvent la seule façon d'apprendre et d'évoluer.

3) Il faut aussi considérer qu'il est impossible d'être bon dans tout, à tout moment. Ne perdons pas notre temps à faire croire que nous sommes parfaits dans tout et que nous ne faisons jamais d'erreurs. Nous serons les seuls à y croire. Si nous pouvons dire clairement "C'est vrai que je ne suis pas capable de faire telle chose parfaitement", nous serons

---

1) LAZARUS, A. et FAY, A., *Qui veut peut,* Éditions Saint-Yves, Québec, 1979.

généralement apprécié pour notre honnêteté beaucoup plus que si nous essayons de cacher nos erreurs et nos limites.

Malheureusement, nous avons souvent appris à nous sentir coupables et anxieux si nous faisons des erreurs, si nous ne sommes pas parfaits, si notre image n'est pas parfaite, et nous nous défendons contre une telle possibilité. Nous contre-attaquons et l'autre, voyant à son tour son image mise en cause, se sent lui aussi anxieux et attaque à nouveau. Une telle situation se continue en une escalade d'injures où chacun se fait mal et cela finit par détériorer la relation interpersonnelle. En voici un exemple qui pourrait être tiré de la vie quotidienne de plusieurs couples:

CLAUDETTE: Tu as encore oublié de fermer le tube de pâte dentifrice.

ALPHONSE: Ah oui! Qui te dit que ce n'est pas Claude?

CLAUDETTE: Tu laisses toujours tout traîner.

ALPHONSE: Je te demande bien pardon! Qui laisse toujours traîner l'argent partout?

CLAUDETTE: Bien, c'est rare que...

ALPHONSE: Ça paraît que ce n'est pas toi qui le gagnes.

CLAUDETTE: En tout cas, moi j'en ai assez de ramasser vos affaires.

ALPHONSE: Bah! Tu n'as que ça à faire.

CLAUDETTE: Évidemment, moi je ne prends pas le temps de boire une bière, de lire les journaux, puis de regarder la télévision toute la soirée.

ALPHONSE: Puis, moi je ne passe pas ma journée à parler au téléphone.

CLAUDETTE: Je ne comprends pas pourquoi tu n'as plus le temps, comme avant, de parler avec moi le soir. On dirait que tu ne m'aimes plus.

ALPHONSE: Puis toi, penses-tu que tu m'aimes quand tu ne me laisses pas me reposer cinq minutes le soir. Il y a toujours quelque chose à faire: sortir les vidanges, faire des réparations, chicaner les enfants. Tu me trouves du travail à tous les soirs.

CLAUDETTE: Je ne peux pas tout faire, moi.

ALPHONSE: Ah! Tu ne comprendras jamais rien. J'ai beau expliquer, tu ne comprends rien.

CLAUDETTE: Puis toi, penses-tu que tu me comprends?

ALPHONSE: Moi, j'en ai assez de tes maudites chicanes. Si j'avais su que c'était ça, le mariage...

CLAUDETTE: Je le sais bien que tu ne m'aimes plus.

ALPHONSE: Essaye donc de trouver quelqu'un qui pourrait t'endurer comme moi, si tu es capable.

CLAUDETTE: Je pourrais en trouver n'importe quand, mais on ne peut pas en dire autant de toi.

ALPHONSE: Tu ne t'es pas regardée: tu n'as plus tes charmes de vingt ans...

Cette façon typique de réagir aux critiques peut détruire des couples au départ très unis et des amitiés très valables. Même des gens très sensibles et d'ordinaire très compréhensifs peuvent parfois ne pas comprendre l'autre et dire des choses blessantes, de sorte que si nous réagissons de façon défensive et non de façon affirmative, nous pouvons perdre des amis très importants, tout en cultivant une image très négative de nous-mêmes.

Savoir répondre de façon affirmative aux critiques, c'est très important, mais c'est parfois complexe. Il faut avoir à notre disposition un bon répertoire de réponses pour pouvoir faire face aux critiques vraies ou fausses dans différentes relations. Nous allons voir quelques techniques qui peuvent nous permettre de maintenir des relations interpersonnelles en même temps qu'une image positive de nous-mêmes, face aux critiques. Ces techniques seront étudiées de façon isolée pour bien les apprendre, mais dans la réalité, il faut souvent les combiner. C'est en les pratiquant dans la vie quotidienne que vous découvrirez quand les employer et quelles techniques vous conviennent le mieux.

Types de critiques

Nous pouvons considérer qu'il y a trois types de critiques:
1) les critiques qui sont complètement *fausses;* par exemple, on vous accuse d'une erreur que vous n'avez pas commise;
2) les critiques qui sont *justes* et raisonnables et qui sont souvent de simples constatations; par exemple, on vous dit "Tu as l'air gêné devant ton patron", alors que véritablement vous rougissez et vous vous sentez gêné devant votre patron;
3) les critiques vagues, qui contiennent une partie de vérité ou qu'on pourrait faire à peu près à tout le monde; par exemple, "Ton travail est loin d'être parfait. Tu aurais besoin d'un recyclage." Ces dernières sont sans doute celles qui créent le plus d'anxiété et de conflits interpersonnels.

Il est aussi important de voir la différence entre des critiques qui sont faites pour aider ou pour se faire respecter et d'autres, pour blesser. On ne répond pas de la même façon à quelqu'un qui veut nous aider ou se faire respecter et à quelqu'un qui cherche à nous blesser. Mais comment reconnaître les gens malicieux, hargneux et querelleurs, qui font semblant de nous faire des critiques constructives? Par le fait qu'ils ne nous donnent pas de répit et n'ouvrent la bouche que pour critiquer; de plus, ils sont souvent incapables d'accepter eux-mêmes d'être critiqués. Nous verrons plus loin comment ne pas nous laisser tyranniser par eux et aussi comment agir avec les gens qui nous font des critiques vraiment constructives.

Procédure générale pour répondre aux critiques

Avant d'étudier des procédures particulières aux différents types de critiques, voici d'abord une façon d'agir qu'il est bon d'employer généralement quand quelqu'un vous critique [2]:

---

2) WEINBERG, G., The fine art of complaining, *In* L.L. Barker (Ed.), *Communication vibrations,* Prentice-Hall, Englewood Cliffs, N.J., 1974.

1) Écoutez l'autre; soyez silencieux, attentif et regardez-le directement.

2) Répétez le contenu de sa critique pour vérifier si vous avez bien compris. Puis, au besoin, faites préciser ce que l'autre vous dit, au lieu d'essayer de deviner ce qu'il veut dire.

3) Évitez d'avoir l'air complètement découragé ou enragé ou amusé par la critique de l'autre. Évitez de minimiser, exagérer ou ridiculiser ce que l'autre vous dit. Répondez à ce que l'autre dit et non à ce que vous pensez qu'il veut dire.

4) Évitez de critiquer l'autre à votre tour et de contre-attaquer. Si vous avez une critique à faire à l'autre, attendez d'être tous les deux certains que vous avez bien compris la critique de l'autre et qu'il y a une bonne communication entre vous relativement à la critique de l'autre.

Exercice 47. Procédure générale pour répondre aux critiques

Pratiquez en imagination ou avec une autre personne la procédure générale décrite précédemment. Vous pouvez enregistrer votre conversation et analyser ensuite si vous avez bien respecté tous les points de la procédure générale.

Comment répondre aux critiques fausses

Devant une critique complètement fausse, la première démarche consiste à nier directement en employant la procédure du disque brisé (Chapitre 9) et en évitant de contre-attaquer. Voici, comme exemple, un dialogue qui se passe entre deux jeunes hommes qui partagent un appartement:

SIMON: Tu as encore cassé une tasse.

MAURICE: Non.

SIMON: Mais oui. Regarde là, près de ton pupitre.

MAURICE: Je vois bien, mais ce n'est pas moi qui l'ai cassée. (Disque brisé).

SIMON: Voyons! Elle ne s'est pas cassée toute seule.

MAURICE: J'en suis aussi sûr que toi, mais ce n'est pas moi qui l'ai cassée. (Disque brisé).

Si l'autre devient très insistant et semble avoir une mauvaise perception de la situation, vous pouvez, en plus, lui suggérer une autre façon de voir la situation, lui *donner de l'information*.

SIMON: Tu es le seul à être passé par ici; c'est sûrement toi qui l'as cassée.

MAURICE: Essaie de voir s'il n'y a pas d'autres raisons pour expliquer que la tasse soit cassée: la fenêtre est ouverte; c'est peut-être un coup de vent ou un chat qui a jeté la tasse par terre. (Information). En tout cas, ce n'est pas moi qui l'ai cassée. (Disque brisé).

Il peut arriver que le fait de donner de l'information ne fasse qu'envenimer les choses en suscitant une discussion inutile. Vous pouvez alors exprimer vos sentiments face aux critiques injustifiées, en employant la procédure de la *révélation de soi*. Il s'agit de dire clairement et honnêtement ce que vous ressentez. C'est probablement la plus importante procédure d'affirmation de soi; elle est souvent très efficace et comporte peu de risques. Il s'agit simplement de se demander "Qu'est-ce que je ressens face à ce qui se passe actuellement?" et de le dire à l'autre. En voici un exemple:

SIMON: C'est sûrement toi qui l'as cassée et tu ne veux pas l'avouer. Ton histoire de coup de vent ou de chat ne tient pas debout. Tu ne veux tout simplement pas avouer.

MAURICE: Je suis très déçu que tu ne me fasses pas confiance et que tu ne me croies pas (Révélation de soi), mais je t'affirme que ce n'est pas moi qui ai cassé la tasse. (Disque brisé).

Exercice 48. Réponse aux critiques fausses

Vous pouvez faire cet exercice en imagination ou avec une autre personne. Choisissez une situation où vous êtes critiqué d'une façon injustifiée. Répondez par les procédures du disque brisé, de l'information et de la révélation de soi. Comme il est particulièrement difficile de maîtriser les procédures de réponse aux critiques, il peut être très utile, dans cet exercice et dans les suivants, de vous enregistrer et d'analyser ensuite vos réponses.

Si, malgré les procédures du disque brisé, de l'information et de la révélation de soi, l'autre continue à vous accuser faussement, vous pouvez employer la technique de l'*enquête négative* ("negative inquiry"). Cette technique consiste à répondre à toute critique en demandant toujours calmement si vous avez fait autre chose de déplaisant et en assurant l'autre que vous tenez à connaître tous les défauts que vous pouvez avoir *selon lui.* Voyons ce que cela peut donner dans le même dialogue entre Simon et Maurice:

SIMON: C'est tellement évident que c'est toi qui as cassé la tasse que je me demande pourquoi tu continues à le nier.

MAURICE: Bon écoute! Est-ce que tu as autre chose à me reprocher? (Enquête négative).

SIMON: Vois-tu! Je ne te chicane pas seulement pour cette tasse-là. Ça arrive souvent que tu brises des choses dans l'appartement.

MAURICE: C'est possible. Est-ce que je fais autre chose qui te déplaît en plus de ça? (Enquête négative).

SIMON: Ah, mon vieux! Tu laisses toujours tout traîner.

MAURICE: Qu'est-ce que je laisse traîner en particulier? (Enquête négative).

SIMON: Ton manteau, tes bottes, ton parapluie...

MAURICE: Il y a encore autre chose? (Enquête négative).

SIMON: Les papiers sur ton bureau; en tout cas, un paquet de choses...

MAURICE: Peux-tu me dire ce que c'est, ce paquet de choses que je laisse traîner? (Enquête négative).

SIMON: Bien... Il y a tes revues *Playboy* que tu laisses sur ton bureau. Quand mon amie vient, elle n'aime pas ça.

MAURICE: D'accord. Il y a autre chose? (Enquête négative).

SIMON: Bien... C'est surtout tes revues *Playboy* qui me dérangent. Tu comprends, mon amie pense que c'est moi qui m'intéresse à ça. (Remarquez que la technique de l'enquête négative peut aussi aider l'autre à s'exprimer plus franchement.).

MAURICE: Écoute! Je vais les ranger dans mon tiroir à chaque fois qu'elle viendra. Et si je ne suis pas là, je te permets de le faire. (Offre de compromis).

SIMON: Oui, j'aimerais mieux ça.

MAURICE: Maintenant, est-ce qu'il y a encore autre chose que je fais et qui te déplaît? (Enquête négative).

SIMON: Non, je ne pense pas. Si mon amie ne voit pas tes revues *Playboy*, je pense que tout est "correct". Dans le fond, les autres choses que je t'ai reprochées, ce n'est pas très grave!

MAURICE: Si jamais il y a autre chose, ne te gêne pas pour me le dire. (Enquête négative).

SIMON: Sais-tu, je pense à ça!... Mon amie est venue ici il y a dix minutes. C'est peut-être elle qui a brisé la tasse. Je sais qu'elle a vu tes revues *Playboy*. Elle était fâchée, puis elle a claqué la porte. C'est peut-être le courant d'air qui a fait tomber la tasse.

MAURICE: Oui, je vois... Tu as des problèmes avec ton amie, il me semble.

SIMON: Ah! Tu parles! Elle est toujours en train de me reprocher des choses que je n'ai même pas faites. Par exemple, elle dit que je m'intéresse plus aux filles de *Playboy* qu'à elle. Ah! Ça m'énerve!

MAURICE: Écoute! Tu devrais peut-être suivre un entraînement en communication et en affirmation de soi. Ça t'aiderait à répondre aux critiques fausses de ton amie et à mieux t'entendre avec elle! (Information!).

Exercice 49. L'enquête négative

Continuez l'exercice précédent en employant surtout la technique de l'enquête négative.

Après avoir employé ces différentes procédures, si l'autre continue toujours avec la même accusation, il n'y a qu'une solution: terminer la conversation de la façon la plus calme possible:

SIMON: Je demeure convaincu que c'est toi qui l'as cassée.

MAURICE: Je ne vois pas la nécessité de continuer la conversation si c'est la seule chose que tu as à me dire. Je serai heureux de t'écouter quand tu sauras vraiment pourquoi cette tasse est brisée. (Révélation de soi).

Voici enfin quelques remarques générales. Quand vous êtes critiqué, demeurez le plus détendu possible, prenez le temps de penser à ce que vous allez dire, mais ne restez pas muet en vous disant "Il faut absolument que j'évite les querelles." Vous devez réagir pour être respecté et, en pratiquant les procédures d'affirmation de soi, vous pourrez réagir tout en évitant, la plupart du temps, de créer des conflits inutiles.

Comment répondre aux critiques justes

Nous avons souvent autant de difficultés à faire face aux critiques justifiées qu'aux critiques injustifiées, surtout si quelqu'un insiste de façon hostile pour nous faire remarquer une erreur. Il faut apprendre à ne pas nous sentir nécessairement coupables et humiliés, dès que quelqu'un nous fait remarquer que nous avons fait une erreur. Nous devons être capables de nous dire "Et après? Je ne prétends pas être parfait. Il est normal de faire des erreurs. L'important, c'est que je la répare, si possible. Je peux donc vivre heureux et me considérer compétent, même si j'ai fait une erreur". Et enfin, nous devons être capables de répondre à l'autre pour éviter qu'il nous manipule et pour préserver le respect de nous-mêmes.

Une procédure que vous pouvez employer pour répondre adéquatement aux critiques justifiées s'appelle l'*affirmation de soi négative* ("negative assertion"). Cette technique consiste d'abord à admettre l'erreur d'une façon claire, en indiquant que cela ne veut pas dire que vous vous jugez mauvais ou incompétent. Par exemple, supposons que vous arrivez en retard à une réunion ou à une soirée et que quelqu'un vous dit:

— Tu es bien en retard! Tu nous as fait attendre longtemps.

— Tu as raison, je suis vraiment en retard. Je m'excuse; je n'aime pas cela, moi non plus, et je n'ai pas l'habitude de me faire attendre. (Affirmation de soi négative).

Par contre, s'il s'agit d'une habitude que vous avez, c'est à vous de décider si vous voulez la changer ou non et c'est ce que vous dites. Si vous désirez changer cette habitude, vous pouvez dire par exemple:

— Tu as raison, il m'arrive souvent d'arriver en retard et j'essaie, autant que possible, de me défaire de cette habitude. (Affirmation de soi négative).

Si vous ne désirez pas changer cette habitude, il faut indiquer clairement que vous ne répondrez pas à ce que l'autre attend de vous; vous pouvez dire:

— Tu as raison, il m'arrive souvent d'arriver en retard; c'est bien dommage, mais, dans ma situation, je peux difficilement faire autrement. (Affirmation de soi négative).

Pour résumer, il s'agit de reconnaître votre erreur et d'indiquer que vous ne vous sentez pas inférieur pour autant, en disant, selon le cas:

1) soit que ça vous arrive rarement de faire une telle erreur,
2) soit que vous voulez essayer de changer cette habitude ou ce défaut,
3) ou encore qu'il ne vous apparaît pas important de changer.

Si c'est possible, vous pouvez aussi offrir de réparer votre erreur.

Exercice 50. L'affirmation de soi négative

Faites trois listes de critiques justifiées pour vous.

Dans la première liste, indiquez trois critiques portant sur des erreurs que vous faites rarement. Écrivez au-dessus de cette liste: "Erreurs rares".

Dans la deuxième liste, indiquez trois critiques portant sur des erreurs que vous faites souvent et que vous aimeriez éviter et écrivez au-dessus de la liste: "Habitudes à changer".

Dans la troisième liste, indiquez trois critiques portant sur des erreurs que vous faites souvent et qu'il ne vous apparaît pas important de changer et écrivez au-dessus de la liste: "Habitudes à ne pas changer".

Ensuite, habituez-vous à répondre à ces critiques en employant l'affirmation de soi négative.

Il arrive parfois que quelqu'un continue à nous critiquer même après que nous ayons employé l'affirmation de soi négative. Nous pouvons alors employer la technique de l'enquête négative que nous avons déjà étudiée. Il s'agit alors de faire préciser à l'autre sa critique, surtout s'il cherche à nous aider. Certaines critiques peuvent nous être très utiles, en nous apprenant ce qui dérange les autres dans notre comportement. Il faut donc écouter ces critiques utiles et les faire préciser, pour ensuite décider si nous voulons ou non changer notre comportement.

Comment répondre aux critiques vagues

Il y a des personnes qui ont tendance à faire des critiques vagues et peu importantes ou sur des sujets qui ne les regardent pas ou encore à exagérer des critiques justifiées pour nous blesser. Il vaut mieux ne pas donner trop d'importance aux gens qui font sans cesse des évaluations négatives de notre comportement. Une bonne procédure pour répondre aux critiques vagues, c'est sans doute la technique que certains auteurs ont appelé le *brouillard* ("fogging"). Le brouillard possède certaines caractéristiques: il est persistant, tout en n'offrant pas de résistance. Si on lui lance une balle, elle ne revient pas sur nous, on la perd et on ne peut la relancer. De plus, le brouillard n'en est pas modifié, de sorte que l'on se fatigue inutilement à essayer de le changer. Il n'est pas manipulable.

De la même façon, quand nous sommes critiqués, nous pouvons répondre en étant persistants, mais en n'offrant pas de résistance, de sorte que l'autre se fatigue de nous critiquer. La technique du brouillard consiste donc à se montrer d'accord avec les critiques, tout en soulignant le caractère vague de cette critique et son bien-fondé probable. Voici, comme exemple, un dialogue entre deux collègues de travail:

M. BRISEBOIS: Ma chère petite, ton travail est loin d'être parfait.

MLLE COUTU: C'est bien possible. (Brouillard).

M. BRISEBOIS: De la façon dont tu écris, il n'y a personne qui peut te comprendre.

MLLE COUTU: C'est vrai que certaines personnes ont de la difficulté à lire mon écriture. (Brouillard).

M. BRISEBOIS: Puis, quand tu parles à des clients, on se demande parfois d'où tu sors tout ce que tu dis.

MLLE COUTU: Ça, c'est vrai. Il y a des fois où je m'étonne moi-même, surtout le lundi matin. (Brouillard).

M. BRISEBOIS: D'après moi, il te faudrait un recyclage.

MLLE COUTU: Ça ne pourrait sûrement pas me nuire. (Brouillard).

M. BRISEBOIS: Puis, on dirait que tu ne prends pas ton travail à coeur.

MLLE COUTU: Ça m'arrive d'être un peu paresseuse. Tu as probablement raison. (Brouillard).

M. BRISEBOIS: On dirait que tu travailles seulement pour la paye.

MLLE COUTU: C'est vrai que si je n'étais pas payée, je ne travaillerais pas. (Brouillard).

M. BRISEBOIS: Tu as l'air de prendre ça à la blague, mais c'est pour ton bien que je te dis tout ça.

MLLE COUTU: Je n'en doute pas. (Brouillard).

M. BRISEBOIS: Tu as l'air nerveuse parfois.

MLLE COUTU: Je suis absolument sûre que parfois, j'ai l'air nerveuse. (Brouillard).

M. BRISEBOIS: Selon moi, tu ne dors pas assez.

MLLE COUTU: Ah oui! Parfois, les nuits sont courtes! (Brouillard).

M. BRISEBOIS: Tu ne trouves pas que tu devrais faire attention à ça?

MLLE COUTU: C'est bien possible. (Brouillard).

M. BRISEBOIS: Moi, je ne veux pas me mêler de tes affaires, mais tu devrais écouter mes conseils.

MLLE COUTU: Ça pourrait probablement m'aider. (Brouillard).

M. BRISEBOIS: Tu sais, à mon âge, j'en ai vu des jeunes qui ont ruiné leur santé en faisant toutes sortes d'excès.

MLLE COUTU: Je n'en doute pas.

M. BRISEBOIS: Je te le dis, moi, essaie d'être raisonnable; tu ne le regretteras pas.

MLLE COUTU: Je suis bien d'accord avec toi. Il vaut mieux être raisonnable. (Brouillard).

De telles réponses semblent peut-être manifester de l'indifférence vis-à-vis de l'autre, mais elles permettent d'éviter d'être manipulé et d'être amené à agir contre sa propre volonté. D'autre part, le fait de ne pas être défensif et de reconnaître la possibilité que vous soyez dans l'erreur peut vous permettre de faire un examen personnel de votre comportement et de vous améliorer, sans pour autant vous déprécier. Par ailleurs, accepter que l'autre peut avoir raison en principe ne veut pas dire que vous devez vous sentir obligé de changer. C'est évident qu'il vaut mieux bien écrire, bien travailler, bien dormir, mais personne ne peut être toujours raisonnable et parfait. Puisque vous ne pouvez pas être parfait, il est irréaliste d'exiger que vous le soyez. Il y a aussi des situations où les "beaux principes" ne s'appliquent pas: il est normal parfois de moins dormir ou de moins travailler, pour "reprendre son souffle". Quoi qu'il en soit, l'autre a au moins le droit d'avoir son point de vue et vous pouvez lui reconnaître ce droit, sans être obligé d'avoir le même point de vue que lui.

Il faut cependant prendre garde avec cette procédure. Si vous la poussez à l'extrême, elle peut devenir manipulatrice et vous empêcher de voir des critiques valables. Il vaut mieux ne l'employer qu'avec des gens très critiqueurs et avec lesquels les autres procédures d'affirmation de soi ne donnent rien. Vous pouvez, par exemple, employer d'abord l'*enquête négative,* pour aider l'autre à préciser sa critique et à dire clairement ce qu'il attend de vous, surtout s'il vous semble que l'autre peut arriver à vous dire des choses importantes et qu'il cherche à vous aider plutôt qu'à vous blesser. Et rappelez-vous que comprendre la critique de l'autre ne veut pas dire s'y conformer. Reprenons l'exemple précédent en employant l'enquête négative en plus du brouillard, et voyons ce que cela pourrait donner:

M. BRISEBOIS: Ma chère petite, ton travail est loin d'être parfait.

MLLE COUTU: C'est bien possible (brouillard), mais qu'est-ce que tu veux dire exactement? (Enquête négative).

M. BRISEBOIS: De la façon dont tu écris, il n'y a personne qui peut te comprendre.

MLLE COUTU: C'est possible (brouillard). Est-ce qu'il y a autre chose que tu trouves imparfait dans mon travail? (Enquête négative).

M. BRISEBOIS: Quand tu parles à des clients, je me demande parfois pourquoi tu perds ton temps à leur parler de la pluie et du beau temps.

MLLE COUTU: Tu trouves que je perds mon temps et ça te fâche? (Vérification du contenu et du sentiment).

M. BRISEBOIS: Oui, c'est à peu près ça. Je trouve que tu ne prends pas ton travail à coeur.

MLLE COUTU: Ça peut m'arriver. (Brouillard). Mais j'aimerais comprendre exactement pourquoi ça te fâche. (Enquête négative).

M. BRISEBOIS: Vois-tu, je ne voudrais pas te faire de peine, mais je suis parfois obligé de faire ton travail à ta place ou de réparer tes erreurs.

MLLE COUTU: Oui, je vois. La prochaine fois que tu te sentiras obligé de faire mon travail à ma place ou de réparer mes erreurs, j'aimerais que tu m'en parles avant. (Offre de compromis). De cette façon, je pense que nous pourrons mieux nous entendre. D'accord?

M. BRISEBOIS: D'accord.

MLLE COUTU: Je te remercie de m'avoir dit ce que tu pensais de moi. Je pense que c'est comme ça que nous pourrons arriver à nous comprendre. Et je te le répète, ne te gêne surtout pas à l'avenir pour me le dire lorsque tu es fâché à cause de ma façon de travailler.

Dans cet exemple, il semble que M. Brisebois manquait d'affirmation de soi et avait peur de dire vraiment ce qu'il pensait. C'est justement dans de telles situations que l'enquête négative peut être utile. Cette procédure peut permettre de savoir ce que les gens veulent vraiment dire quand ils nous critiquent d'une façon vague et imprécise. Mais, si nous n'obtenons pas alors de tels résultats et que nous avons affaire à des critiqueurs chroniques, il vaut mieux employer le brouillard.

Devant les critiques vagues, nous pouvons aussi faire de la vérification du contenu et du reflet des sentiments (écoute active), procédures que nous avons décrites au chapitre 6. Ces procédures peuvent aussi nous permettre de faire préciser les critiques et de diminuer l'intensité des attaques, parce que l'autre se sent alors écouté. Souvenez-vous que la plupart des critiques contiennent une part de vérité et que nous avons souvent intérêt à les écouter.

Exercice 51. L'enquête négative et le brouillard

Faites cet exercice en imagination ou avec une autre personne. Choisissez une situation où vous êtes critiqué d'une façon vague et répondez par la technique de l'enquête négative et par la technique du brouillard.

Comment désarmer la colère

Savoir désarmer la colère peut être extrêmement utile et constitue une procédure parfois difficile à maîtriser. Il s'agit essentiellement de garder votre calme et de montrer à l'autre que vous êtes prêt à discuter de ce qu'il veut, pourvu qu'il se calme et diminue sa colère.

Que j'aie fait une erreur ou non, cela ne donne pas à l'autre le droit de m'insulter et d'être agressif envers moi. Il est important, cependant, que je ne l'insulte pas à mon tour, car je ne ferais qu'envenimer les choses. Le moment où c'est le plus important (et aussi le plus difficile) de ne pas insulter un autre et de ne pas me mettre en colère, c'est quand l'autre m'insulte et est en colère. Je peux alors utiliser le "disque brisé" et offrir à l'autre de discuter quand il sera plus calme. Évidemment, si l'autre devient physiquement agressif, il vaut sans doute mieux que je m'éloigne et que je revienne plus tard. Mais, si ce n'est pas le cas, je dois lui répéter patiemment et calmement: "Je suis prêt à parler avec toi de l'erreur que tu penses que j'ai faite. Mais je voudrais d'abord que tu sois un peu calme. Sans ça, je trouve que c'est très difficile de se comprendre."

Il ne s'agit pas de dire à l'autre qu'il n'a pas raison de se fâcher, mais de faciliter la communication en amenant un climat moins tendu. Quand quelqu'un est très en colère, il est d'ordinaire peu capable d'écouter et de comprendre. Il est alors peu utile et parfois même dangereux de parler avec lui, tant qu'il demeure agressif. Voici un exemple d'une façon d'agir pour désarmer la colère: Benoît est en train de travailler, quand M. Doré, son patron, arrive en colère.

M. DORÉ: Ça y est! Tu as encore fait une erreur. Maudit, que tu es stupide! Quand est-ce que tu vas apprendre à faire ton travail à temps? C'est moi maintenant qui ai des problèmes parce que tu n'as pas fait ton travail.

BENOÎT: Vous avez l'air très fâché. Mais je ne comprends pas très bien de quel travail vous voulez parler. Voulez-vous vous asseoir et nous allons en parler.

M. DORÉ: En parler! Je me demande si tu es capable de comprendre le français. Moi, tout ce que je veux, c'est que tu fasses ton travail, comprends-tu?

BENOÎT: J'aimerais bien parler de tout ça avec vous, mais je n'aime vraiment pas que vous criiez comme cela. Assoyez-vous et nous allons essayer d'en parler calmement. (Disque brisé).

M. DORÉ: Je suis calme, espèce d'idiot! Mais toi, seras-tu capable de travailler comme il faut, un jour?

BENOÎT: Je veux en parler avec vous, mais seulement si nous pouvons le faire calmement. (Disque brisé). Je me sens vraiment mal à l'aise quand vous criez comme cela. (Révélation de soi).

M. DORÉ: Tu te sens mal à l'aise? Ça m'étonne qu'un idiot comme toi soit capable de sentir quelque chose.

BENOÎT: Je suis prêt à discuter avec vous de mon travail, si vous vous assoyez et si vous cessez de crier. (Disque brisé).

M. DORÉ: Et si moi, je ne veux pas arrêter de crier?

BENOÎT: Alors, nous allons en parler plus tard, quand vous serez plus calme. J'aimerais bien, moi aussi, pouvoir régler ce problème, mais je crois que nous pourrons le régler seulement quand vous cesserez de crier comme cela. (Disque brisé).

M. DORÉ: Je veux régler ça tout de suite.

BENOÎT: Alors, voulez-vous vous asseoir et cesser de crier et nous allons pouvoir en parler.

M. DORÉ: D'accord. Je m'asseois et j'arrête de crier. Mais pourquoi est-ce que tu n'as pas fait ce travail-là?...

Il semble que ces deux personnes peuvent maintenant se parler et régler le problème. En ce qui concerne les insultes, notez que Benoît n'y a pas répondu. Il pourra toujours en parler calmement avec son patron quand celui-ci ne sera plus en colère et essayer de lui expliquer que cela nuit à la communication entre eux.

Exercice 52. Désarmer la colère

Vous regardez la télévision, lorsque soudain un ami arrive en criant que vous êtes stupide et incompétent. Il est très en colère et vous reproche d'avoir fait une erreur très grave pour lui. De la façon dont il vous parle, vous ne savez pas encore très bien de quelle erreur il s'agit ni si vous en êtes vraiment responsable. Il est très difficile de clarifier la situation tant que l'autre crie de cette façon. Trouvez, en imagination, quelle serait, pour vous, la meilleure façon d'agir dans une telle situation. Vous pouvez ensuite reprendre la même situation en jeu de rôle avec une autre personne.

Les critiques dans les relations plus personnelles

Dans les relations plus intimes, nous voulons d'ordinaire non seulement éviter de nous sentir anxieux et diminuer les attaques, mais surtout rendre la communication plus valable. Pour cela, il faut employer très souvent la révélation de soi et indiquer à l'autre quels sont nos sentiments relativement à ce qu'il nous dit. Nous devons aussi employer moins souvent la technique du brouillard et plus souvent, la technique de l'enquête négative et de l'affirmation de soi négative. Reprenons le dialogue entre Claudette et Alphonse, qui se trouve au début de ce chapitre, et voyons comment les procédures de communication affirmative peuvent aider ce couple à mieux communiquer:

CLAUDETTE: Tu as encore oublié de fermer le tube de pâte dentifrice. (Critique justifiée).

ALPHONSE: Tu as raison, ça m'arrive souvent de l'oublier. (Affirmation de soi négative). Je me trouve un peu ridicule d'avoir tellement de difficulté à me défaire de cette mauvaise habitude. (Révélation de soi).

CLAUDETTE: Tu laisses toujours tout traîner. (Critique vague).

ALPHONSE: C'est bien possible. (Brouillard). J'aimerais que tu me dises exactement ce que je laisse traîner pour que je puisse m'améliorer. (Enquête négative).

CLAUDETTE: Tu laisses souvent traîner ton manteau et tes bottes. (Critique justifiée). C'est ça qui me dérange le plus. (Révélation de soi).

ALPHONSE: Je suis heureux que tu m'expliques calmement ce qui te déplaît dans mon comportement. (Révélation de soi). Je suis sûr que je peux m'améliorer beaucoup si tu me le fais remarquer calmement quand j'oublie de ranger des choses. (Offre de compromis). Est-ce qu'il y a autre chose que je fais de déplaisant? (Enquête négative).

En comparant ce dialogue à celui du début du chapitre, nous pouvons voir quels sont les avantages d'établir un mode de communication affirmative en réponse à des critiques. Tout d'abord, ceci permet à chacun d'être moins défensif. Une atmosphère de coopération peut en résulter, qui permet à chacun de voir le point de vue de l'autre et de faire comprendre le sien. Cette compréhension mutuelle constitue une base solide

pour résoudre les conflits et pour améliorer son propre comportement.

> *Rassurez-vous monsieur*
> *je vous aimerai toujours*
> *toutefois il faut bien vous le dire*
> *il y a des étapes à franchir*
>
> ....
>
> *je ne serai plus*
> *votre belle votre muse votre mère*
> *votre fée votre femme votre objet votre sujet*
> *votre ange votre rêve votre dame*
> *votre déesse votre maîtresse*
>
> *votre celle qui prépare*
> *vos retours vos départs*
> *votre celle qui se tait pour que vous travailliez*
> *votre celle qui attend pour que vous disposiez*
> *votre celle qui cuisine et vous vous amusez*
> *votre celle si douce parc'que vous êtes pressé*
> *vous allez et venez il faut toujours rester*
>
> *Ne vous inquiétez pas*
> *nous serons toujours là*
> *semblables et tellement différentes*
> *possible que l'idée vous enchante...*

"Rassurez-vous monsieur"
Paroles de Pauline Julien, musique de Jacques
Marchand
©Éditions Nicolas Enrg.

Exercice 53. Revue des différentes procédures de réponse aux critiques

Vous pouvez faire cet exercice en imagination ou avec une
autre personne. Choisissez une situation de relation intime et
pratiquez-vous à répondre aux critiques de façon à mieux
communiquer, en employant, selon le cas, les différentes tech-

niques déjà étudiées: le disque brisé, l'information, la révélation de soi, l'enquête négative, l'affirmation de soi négative et la technique du brouillard. Vous pouvez vous arrêter aussi souvent que nécessaire pour voir si vos réponses sont adéquates ou encore vous pouvez vous enregistrer et vous écouter ensuite pour juger vos réponses.

Résumé

Répondre à des critiques constitue l'un des comportements affirmatifs les plus difficiles à réussir, à cause de l'anxiété et de l'attitude défensive qui accompagnent souvent une telle situation. C'est pourquoi il est bon d'abord d'examiner et de critiquer nos autoverbalisations dans de tels moments. Ensuite, il est utile de pratiquer différentes procédures qui permettent de réagir adéquatement face à des critiques fausses, justes ou vagues.

Devant les critiques fausses, nous pouvons les nier directement à l'aide de la technique du "disque brisé", donner de l'information et employer la révélation de soi et l'enquête négative. Face aux critiques justes, l'affirmation de soi négative et l'enquête négative apparaissent très utiles. Par ailleurs, nous pouvons éviter les critiques vagues et persistantes à l'aide de la technique du brouillard ou les faire préciser par l'enquête négative. Enfin, pour désarmer la colère, qui accompagne parfois les critiques, il s'agit d'insister pour que l'autre se calme avant de procéder à une discussion franche du conflit.

Après avoir étudié les moyens de répondre aux différents types de critiques avec un minimum d'anxiété, il est bon d'apprendre comment faire soi-même des critiques et résoudre les conflits interpersonnels. C'est ce que nous verrons dans le prochain chapitre.

Chapitre 11

Faire des critiques et résoudre des conflits

La prise de conscience des sentiments négatifs

Il est important de faire la distinction entre *ressentir* un sentiment, *exprimer* verbalement un sentiment et *agir* concrètement selon ce sentiment. Par exemple, je peux être amoureux de quelqu'un (ressentir un sentiment), mais sans l'exprimer verbalement ou sans agir selon ce sentiment. Ou encore, je peux l'exprimer verbalement, lui dire que je l'aime, mais sans agir concrètement selon ce sentiment, sans chercher à être souvent en compagnie de cette personne. Un autre exemple: je peux être en colère vis-à-vis de quelqu'un (ressentir un sentiment), mais ne pas le dire et ne pas agir en conséquence. Je peux aussi le dire, l'exprimer, mais sans agir selon ce sentiment, sans attaquer l'autre.

Pour évoluer psychologiquement, il faut prendre conscience de ses sentiments, savoir les exprimer et, en général, agir en accord avec ces sentiments. Mais, il est parfois mauvais d'agir selon ses sentiments, en particulier agir selon des sentiments agressifs, à cause des conséquences que cela peut avoir pour l'autre ou pour soi. Il est même parfois mauvais d'exprimer certains sentiments, comme la colère vis-à-vis de très jeunes enfants. Mais *il n'est jamais mauvais de ressentir simplement un sentiment,* même injustifié ou agressif. Il faut savoir l'accepter et le comprendre pour pouvoir éventuellement le dire ou le dépasser. Accepter et comprendre un sentiment désagréable comme la peur, la colère ou la haine, cela ne veut pas dire en être satisfait ou ne pas vouloir le changer. Cela veut simplement dire que nous en prenons conscience, que nous le voyons tel qu'il est et que nous ne nous détestons pas nous-mêmes parce que nous avons un tel sentiment.

> *Prendre un café ébouriffé*
> *Dans un matin de souterrain*
> *Ne rien vouloir et tout toffer*
> *Fais-toi z'en pas*
> *Tout l'monde fait ça*
>
> *Regarder un peu à côté*
> *Dans le miroir pour ne pas voir*
> *Ne pas aimer ce qu'on à l'air*
> *Se faire la barbe*
> *À quoi ça sert*
> *Fais-toi z'en pas*
> *Tout l'monde fait ça*

"Fais-toi z'en pas"
Paroles de Réjean Ducharme
pour Robert Charlebois
©Les Éditions Conception (CAPAC)

Autoverbalisations et expression des sentiments négatifs

Voici quelques pensées irrationnelles concernant l'expression des sentiments négatifs de même que les critiques constructives correspondantes [1]:

---

1) GALASSI, M.D. et GALASSI, J.P., *Assert yourself,* Human Sciences Press, New York, 1977.

1) Pensée irrationnelle: "Si je commence à critiquer mes meilleurs amis, je vais me retrouver seul. Les vrais amis s'acceptent mieux que ça."

Critique constructive: "Qu'est-ce qui me dit que mes amis ne seraient pas prêts à écouter ce que j'ai à leur dire? Les vrais amis sont justement ceux qui peuvent exprimer ouvertement ce qu'ils désirent, ce qu'ils attendent l'un de l'autre, ce qu'ils aiment *et* ce qu'ils n'aiment pas. La peur de me retrouver seul crée finalement de la méfiance, de la distance entre mes amis et moi. Si j'arrive à exprimer cette peur et le désir que j'ai d'améliorer la relation, mes amis sauront sans doute me comprendre. Et si quelqu'un ne comprend pas cela, j'aurai quand même essayé d'être honnête avec moi-même."

2) Pensée irrationnelle: "Je n'aime pas dire des choses désagréables à quelqu'un. J'aime mieux me taire."

Critique constructive: "Cette autoverbalisation m'aide-t-elle à me sentir mieux avec les gens? Ce n'est peut-être pas agréable de dire à quelqu'un qu'il dit ou fait quelque chose qui me déplaît, mais si je ne dis rien, je sais qu'il sera difficile pour moi de demeurer ouvert, chaleureux, agréable. Je deviendrai de plus en plus irritable, impatient, et je chercherai à éviter ou même à fuir cette personne. Mon malaise se manifestera de façon détournée et l'autre pourra l'interpréter de façon erronée. Comment l'autre pourra-t-il s'améliorer si je ne lui dis pas clairement ce qui me déplaît et ce que j'attends de lui? Ne serait-ce pas une façon de lui faire confiance que de penser qu'il est capable de m'écouter? Je crois qu'il est vraiment préférable de clarifier la situation."

3) Pensée irrationnelle: "Si j'exprime ce qui me déplaît, les conséquences seront désastreuses."

Critique constructive: "Qu'est-ce qui peut arriver de si terrible? L'autre sera fâché et n'acceptera pas ce que je lui dis? Peut-être... Mais il pourra alors me le dire; je l'écouterai et lui expliquerai du mieux que je peux ce que j'ai à lui dire. Nous pourrons discuter ouvertement de ce qui ne va pas. C'est peut-être menaçant de penser qu'il me reprochera aussi certaines choses, qu'il sera fâché ou ne m'aimera plus. Peut-être serons-nous obligés de rompre la relation? Cette attente catastrophique fait en sorte que je me tais très souvent. À la longue, je dois être conscient que mon silence provoque exactement ce que j'aurais voulu éviter. Je crois qu'il est préférable de faire face aux difficultés actuelles et de faire confiance à mes capacités de résoudre le conflit, plutôt que d'accumuler silencieusement tous les reproches que j'aurais à faire. Plus j'attends, plus j'aurai peur de provoquer une explosion dangereuse!''

Exercice 54. Vos propres autoverbalisations sur les sentiments négatifs

Imaginez les situations décrites plus bas et trouvez les pensées irrationnelles que vous pourriez alors avoir. Ensuite, écrivez les critiques constructives correspondantes. Puis, vous pouvez faire la même chose à propos de situations qui peuvent se présenter dans votre vie.

1) Situation: "À deux reprises cette semaine, mon patron m'a demandé de compléter un travail important à la dernière minute. À chaque fois, je dois partir du bureau plus tard que d'habitude. Cela me dérange beaucoup et je voudrais lui dire de me demander de faire ces travaux plus tôt dans la journée."

Pensée irrationnelle: ....

....

....

Critique constructive: ....

....

....

....

2) Situation: "J'ai demandé à un compagnon de classe de m'aider dans un travail de mathématiques. Il a accepté, mais semble actuellement occupé à autre chose. L'examen a lieu demain et je voudrais lui redemander cette aide qu'il m'a promise."

Pensée irrationnelle: ....

....

....

Critique constructive: ....

....

....

....

3) Situation: "Ma soeur m'a emprunté un livre sur la culture des plantes. Je lui ai dit que j'en avais besoin et elle m'a promis de me le rendre le lendemain. Trois jours ont passé et je n'ai toujours pas reçu mon livre. Je voudrais dire à ma soeur ce que je ressens."

Pensée irrationnelle: ....

....

....

Critique constructive: ....

....

....

....

4) Situation (Trouvez une situation de votre vie quotidienne):

....

....

....

Pensée irrationnelle: ....
....
....

Critique constructive: ....
....
....
....

5) Situation: ....
....
....

Pensée irrationnelle: ....
....
....

Critique constructive: ....
....
....
....

L'expression directe des sentiments désagréables

Il est plus facile d'exprimer ses sentiments désagréables d'une façon directe et non accusatrice quand nous avons d'abord pris conscience de ceux-ci et des pensées irrationnelles qui peuvent les accompagner. Ensuite, bien que cela ne soit pas toujours facile, il est préférable d'exprimer ce qui nous déplaît d'une façon directe, comme nous l'avons vu dans le chapitre 6. Ceci permet à l'autre d'être conscient des sentiments qu'il provoque en nous par son comportement ou ses attitudes, aide à clarifier les malentendus et à régler les conflits.

L'expression directe des sentiments négatifs diminue la probabilité de querelles inutiles et favorise généralement l'évolution d'une relation interpersonnelle enrichissante et libératrice. Une telle relation exige non seulement l'acceptation des sentiments négatifs de l'autre, mais aussi l'acceptation et l'expression directe de nos propres sentiments négatifs. Une relation où l'on s'efforce d'être uniquement "poli" et "gentil" demeure une relation superficielle. Ceci ne veut pas dire qu'il faut accentuer les sentiments désagréables et n'exprimer que ceux-là. C'est une erreur que l'on peut faire. Dans une relation, il faut au moins exprimer autant nos sentiments agréables que nos sentiments désagréables. Si nous avons beaucoup plus de sentiments négatifs que positifs, à quoi bon poursuivre une relation? Cependant, il ne s'agit pas d'oublier nos sentiments négatifs au nom de la politesse.

Voici quelques conseils qui peuvent faciliter la communication des sentiments négatifs.

1) Soyez bref. Dites exactement ce que vous voulez dire. Quand l'autre a compris le message, n'insistez pas lourdement.

2) Ne faites pas d'accusation directe ni indirecte, du genre: "Tu es vraiment un être impossible d'avoir fait ceci", ou "Tu dois être stupide pour penser que ceci ne me fait pas de peine", etc.

3) Utilisez le "je" et parlez de vos sentiments. En voici un exemple: "Je ne me sens pas respecté quand tu ne me consultes pas et que tu prends des décisions qui nous concernent tous les deux."

4) Décrivez objectivement la situation ou le comportement que vous n'aimez pas. Faites un énoncé plutôt que de

poser une question détournée. Dites, par exemple: "Je n'aime pas ton humour noir", au lieu de dire "Crois-tu que je te trouve drôle?"

5) Précisez comment son comportement affecte concrètement votre vie et vos sentiments.

6) Indiquez clairement le comportement que vous aimeriez que l'autre adopte à l'avenir. Faites une proposition constructive, comme la suivante: "La prochaine fois, j'aimerais que tu me consultes avant de prendre une décision qui me concerne."

Un autre point important dans un conflit, c'est de savoir qui "possède" le problème, c'est-à-dire qui en souffre.[2] Si je suis ennuyé par un comportement de l'autre, c'est moi qui "possède" un problème. Je dois alors l'exprimer clairement en employant le "je", en disant, par exemple: "Je suis déçue quand tu fais des blagues sur les femmes, parce que je me sens visée et humiliée", au lieu de dire "Tu es stupide avec tes blagues sur les femmes." Si c'est moi qui ressens un sentiment désagréable, c'est alors moi qui "possède" le problème et je dois éviter d'en blâmer l'autre.

De plus, il peut être important, avec des amis ou des proches, de montrer d'abord son affection pour l'autre et de refléter ses sentiments, avant de faire sa critique. Exemple: "Tu sais que je t'aime, mais j'ai l'impression que tu te sens obligé de prendre des décisions rapidement." Cette façon de procéder permet de faciliter la réceptivité chez l'autre, selon Heisler et Shipley.[3]

L'expression de la colère

La colère est un sentiment négatif qu'il est difficile d'exprimer sans paraître accusateur. Une façon d'y arriver consiste

---

2) GORDON, T., *Parents efficaces,* Éditions du Jour, Montréal, 1976.

3) HEISLER, G. et SHIPLEY, R.H., The ABC model of assertive behavior, *Behavior therapy, 8,* pp.509-512, 1977.

à exprimer d'abord un autre sentiment qui sous-tend et précède cette colère.

Par exemple, une mère voit son jeune enfant courir dans la rue, devant une auto en marche. *Elle a d'abord peur* qu'il se fasse frapper. Mais, s'il ne se fait pas frapper, il peut arriver que son sentiment de peur se change très rapidement en un sentiment de colère vis-à-vis du fait que son enfant a couru devant l'auto. Si elle exprime uniquement sa colère, elle sera perçue comme accusatrice et l'enfant se sentira peut-être dévalorisé, détesté. Mais, si elle exprime surtout sa peur qu'il se fasse frapper en agissant comme il l'a fait, l'enfant sentira sans doute que la colère de sa mère vient du fait qu'elle l'apprécie.

Notons, de plus, que si vous avez des tendances exagérées à la colère, vous pouvez les diminuer en employant les procédures servant à diminuer l'anxiété sociale, c'est-à-dire en faisant une hiérarchie des situations qui suscitent en vous de la colère, en imaginant ces scènes tout en vous relaxant et en modifiant vos autoverbalisations (Chapitre 7).

Comment résoudre les conflits interpersonnels

En vous pratiquant à répondre aux critiques, vous avez peut-être remarqué qu'il y a des types de critiques et des façons de critiquer qui nous rendent très mal à l'aise et qui peuvent détériorer très facilement les relations interpersonnelles. Nous sommes tous plus ou moins conscients de cela; alors, quand nous voulons que quelqu'un dans notre entourage modifie son comportement, il peut nous arriver d'éviter de le lui dire par crainte de le blesser et de détériorer la relation. Souvent, nous aimons mieux ne rien dire plutôt que de risquer de faire du mal à l'autre ou de le rendre agressif. Mais, à ce moment-là, nous demeurons insatisfaits dans cette relation et la situation est finalement beaucoup moins intéressante que si nous osions dire à l'autre ce qui nous déplaît dans son comportement.

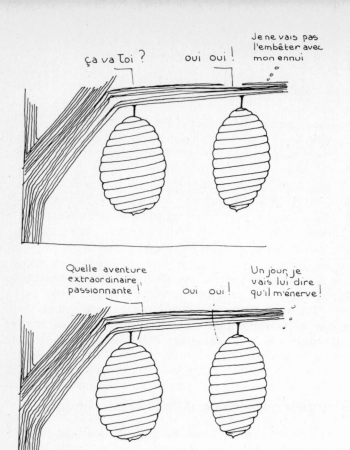
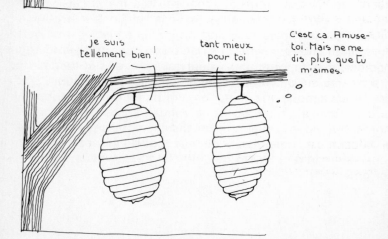

Ce dernier point est confirmé par une étude de Vincent, Weiss et Birchler.[4] Ceux-ci ont analysé la façon de régler des problèmes chez des couples satisfaits et non satisfaits de leur relation et chez des personnes étrangères l'une à l'autre. Les couples non satisfaits manifestent généralement plus de comportements négatifs (plaintes, critiques, négation des responsabilités, sarcasmes, interruptions, désaccords) et moins de comportements positifs (résolution des problèmes, acceptation des responsabilités, compromis) que les couples satisfaits et que les personnes étrangères l'une à l'autre. Par ailleurs, les couples satisfaits présentent plus de comportements positifs *et* négatifs que les personnes étrangères l'une à l'autre. C'est donc dire que les couples heureux ne craignent pas de se critiquer, mais, en même temps, ils peuvent résoudre leurs conflits d'une façon positive. Mais comment faut-il donc procéder quand nous voulons résoudre un conflit interpersonnel?

La première règle, c'est que toutes les critiques portent sur des faits précis. Dans les exercices précédents, vous avez peut-être remarqué que nous tombons facilement dans les critiques vagues et générales du genre "Tu es insensible", "Tu es égoïste", "Tu es paresseux". Ce genre de critiques est probablement le plus désastreux pour les relations interpersonnelles. Il faut les éviter le plus possible et se concentrer sur les remarques précises, objectives, factuelles. Décrivez le comportement qui vous déplaît sans juger l'autre méchant, injuste, égoïste, etc. Évitez d'être agressif vis-à-vis de l'autre: ceci empêche l'autre et vous-même d'écouter ce que chacun a à dire.

La deuxième règle, c'est d'écouter l'autre, d'essayer de comprendre ses sentiments et ce qu'il veut dire — même si ce n'est pas très clair — et d'accepter ses sentiments, en se rap-

4) VINCENT, J.P., WEISS, R.L. et BIRCHLER, G.R., A behavioral analysis of problem solving in distressed and non distressed married and stranger dyads, *Behavior therapy, 6,* pp. 475-487, 1975.

pelant que l'autre est le premier juge de ses comportements, de ses idées et de ses émotions.

Très souvent, dans un conflit interpersonnel, les deux personnes croient avoir raison et ne se disent qu'une chose: "Si seulement, elle (ou il) se rendait compte combien mon point de vue est raisonnable." Cette autoverbalisation fait qu'aucun des deux n'écoute l'autre. Et c'est déprimant! Si, au moins, l'un des deux écoutait l'autre, il y aurait une possibilité de résoudre le conflit.

Dans le chapitre 6, nous avons vu comment écouter une autre personne. Pour le moment, il suffit de remarquer que ceci est important quand nous voulons demander à quelqu'un de modifier son comportement.

Le troisième point important, *c'est de savoir comment régler un conflit.* La résolution des conflits constitue sans doute l'une des facettes les plus difficiles et les plus importantes de la communication interpersonnelle. Elle a souvent lieu dans des situations très anxiogènes et elle détermine parfois l'avenir d'une relation.

> *Comme on est rien qu'd'eux à voter*
> *À la maison, Mary pis moé*
> *À chaque fois qu'y a une discussion*
> *Nos votes s'annulent, comme de raison*
> *Moi j'me dis qu'dans ces conditions*
> *Y reste rien qu'la séparation*
> *Mais Mary ma femme répond*
> *Prends pas tout seul la décision*
>
> *On va se faire un p'tit référendum...*

"Le référendum"
Paroles de Jean Lapointe et Marcel Lefebvre
©Éditions JML

À partir des études sur la résolution des conflits, nous pouvons identifier six étapes importantes dans la solution d'un problème ou d'un conflit.

1) L'orientation générale.

2) La définition du problème.

3) L'exploration des différentes solutions possibles.

4) La prise de décision.

5) La négociation d'un contrat.

6) La vérification des résultats.

Étape 1. L'orientation générale. Il faut d'abord être capable de reconnaître qu'il existe un problème, un conflit entre l'autre et moi. Comment le savons-nous? Nous le savons en remarquant nos réactions émotives face aux comportements de l'autre: si nous nous sentons agressifs, frustrés, déçus, confus ou anxieux devant un comportement de l'autre, c'est sans doute le signe qu'il y a un problème.

Après avoir remarqué ces sentiments désagréables vis-à-vis de l'autre, il faut avoir à l'esprit les points suivants:

1) il est normal d'avoir des problèmes et d'avoir des points de vue différents et ceci ne signifie pas que l'autre est méchant ou stupide;

2) nous avons le droit d'exprimer nos pensées et nos sentiments — même notre colère — dans la mesure où nous n'insultons pas l'autre;

3) nous avons le droit de demander à quelqu'un de changer son comportement et l'autre a le droit de refuser de répondre à notre demande;

4) il ne faut pas éviter le problème et nous avons les possibilités de le régler, d'en négocier la solution;

5) il ne faut pas agir impulsivement, mais bien s'arrêter pour y penser;

6) il faut régler ce problème avec la personne concernée le plus tôt possible et non pas aller se plaindre à d'autres, ni la critiquer ou l'insulter devant d'autres ni la comparer à d'autres;

7) la plupart du temps, nous pouvons régler un conflit en maintenant un niveau d'anxiété relativement bas.

Quand vous avez remarqué qu'il existe un problème ou un conflit et que vous êtes persuadé de pouvoir le régler d'une façon rationnelle, vous pouvez essayer de le définir avec l'autre, c'est-à-dire passer à l'étape 2.

Étape 2. La définition du problème. Choisissez d'abord un moment approprié pour en parler avec l'autre, c'est-à-dire un moment où il n'est pas occupé par une activité ou par une réflexion, de sorte qu'il ne sera pas fâché ou déçu parce que vous l'interrompez. Ce point est très important. Vous pouvez être tout à fait capable de communiquer adéquatement, mais ce sera inutile si vous avez choisi un mauvais moment pour parler avec l'autre. Par exemple, ce n'est pas le temps de demander une faveur à votre patron, s'il vient de réprimander un de ses employés ou s'il a beaucoup de problèmes. Ou encore, ce n'est pas le moment, pour une femme, de demander à son époux de faire une plus grande part du travail domestique alors qu'il rentre d'une journée de travail particulièrement difficile.

Si vous commencez à parler d'un problème et que vous vous apercevez, à un moment donné, que vous êtes incapable d'en parler calmement et raisonnablement, il vaut souvent mieux cesser d'en parler pendant quelque temps pour vous calmer et y réfléchir chacun de votre côté, et fixer un autre moment où vous pourrez en parler à nouveau. Vous pouvez dire, par exemple: "J'aimerais arrêter de parler de cela; je vais aller faire une marche et y réfléchir de mon côté, et nous pourrions en reparler dans une heure. D'accord?".

Quand vous avez trouvé le moment approprié, dites clairement et précisément à l'autre que vous avez un problème et de quoi il s'agit. Il est très important de préciser le problème; si le problème est défini vaguement (dans le genre: "J'aimerais que tu sois plus sensible, moins égoïste, moins paresseux,...), la solution sera aussi vague et le conflit durera.

Employez la procédure de la révélation de soi en exprimant vos sentiments face au problème et en utilisant le "je". Évitez les sarcasmes et les critiques vagues. Enfin, dites clairement à l'autre personne que vous voulez trouver une solution acceptable pour les deux. Évidemment, vous pouvez employer, si nécessaire, les procédures de communication et d'affirmation de soi déjà étudiées.

Un dernier point: ne commencez pas en présentant le problème comme étant terrible, en disant, par exemple: "Écoute! Il y a quelque chose que je veux te dire depuis longtemps. Ça va peut-être te blesser. J'espère que tu ne te fâcheras pas et que tu vas m'excuser, mais il faut que je te dise ce que j'ai sur le coeur." En disant ceci, vous avez l'air d'annoncer que vous allez attaquer l'autre. Alors, il sera sans doute sur sa défensive et vous écoutera moins bien.

Voici un exemple portant sur cette étape de la définition du problème: une épouse se sent mal à l'aise face à la façon dont son époux agit avec leurs enfants.

ÉPOUSE: Paul, as-tu quelques minutes de libres? J'aimerais parler avec toi.

ÉPOUX: Certainement.

ÉPOUSE: Voilà. Il y a des choses qui m'embêtent actuellement. J'aimerais en parler avec toi et savoir ce que tu en penses.

ÉPOUX: D'accord.

ÉPOUSE: Je me sens mal à l'aise parfois quand je vois de quelle façon tu réagis à ce que font les enfants. Ça m'inquiète. J'ai l'impression que la relation entre vous est souvent désagréable.

ÉPOUX: Veux-tu dire que je suis un mauvais père? (Défensif).

ÉPOUSE: Non. Je dis simplement que la relation entre les enfants et toi m'apparaît parfois difficile, pénible. (Disque brisé). As-tu l'impression que je me trompe? (Enquête négative).

ÉPOUX: Je ne vois pas de quoi tu veux parler. Je trouve que les enfants sont souvent bruyants et je le leur dis. Je trouve cela bien normal. (Défensif).

ÉPOUSE: Je vais prendre un exemple concret. Ce soir, en arrivant, tu as pris ton journal, tu t'es assis dans le salon et aussitôt que Jacques a mis le pied dans le salon, tu lui as crié d'aller jouer ailleurs. Et ça, ça m'ennuie beaucoup.

ÉPOUX: Moi, quand j'arrive, j'ai besoin d'avoir du calme. Puis, les enfants me dérangent. Alors, je le leur dis, c'est bien normal.

ÉPOUSE: Tu as raison. Je ne tiens pas assez compte de ton état d'esprit quand tu arrives du travail et c'est vrai que les enfants sont très bruyants. (Affirmation de soi négative). Disons que j'aimerais beaucoup que tu prennes du temps pour parler ou jouer calmement avec les enfants et que tu sois en général plus calme avec eux. (Disque brisé). Qu'est-ce que tu en penses?

ÉPOUX: Peut-être que tu as raison. C'est vrai que je n'ai pas beaucoup de temps pour être avec eux.

ÉPOUSE: Oui, et c'est ça qui me dérange.

ÉPOUX: Mais, qu'est-ce que tu veux? J'ai à peine une heure pour me reposer le soir. Alors, je peux difficilement m'occuper d'eux. Je le regrette autant que toi, mais je n'y peux rien.

ÉPOUSE: Je serais vraiment très heureuse, tu sais, si tu pouvais trouver du temps pour être avec eux et si tu pouvais être en général plus calme avec eux. (Disque brisé et révélation de soi). Je pense que toi aussi tu en serais heureux.

ÉPOUX: Oui, c'est vrai.

Comme vous le voyez, ce couple est arrivé à définir le problème et est prêt à trouver des solutions. Remarquez que l'époux a pu accepter de discuter vraiment du problème et a cessé de se défendre à partir du moment où l'épouse a parlé de changements positifs ("prendre du temps pour être avec les enfants") plutôt que de changements négatifs ("ne pas crier à l'endroit des enfants"). Ceci est important: il est souvent plus facile d'accepter d'acquérir un nouveau comportement que d'accepter d'éliminer une vieille habitude (ce qui peut être perçu comme humiliant). De plus, il y a, de la part de ces deux personnes, beaucoup de révélation de soi et de respect du point de vue de l'autre, ce qui aide certainement à s'entendre.

Exercice 55. Des plaintes aux demandes de changements positifs

Un des points difficiles, et pourtant capital, dans la deuxième étape consiste à demander des changements spécifiques et positifs, au lieu de ne faire que des plaintes vagues et humiliantes. Pour pratiquer ceci, vous pouvez faire l'exercice suivant [5]:

Lisez chacune des plaintes vagues qui suivent et traduisez-les d'abord en demandes de changements spécifiques et négatifs et ensuite en demandes de changements spécifiques et positifs. Écrivez-les dans les espaces appropriés:

Plaintes vagues	Demandes de changements spécifiques	
	négatifs	positifs
Exemple: Tu es égoïste.	Tu ne m'offres jamais une cigarette ou un café. C'est toujours moi qui t'en offre.	J'aimerais que tu m'offres un café ou une cigarette de temps en temps.
Exemple: Tu es paresseux.	Tu ne fais jamais la vaisselle.	J'aimerais que nous fassions la vaisselle à tour de rôle.
Exemple: Tu ne t'occupes pas de moi.	Tu ne me demandes jamais: "Comment ça va?"	J'aimerais que tu me demandes plus souvent: "Comment ça va?"
Tu n'est pas très beau (belle).	Tu mets toujours la même vieille cravate (ou robe).	_____

5) GOTTMAN, J., NOTARIUS, C., GONSO, J. et MARKMAN, H., *A couple's guide to communication,* Research Press, Champaign, Illinois, 1976.

Tu ne me respectes pas. _____ _____

Tu te conduis comme un _____ _____
enfant.

Tu es jaloux. _____ _____

(Trouvez vous-même un
exemple.)
_____ _____ _____

Étape 3. L'exploration des différentes solutions possibles.
Une fois le problème défini de façon satisfaisante pour les deux personnes, il faut se demander ce qu'il est possible de faire pour améliorer la situation et imaginer le plus de solutions possible au problème, *sans juger pour le moment si ces solutions sont bonnes ou non.* Voyons comment ceci peut se passer dans notre dialogue entre les deux époux:

ÉPOUSE: Si on s'arrêtait un moment pour essayer de voir comment tu pourrais trouver du temps pour être avec les enfants et être plus calme avec eux.

ÉPOUX: Je suis certain que ce n'est pas possible.

ÉPOUSE: J'aimerais ça quand même que nous essayions de trouver des idées pour y arriver, sans nous demander pour le moment si c'est possible ou non. (Disque brisé). Nous pouvons même écrire nos idées: peut-être qu'il y en aura une de réalisable dans le lot. Tu es d'accord?

ÉPOUX: Si tu penses que ça peut aider... Je pourrais peut-être ne plus acheter de journaux, mais je trouverais ça ennuyant. Non, je ne peux pas faire ça.

ÉPOUSE: Nous pouvons quand même l'écrire et nous jugerons ensuite si c'est une idée valable ou non. D'accord?

ÉPOUX: D'accord. Je pourrais aussi me relaxer cinq minutes en arrivant du travail, pour être plus calme par la suite.

ÉPOUSE: Oui... en écoutant une petite musique douce peut-être?

ÉPOUX: Oui... Tiens, ça me donne une autre idée. Si j'écoutais un peu de musique en revenant en auto au lieu d'écouter les nouvelles, je serais peut-être plus calme.

(L'épouse écrit toujours.)

ÉPOUX: Je n'ai pas d'autres idées.

ÉPOUSE: Nous avons déjà trois idées. En nous forçant un peu, nous pourrions peut-être en trouver d'autres.

ÉPOUX: Je pourrais peut-être suivre un cours de relaxation ou de yoga.

ÉPOUSE: Oui. Peut-être aussi que tu pourrais prendre quinze minutes quand tu es bien détendu, pour parler ou jouer avec les enfants.

ÉPOUX: Oui... Je pourrais aussi lire mes journaux ailleurs que dans le salon.

ÉPOUSE: J'écris tout ça.

ÉPOUX: Tu pourrais me le faire remarquer, quand je m'emporte.

ÉPOUSE: Oui... Nous avons déjà sept idées.

ÉPOUX: Pour le moment, je ne vois pas d'autres solutions.

ÉPOUSE: Nous pouvons peut-être nous arrêter là.

Comme nous le voyons, durant cette troisième étape, il ne faut pas juger et évaluer les idées apportées, mais recueillir tout simplement toutes les idées qui nous passent par la tête.

Exercice 56. Imaginer différentes solutions possibles à un problème

Exercez-vous à trouver différentes solutions possibles aux deux problèmes suivants et écrivez-les sur une feuille.

1) Imaginez que vous êtes insatisfaits parce que vous ne faites pas beaucoup d'activités intéressantes avec vos amis.

Trouvez différentes activités que vous pourriez faire, sans juger pour le moment si elles sont agréables ou non, possibles ou non.

2) Imaginez que votre meilleur ami est déprimé. Trouvez différentes choses que vous pouvez faire pour l'aider, sans juger pour le moment si vos solutions sont bonnes ou mauvaises.

Étape 4. La prise de décision. Durant cette quatrième étape, il s'agit d'évaluer les différentes solutions apportées et de décider laquelle ou lesquelles sont les meilleures. Il faut examiner chaque solution et juger si elle est réaliste, si elle peut vraiment résoudre le problème et quelles en seraient les conséquences pour les autres et pour soi, à court et à long termes. On peut alors classer les solutions en *très bonne, bonne, ni bonne ni mauvaise, mauvaise, très mauvaise.* Il faut aussi préciser davantage comment seront réalisées les meilleures idées. Rappelez-vous enfin qu'il vaut généralement mieux choisir une solution positive (augmenter un comportement désirable) qu'une solution négative (diminuer un comportement indésirable).

Retournons à notre dialogue.

ÉPOUSE: Voici la liste de nos idées. Si tu veux, nous allons les regarder l'une après l'autre pour voir laquelle est la meilleure.

ÉPOUX: La première idée, c'est de ne plus acheter de journaux. Si je faisais cela, j'aurais l'impression de ne plus être renseigné, et c'est important pour moi. Alors, j'aimerais mieux laisser cette idée de côté.

ÉPOUSE: Oui, je comprends. Mais, si tu écoutais les nouvelles à la radio, ce ne serait pas suffisant?

ÉPOUX: Non, à la radio, les nouvelles sont données d'une façon très superficielle; ça ne me satisfait pas.

ÉPOUSE: D'accord. Classons cette solution comme *très mauvaise.*

ÉPOUX: La deuxième idée m'apparaît plus intéressante: me relaxer cinq minutes en arrivant. Ça me ferait beaucoup de bien. Mais j'ai l'impression qu'il y aura des jours où les enfants feront trop de bruit pour que j'y arrive. En tout cas, ça vaudrait la peine de l'essayer. Je dirais que c'est une *bonne* solution.

ÉPOUSE: D'accord.

ÉPOUX: Écouter de la musique en revenant en auto, c'est la troisième idée. Pas mauvais non plus, mais ça ne serait peut-être pas toujours suffisant. D'un autre côté, souvent je veux écouter des nouvelles très importantes ou les bulletins de la circulation pour savoir quel pont prendre pour revenir. Alors, je pense que c'est une solution qui n'est ni bonne ni mauvaise. Ça dépend des jours.

ÉPOUSE: D'accord. On la considère *ni bonne ni mauvaise.*

ÉPOUX: La quatrième solution: suivre un cours de relaxation ou de yoga. Très bon, mais je suis certain que je ne trouverai pas le temps. Je me connais, je commence un cours, puis je le laisse tomber après deux séances.

ÉPOUSE: Donc, c'est une *mauvaise* solution.

ÉPOUX: Oui. La cinquième idée est plus intéressante: prendre quinze minutes quand je suis bien détendu, pour parler ou jouer avec les enfants. Je pourrais le faire après avoir lu mes journaux. Mais, il faudrait que je me détende d'abord, donc combiner cette solution-là à la deuxième solution. En arrivant, je pourrais me relaxer cinq minutes, lire mes journaux, puis je pourrais prendre quinze minutes ou même une demi-heure avant ou après le repas, quitte à retarder un peu mon travail du soir. Je pourrais même prendre ce temps pour initier Jacques à quelques travaux de maison. Il a neuf ans. Il peut apprendre certaines choses et je pense que j'aimerais beaucoup ça. Même Hélène, à sept ans, peut travailler avec moi dans certaines tâches faciles. C'est sûrement une très bonne idée.

ÉPOUSE: Alors, j'écris *très bonne* à côté de la cinquième idée. Je pense que les enfants aimeraient ça aussi travailler avec leur père. Pour eux, ce sera un jeu.

ÉPOUX: La sixième idée: lire mes journaux ailleurs que dans le salon. Ce n'est pas une très bonne solution. Parce que c'est vraiment quand je suis assis dans un fauteuil du salon que je peux arriver le mieux à me détendre.

ÉPOUSE: Donc, c'est une *mauvaise* solution.

ÉPOUX: La septième idée, c'est que tu me le fasses remarquer quand je m'emporte. Ça ne m'apparaît pas très bon, car quand je m'emporte, j'ai de la difficulté à accepter les remarques. De toutes façons, si je mets en pratique les deuxième et cinquième solutions, je m'emporterai beaucoup moins souvent. Si ça m'arrive encore, tu pourras toujours attendre dix minutes et m'en parler calmement.

ÉPOUSE: Sûrement. Ce serait donc une bonne solution.

ÉPOUX: Peut-être. Je ne suis pas certain.

ÉPOUSE: Qu'est-ce qui te fait hésiter?

ÉPOUX: J'ai peur de m'emporter davantage si tu me fais des remarques.

ÉPOUSE: Oui, je vois. Il faudrait donc que je sois prudente et que j'attende que tu te sois un peu calmé.

ÉPOUX: Exactement... Mais qu'est-ce que ça donnerait?

ÉPOUSE: Nous pourrions alors voir ensemble ce qui te rend agressif et essayer de trouver comment éviter cela à l'avenir, un peu comme nous le faisons actuellement.

ÉPOUX: Oui, si on le voit comme ça, ce serait une *très bonne* idée. Mais, il serait très bon aussi que tu me le dises quand je suis calme et que ça va bien avec les enfants.

ÉPOUSE: Sûrement... Alors, pour résumer, tu pourrais te relaxer cinq minutes en arrivant (deuxième idée), prendre quinze à trente minutes pour parler, jouer ou travailler avec les enfants avant ou après les repas (cinquième idée). Et si, malgré cela, il t'arrive de t'emporter, j'attends que tu sois un peu calmé et nous parlons ensemble pour trouver ce qui ne va pas et chercher des solutions (septième idée). C'est bien ça?

ÉPOUX: Oui, tout à fait. Mais, n'oublie pas de me le dire aussi quand ça va bien: ça va m'encourager.

ÉPOUSE: D'accord. Est-ce qu'il y a autre chose à ajouter?

ÉPOUX: Je ne crois pas. En tout cas, nous pouvons essayer les idées que nous avons trouvées et si ça ne va pas mieux d'ici une semaine, nous pourrons y repenser. Mais je crois qu'avec ces solutions-là, je serai beaucoup plus calme avec les enfants et plus disponible.

Exercice 57. Le choix d'une solution à un problème

Reprenez les solutions que vous avez trouvées dans l'exercice 56. Évaluez-les en vous demandant, pour chacune, si elle est réaliste, jusqu'à quel point elle peut résoudre le problème et quelles en seraient les conséquences. Choisissez la (ou les) meilleure(s) solution(s), selon vous.

Étape 5. La négociation d'un contrat. Lorsque la (ou les) solution(s) a(ont) été choisie(s), il peut être utile de faire un contrat. Un contrat, c'est tout simplement un échange mutuel de comportements désirés: "Si tu fais quelque chose que j'aime, je ferai quelque chose que tu aimes." Ça peut-être aussi un engagement personnel en échange de quelque chose que nous désirons: "Si je fais tel comportement, j'obtiendrai telle chose."

Dans un contrat, il faut que l'échange apparaisse raisonnable et équitable à chacun. Certaines personnes, qui ne sont pas suffisamment affirmatives, vont accepter un contrat même s'il leur paraît injuste, uniquement pour "avoir la paix". Ceci est très mauvais, car le contrat sera alors difficile à respecter et entraînera de nouveaux conflits. Il faut donc savoir dire "non" dès qu'un contrat nous paraît injuste et proposer autre chose.

Voici un exemple de la négociation d'un contrat:

ÉPOUSE: Je veux aussi te proposer un contrat: durant la prochaine semaine, à chaque fois que tu prendras trente minutes pour être avec les enfants, je te ferai un plat à ton goût le lendemain.

ÉPOUX: Oh, d'accord! Tiens, je vais tout de suite jouer trente minutes avec eux et je vais ensuite les mettre au lit.

ÉPOUSE: Et que veux-tu manger demain?

ÉPOUX: Du gâteau au chocolat.

Un tel contrat peut être écrit sur une feuille et affiché à un endroit où chacun des deux peut le voir.

Certaines personnes peuvent trouver difficile ou désagréable de faire un contrat. Si tel est votre cas, vous pouvez probablement réussir quand même à solutionner des conflits sans avoir recours au contrat. À ce sujet, Craig Ewart de l'université Stanford a fait une recherche sur l'utilité des contrats chez des couples en difficulté, qui avaient d'abord appris à mieux communiquer entre eux.[6] Il a trouvé que les contrats sont très efficaces pour augmenter les comportements désirables, mais que le seul fait de se fixer des buts quotidiens précis et d'observer son propre comportement donne d'aussi bons résultats. Vous pouvez donc vous fixer tout simplement des buts quotidiens et précis, observer votre comportement et employer les contrats uniquement si cette procédure s'avère inefficace.

---

6) EWART, C.K., *Behavior contracts in couple therapy: an experimental evaluation of quid pro quo and good faith models.* Document présenté au Congrès de l'American Psychological Association, Toronto, 1978.

Exercice 58. L'élaboration d'un contrat

Voici un exemple de contrat:

CONTRAT

BUT DU CONTRAT: *Être plus souvent avec les enfants et ne pas crier.*

OBJECTIFS SPÉCIFIQUES:

Je m'engage à *jouer, parler ou travailler*
(préciser le comportement)
avec les enfants

dans les circonstances suivantes: *pendant 15 à*
(préciser le lieu, le moment, la quantité, etc.)
30 minutes, avant ou après le repas du soir

STRUCTURATION DE L'ENVIRONNEMENT:

Afin de m'aider à réaliser ces objectifs, je vais

(1) structurer mon environnement physique et social en *écoutant parfois de la musique en revenant en auto.*

et (2) structurer mon environnement interne (autoverbalisations, images, émotions) en *me relaxant 5 minutes en arrivant du travail et avant d'être avec les enfants.*

CONSÉQUENCES:

Offertes par moi-même

— si le contrat est respecté: *aucune, sauf m'en féliciter*

— si le contrat n'est pas respecté: *aucune*

Offertes par d'autres

— si le contrat est respecté: *manger mon plat préféré le lendemain et être encouragé par Mariette.*

— si le contrat n'est pas respecté: *en re parler ensemble.*

Signature: *Paul*

Témoin: *Mariette*

Date: *1-9-79*

Date de renouvellement: *8-9-79*

À partir des solutions choisies à l'exercice 54, écrivez quelques contrats en vous basant sur la formule suivante:

CONTRAT

BUT DU CONTRAT: ....

OBJECTIFS SPÉCIFIQUES:

Je m'engage à ....
(préciser le comportement)

....

dans les circonstances suivantes: ....
(préciser le lieu, le moment, la quantité, etc.)

....

....

270

STRUCTURATION DE L'ENVIRONNEMENT:

Afin de m'aider à réaliser ces objectifs, je vais

(1) structurer mon environnement physique et social en . . . .

. . . .

et (2) structurer mon environnement interne (autoverbalisations, images,

émotions) en . . . .

. . . .

CONSÉQUENCES:

Offertes par moi-même

— si le contrat est respecté: . . . .

. . . .

— si le contrat n'est pas respecté: . . . .

. . . .

Offertes par d'autres

— si le contrat est respecté: . . . .

. . . .

— si le contrat n'est pas respecté: . . . .

. . . .

Signature: . . . .

Témoin: . . . .

Date: . . . .

Date de renouvellement: . . . .

Étape 6. La vérification des résultats. Avant de mettre les solutions en application, il est préférable de prévoir une façon de faire des observations systématiques (Chapitre 1) des comportements que vous désirez modifier. Ceci vous permettra de vérifier, après un certain temps, si les solutions sont bien exécutées et donnent les résultats désirés. Si tel n'est pas le cas, il faut se remettre à la tâche et reprendre le processus de solution des problèmes à partir de l'étape 1.

Conclusion sur la solution des conflits. Cette méthode de résolution des conflits est une procédure qui a fait ses preuves. Ainsi, selon une recherche de Srinika Jayaratne, une travailleuse sociale de l'Université d'Oklahoma, des familles qui apprennent à résoudre ainsi leurs problèmes interpersonnels et à faire des contrats sont capables par la suite de communiquer plus efficacement et de prendre des décisions ensemble plus rapidement.[7] Cette méthode s'applique autant aux individus qu'aux familles ou aux groupes.

Les six étapes décrites sont toutes importantes. Il est possible, bien sûr, de résoudre un problème sans passer par toutes ces étapes, ou en passant certaines étapes très rapidement. Mais il est important de garder en tête ces six étapes quand nous voulons résoudre un conflit, car des difficultés peuvent survenir simplement parce que nous avons oublié l'une ou l'autre des étapes et alors, nous pouvons facilement retomber dans les critiques vagues et les querelles interminables.

Exercice 59. La résolution d'un conflit

Avec une autre personne, choisissez une situation où l'un des deux fait une critique à l'autre et employez les six étapes de la procédure de solution des problèmes pour régler le conflit.

---

7) JAYARATNE, S., Behavioral intervention and family decision-making, *Social work,* pp. 20-25, janvier 1978.

Voici quelques exemples de conflits interpersonnels.

1) Une femme s'ennuie parce que son mari travaille de nuit et dort le jour.

2) Deux amis qui demeurent ensemble ne s'entendent pas sur la façon de se partager le travail dans leur appartement.

3) Un homme ou une femme se plaint à son patron d'avoir des heures de travail trop longues.

4) Une femme ou un homme trouve que son ami(e) est trop inactif(ve) et très déprimé(e).

Vous pouvez choisir un de ces exemples de conflits ou mieux, en trouver un par vous-même.

Vous pouvez aussi penser à une critique que vous voudriez faire à quelqu'un dans votre entourage et chercher à régler le conflit en employant la procédure de résolution des problèmes. Observez dans votre vie quotidienne comment vous procédez pour régler vos conflits interpersonnels. Il vaut mieux évaluer votre propre comportement que d'accuser l'autre.

Résumé

Il ne suffit pas de pouvoir répondre aux critiques des autres; il est aussi important de savoir exprimer nos propres sentiments négatifs d'une façon directe et non accusatrice et résoudre efficacement les conflits interpersonnels.

En plus d'employer les différentes procédures de communication et d'affirmation de soi déjà étudiées, nous pouvons utiliser une procédure de résolution des problèmes. D'après certaines recherches expérimentales, cette procédure peut donner des résultats très intéressants. Elle suppose d'abord une attitude positive vis-à-vis des conflits interpersonnels et de notre capacité de les résoudre. Elle comporte ensuite les étapes suivantes: la définition du problème en termes de demandes de changements positifs, l'exploration des différentes solutions possibles, la prise de décision, la négociation d'un contrat et la vérification des résultats. Quand nous voulons résoudre un problème interpersonnel, nous avons avantage à connaître cette procédure et à en utiliser les différents éléments au besoin.

Après avoir analysé différentes procédures pour répondre aux critiques et en faire, le prochain chapitre explicitera des façons de répondre aux compliments et d'en faire.

Chapitre 12

Les compliments

Pourquoi des compliments?

Est-il vraiment important de faire et de recevoir des compliments, de se dire à soi-même ou de dire aux autres que nous apprécions certains comportements ou que nous reconnaissons des côtés positifs?

Nous apprenons la majorité de nos comportements par apprentissage social, c'est-à-dire dans nos échanges avec notre environnement social. Nous nous éduquons les uns les autres continuellement. Par la façon dont les autres réagissent face à mes comportements, ils influencent mes futurs comportements. De même, dès que je suis en présence de quelqu'un, j'ai une influence soit positive soit négative face à ses comportements. Si je ne réagis pas face à un comportement, je favorise probablement une diminution de la fréquence de ce comportement dans les prochaines situations semblables. Si je réagis négativement (par des critiques, par exemple), je favorise aussi une diminution de ce comportement ou je suscite souvent de l'anxiété et des contre-attaques. Si je réagis positivement à un comportement, je favorise alors une augmentation de la fréquence de ce comportement. Le compliment est une des façons de réagir positivement à un comportement et prend ainsi toute son importance.

Par ailleurs, certaines études indiquent que les compliments (ou "feedback positifs") aident davantage à modifier des comportements que les critiques négatives (ou "feedback négatifs"). Ainsi, Lysaght et Burchard ont étudié la relation entre un jeune délinquant et sa mère.[1] Celle-ci critiquait beaucoup son fils à propos de ses comportements délinquants (vols, mensonges, etc.). Pour le persuader de changer, elle le punissait, le critiquait et s'opposait à lui continuellement. Lysaght et Burchard ont alors aidé la mère à faire ressortir les côtés positifs de son fils et à les encourager, en lui donnant des feedback positifs comme les suivants: "J'aime beaucoup ce que tu as fait", "Merci", "Ça me fait plaisir", etc. Après quelques semaines de thérapie en ce sens, la relation s'est beaucoup améliorée et les comportements délinquants ont disparu.

Fedoravicius a aussi aidé un jeune délinquant de seize ans qui se plaignait du même genre de critiques négatives de la part de ses parents.[2] Il lui a montré à modifier l'attitude de ses parents, en étant lui-même plus positif à leur égard. Le renforcement positif (par des compliments très simples comme: "Je suis content que tu m'aides", "Tu es très gentil", "J'apprécie que tu fasses telle chose pour moi", "C'est gentil de ta part", peut aussi être employé pour améliorer les relations de couple tant au niveau sexuel qu'au niveau de la communication.[3]

---

1) LYSAGHT, T.V. et BURCHARD, J.D., The analysis and modification of a deviant parent-youth communication pattern, *Journal of behavior therapy and experimental psychiatry, 16,* pp. 339-342, 1975.

2) FEDORAVICIUS, A.S., The patient as shaper of required parental behavior: A case study, *Journal of behavior therapy and experimental psychiatry, 4,* pp. 395-396, 1973.

3) WIEMAN, R.J., SHOULDERS, D.I. et FARR, J.A., Reciprocal reinforcement in marital therapy, *Journal of behavior therapy and experimental psychiatry, 8,* pp. 35-38, 1974.

Ces recherches nous apprennent donc qu'il est très important d'exprimer nos sentiments positifs et que les compliments peuvent jouer un rôle déterminant dans nos relations interpersonnelles.

Et que dire des compliments que nous pouvons nous faire à nous-mêmes et des sentiments positifs que nous pouvons avoir après avoir accompli quelque chose?

Plusieurs auteurs mettent en relief le rôle des autoverbalisations (voir le chapitre 7) par rapport à l'estime de soi. Ils montrent les liens entre l'absence d'autorenforcement et la dépression.[4] Ils découvrent, en effet, que les gens les plus déprimés sont ceux qui s'autorécompensent le moins et s'autopunissent le plus. En d'autres mots, ils sont très sévères pour eux-mêmes et rarement satisfaits de leur performance, même si elle est objectivement valable. Quand ils ont fait très peu, ils se punissent beaucoup et, quand ils ont fait beaucoup, ils se félicitent très peu. Les gens déprimés ont donc beaucoup de difficulté à évaluer eux-mêmes ce qu'ils font de bien et à se récompenser par la suite.

Se connaître et s'aimer soi-même

Si je veux m'estimer moi-même et être capable de répondre adéquatement aux compliments que les autres me font, il faut d'abord que je connaisse mes points forts et mes points faibles et que je m'aime moi-même comme je suis. Quand je pourrai reconnaître que j'ai des qualités et qu'il n'y a rien d'étonnant à ce que quelqu'un me complimente, je pourrai plus facilement accepter les compliments et aussi les critiques. Pour y arriver, il est important que je sois mon meilleur ami.

---

4) CIMINERO, A.R. et STEINGARTEN, K.A., The effects of performance standards on self-evaluation and self-reinforcement in depressed and non-depressed individuals, *Congnitive therapy and research, 2*, pp. 179-182, 1978.
MARSTON, A.R., Personality variables related to self-reinforcement, *Journal of psychology, 58*, pp. 169-175, 1964.

C'est quoi, un ami? C'est quelqu'un qui m'apporte quelque chose et à qui j'apporte quelque chose; c'est quelqu'un avec qui j'aime parler et qui aime parler avec moi; c'est quelqu'un avec qui je fais certaines activités qui nous plaisent à tous les deux; c'est quelqu'un qui peut m'écouter quand j'ai besoin de parler de ce qui m'arrive d'heureux et de malheureux et que je peux aussi écouter.

Si je veux être mon meilleur ami, je dois agir moi-même comme j'agirais avec mon meilleur ami et comme mon meilleur ami agirait avec moi. Je peux faire, pour moi, des activités que j'aime, tenir compte de mes intérêts, me dire à moi-même des choses agréables, ne pas me mépriser quand je fais des erreurs, faire attention à mon bien-être physique et psychologique, chanter, siffler, sourire pour mon plaisir, ne pas m'obliger à être parfait, me trouver aimable et important pour moi-même, découvrir mes talents, mes habiletés, mes points forts, mes qualités, être heureux d'être ce que je suis et de vivre avec moi-même.

En deuxième lieu, si je veux être mon meilleur ami, j'éviterai de parler constamment de mes échecs et de mes défauts et je parlerai plus souvent de mes intérêts, de mes qualités et de mes réussites. De cette façon, j'aurai des relations plus intéressantes avec les autres. Il ne s'agit pas de se vanter continuellement sans écouter les autres, mais de savoir parler au moins aussi bien de ses qualités que de ses défauts.

Il arrive souvent que des personnes apprennent à parler davantage de leurs difficultés que de leurs succès. Ils trouvent alors peu de gens qui sont prêts à les écouter et se sentent déprimés et seuls. Il est alors extrêmement important de renverser la vapeur! Il faut que ces personnes-là fassent un effort particulier pour penser davantage à leurs côtés positifs, à leurs intérêts, à leurs expériences intéressantes, à leurs succès et à ce qui les rend heureux en général. Ils doivent aussi s'efforcer de parler davantage de tout cela. Ils peuvent arriver ainsi à avoir des relations plus intéressantes avec les autres et à trouver la vie plus intéressante.

Le long de mon chemin
J'en ai vu de tout'les couleurs
Mais je n'ai pas été au fond de moi

Je veux aller aux antipodes de moi-même
Chercher mes quatre vérités
Je veux connaître les passions les plus extrêmes
M'y perdre pour mieux m'y retrouver

"Antipodes"
Paroles de Luc Plamondon
pour Renée Claude
©Éditions Mondon

Exercice 60. Prenez conscience de vos qualités et de vos intérêts

Vous pouvez d'abord observer, pendant quelques jours, combien de fois vous parlez de vous-même d'une façon positive et d'une façon négative, et avec quelles personnes. Ensuite, faites l'exercice suivant, puis continuez vos observations pour vérifier si vous changez.

Pensez à au moins quatre qualités ou intérêts que vous avez. Puis, imaginez que vous décrivez ces quatre qualités ou intérêts à des personnes que vous connaissez. Ensuite, faites dans la réalité ce que vous avez imaginé, c'est-à-dire parlez à ces personnes des côtés positifs de vous-même.

De plus, à chaque jour, écrivez les choses que vous faites pour vous-même, les activités intéressantes que vous faites pour être heureux de vivre avec vous-même. Observez le temps que vous accordez à satisfaire vos propres besoins, jusqu'à quel point vous savez vous apprécier, quels sont les récompenses ou les encouragements que vous vous accordez. Puis, essayez d'augmenter cela. Félicitez-vous lorsque vous faites ou dites quelque chose de positif pour vous-même.

Nos malaises devant les compliments

Les compliments peuvent nous rendre aussi anxieux et mal à l'aise que les critiques. Tout comme nous pouvons rougir quand quelqu'un nous critique, nous pouvons aussi rougir quand quelqu'un nous complimente. De plus, nous avons à peu près la même réaction, que le compliment soit vrai ou faux. En résumé, nous sommes parfois aussi défensifs devant les compliments que devant les critiques. Ceci peut paraître étonnant, mais en nous observant, nous verrons que c'est souvent ainsi.

Pourquoi? Notre malaise devant les compliments est un phénomène qui peut avoir différentes causes. Nous pouvons parfois avoir peur qu'il s'agisse de flatteries qui permettront à l'autre de nous manipuler. Les compliments et appréciations des autres peuvent être des façons de nous amener à répondre à leurs besoins; par exemple, quelqu'un peut nous dire: "Tu es bien gentil... Pourrais-tu faire ceci pour moi?" Nous pouvons aussi avoir peur de reconnaître nos qualités par crainte des responsabilités qu'elles entraînent. Il est possible aussi qu'au cours de notre éducation, nous ayons appris qu'il n'était pas correct de reconnaître le bien-fondé d'un compliment qui nous est adressé et qu'il fallait protester et se montrer gêné. Il est possible aussi que nous ayons reçu peu de compliments durant notre vie. Souvent, les gens — parents, professeurs, patrons — prennent plus de temps à chercher les erreurs que nous pouvons faire qu'à chercher à connaître nos succès et nos talents pour nous en parler. Et alors, nous n'apprenons pas à recevoir des compliments. De plus, à la radio, à la télévision et dans les journaux, nous entendons plus souvent parler des mauvaises nouvelles que des bonnes nouvelles, des critiques que des félicitations. Ceci peut nous amener à croire qu'il est peu intéressant de parler et d'entendre parler de ce qui va bien. Enfin, chacun peut sans doute faire d'autres hypothèses sur les raisons de ses malaises devant les compliments.

Nous retrouvons, face aux compliments, les mêmes réponses inadéquates que face aux critiques: nous les nions, nous disons que c'est l'autre qui a beaucoup de qualités, mais nous avons de la difficulté à accepter la réalité ou à rejeter les flatteries. Alors, les autres cessent de nous complimenter ou continuent à nous flatter, parce que nous ne savons pas réagir aux compliments et aux flatteries. Voici un exemple: après un bon repas, un époux, bien intentionné, veut montrer à son épouse combien il l'apprécie:

ÉPOUX: Je trouve que ce repas était très bon.

ÉPOUSE: (Gênée) Oh! Il était bien ordinaire.

ÉPOUX: Le rôti était excellent.

ÉPOUSE: C'est tout simplement une recette de la voisine.

ÉPOUX: Le dessert était aussi très bon.

ÉPOUSE: Bah! C'est un dessert bien simple. Même toi, tu pourrais le faire.

ÉPOUX: En tout cas, c'était très bon. Tu t'es surpassée.

ÉPOUSE: C'est bien normal que je me force un peu de temps en temps.

On voit, dans ce court dialogue, un exemple de négation devant des compliments mérités. Il en résultera sans doute que l'époux aura moins tendance, par la suite, à complimenter son épouse. Peut-être nous arrive-t-il aussi de réagir négativement devant des compliments mérités. Pourtant, nous avons tous besoin que les autres reconnaissent et nous disent ce que nous faisons de bien. Pour ne pas perdre cette source de feedback positifs sur notre comportement, il faut donc savoir répondre de façon affirmative aux compliments. Si nous savons répondre de façon affirmative aux compliments, probablement que nous saurons aussi écouter plus facilement les critiques. Nous devons accepter les compliments mérités et rejeter les flatteries, en nous rappelant que nous sommes juges de nos pensées, de nos sentiments et de nos comportements et que c'est à nous d'évaluer finalement si un compliment est valable ou non.

Types de compliments

Tout comme pour les critiques, nous pouvons considérer qu'il y a trois types de compliments:

1) les compliments justes, sincères et spécifiques;
2) les compliments complètement faux et que l'on nous dit soit par ignorance ou par flatterie;
3) les compliments vagues.

Elle: *Je le dirai au roi*
Que c'est grâce à toi
S'il fait clair chez moi.

Lui: *Tu lui diras aussi*
Que s'il fait chaud chez moi
C'est grâce à toi d'abord.

Elle: *Et je te dis merci*
Et je suis fière de toi.

Lui: *Dis-le moi encore.*

Elle: *Fière, fière...* "Manic 5"
Paroles de Félix Leclerc
Lui: *Un mot que je croyais mort.* ©Félix Leclerc

La façon de communiquer de façon affirmative devant les compliments ressemble à celle que nous pouvons utiliser devant les critiques, sauf que le contenu est évidemment différent. Nous allons donc voir que nous pouvons utiliser des procédures semblables.

Exercice 61. Vos réactions face aux compliments

Autant que possible, faites cet exercice avec une autre personne. Faites chacun trois listes de compliments. Dans la première liste, écrivez trois compliments complètement faux pour vous, dans la deuxième liste, trois compliments justes et précis, et dans la troisième liste, trois compliments vagues et imprécis. Échangez vos listes. Puis, chacun à votre tour, choisissez un compliment sur la liste de l'autre et faites-lui ce compliment. Essayez d'identifier vos réactions aux différents types de compliments.

Les compliments justes

Nous avons parfois beaucoup de difficulté à accepter franchement les compliments justifiés. Il suffit pourtant de remercier l'autre d'un tel compliment en souriant, comme on remercie quelqu'un pour un cadeau, et d'ajouter peut-être de l'*affirmation de soi positive*. Cette procédure consiste à indiquer à l'autre que nous jugeons nous-mêmes que nous avons bien telle ou telle qualité et que nous sommes heureux que l'autre l'ait remarquée. Voici un dialogue qui illustre cette procédure:

SUZANNE: Tu as l'air heureux, ce matin.

CHARLES: Oui, tu as raison, je me sens en pleine forme. (Affirmation de soi positive).

SUZANNE: Et puis, tu as une très belle chemise.

CHARLES: Tu trouves! Moi aussi, c'est ma chemise préférée. (Affirmation de soi positive).

SUZANNE: Tes souliers sont très beaux aussi.

CHARLES: Merci.

SUZANNE: J'ai remarqué qu'hier tu as fait un très bon travail; tu as réussi une vente très difficile.

CHARLES: Je suis heureux que tu l'aies remarqué. (Révélation de soi). J'ai trouvé, moi aussi, que je me débrouillais très bien. (Affirmation de soi positive).

Exercice 62. L'affirmation de soi positive

Reprenez votre liste de compliments justes de l'exercice 61 et répondez-y en employant la procédure de l'affirmation de soi positive. Vous pouvez faire cet exercice avec une autre personne ou en imagination.

Les compliments faux

Il faut réagir devant un compliment faux, comme devant une critique fausse, en le niant, en employant si nécessaire la procédure du *disque brisé* et en évitant de complimenter l'autre à notre tour.

En voici un exemple. Jean est tout à fait déprimé et son apparence s'en ressent. Jeannette essaie de l'aider en lui disant qu'il a l'air en parfaite forme.

JEANNETTE: Tu as l'air bien joyeux aujourd'hui.

JEAN: Je ne sais pas ce qui te fait dire cela, mais, au contraire, je ne suis pas en grande forme.

JEANNETTE: Mais tu as l'air tout à fait bien portant.

JEAN: Non. Je regrette, mais je ne vais pas très bien. (Disque brisé).

Si l'autre insiste, vous pouvez soit lui donner de l'*information,* soit employer la procédure de *révélation de soi* ou l'*enquête positive* sur ce qui amène l'autre à faire de faux compliments.

JEANNETTE: Pourtant, à te voir, je suis sûre que tu es un homme sans problèmes. Pour moi, tu t'imagines avoir des problèmes.

JEAN: Écoute, Jeannette. Ça m'embête que tu me dises de telles choses (Révélation de soi), alors que je suis particulièrement triste. (Disque brisé). Je me demande ce qui t'amène à me dire que je suis en forme et sans problèmes. (Enquête positive).

JEANNETTE: Même si tu n'as pas l'air tout à fait heureux, je suis sûre que tu n'es pas le gars à te laisser aller à la dépression et je te dis cela pour t'aider.

JEAN: Vois-tu. Le patron vient de me dire que je fais mal mon travail et ça me dérange beaucoup. (Information et révélation de soi). Puis, ça ne m'aide pas du tout que tu tiennes tant à me faire croire que j'ai l'air en pleine forme. (Révélation de soi).

Exercice 63. Répondre aux compliments faux

Reprenez votre liste de compliments faux de l'exercice 61 et répondez-y en employant les procédures du disque brisé, de l'information, de la révélation de soi et de l'enquête positive. Vous pouvez faire cet exercice avec une autre personne ou en imagination.

Les compliments vagues

Devant un compliment vague, trop général, il est bon d'employer l'*enquête positive* pour amener l'autre à préciser ce qu'il remarque d'intéressant en nous et décider ensuite si ce compliment nous apparaît justifié ou non. En voici un exemple:

BERNADETTE: Tu es bien belle aujourd'hui.

DENISE: Oui? Qu'est-ce que j'ai que tu trouves beau? (Enquête positive).

BERNADETTE: Ton chemisier est très beau.

DENISE: Merci. Moi aussi, je l'aime beaucoup. (Affirmation de soi positive).

Exercice 64. L'enquête positive

Reprenez votre liste de compliments vagues de l'exercice 61 et répondez-y en employant la procédure de l'enquête positive. Vous pouvez faire cet exercice avec une autre personne ou en imagination.

Faire des compliments

Sachant l'importance des compliments dans les relations interpersonnelles, prenez l'habitude de montrer aux gens autour de vous que vous les appréciez. Faire un compliment sincère, c'est comme donner un cadeau. C'est donc important de manifester des marques d'appréciation précises, autant au niveau verbal (compliments sincères) qu'au niveau non verbal (main sur l'épaule, sourire, poignée de mains chaleureuse, etc.). De cette façon, vous permettez aux autres de savoir ce que vous trouvez important et intéressant dans leur comportement, dans leur attitude, dans leur apparence. Évidemment, c'est à eux ensuite de décider si ce compliment est justifié ou non et de réagir en conséquence. Mais généralement, les gens sont heureux quand nous leur montrons que nous les apprécions sincèrement et cela renforce nos relations avec eux. De plus, et cela est aussi très important, si vous avez l'habitude de montrer à une personne quels sont ses comportements que vous appréciez, cela crée un climat favorable entre vous deux et il est ensuite plus facile pour cette personne de vous écouter quand vous avez des critiques à lui faire. Pour avoir le droit de faire des critiques, il faut aussi être capable de remarquer ce que l'autre fait d'intéressant.

> *En été les filles sont belles*
> *Moi j'pense quié temps d'le chanter*
> *Il nous faut leur dire qu'on les aime*
> *Avec douceur et en beauté*
>
> *En été les filles sont belles*
> *Moi j'pense quié temps d'en parler*

> "Belles d'été"
> Paroles de Bertrand Gosselin
> ©Les Éditions Sarah Porte (SDE)

Exercice 65. Faire et recevoir des compliments

Cet exercice se fait dans un groupe d'au moins quatre personnes. Écrivez, sur une feuille, les noms de toutes les personnes de ce groupe par ordre, en commençant par la personne de la part de qui vous vous sentez le plus à l'aise de recevoir des compliments.

Ensuite, une des personnes du groupe reçoit les compliments des autres. Chacun, en commençant par la première personne de la liste de celui qui reçoit les compliments, lui dit un compliment sincère. Celui qui reçoit les compliments y pense bien et répond d'une façon appropriée (affirmation de soi positive, révélation de soi, enquête positive, etc.). Chaque membre du groupe reçoit ainsi les compliments du reste du groupe.

Exercice 66. Appréciez les personnes de votre entourage

Pensez aux personnes avec qui vous vivez et imaginez que vous leur dites des compliments sincères à chacune d'elles. De façon verbale et de façon non verbale (contact des yeux, touchers, sourires), montrez-leur que vous les appréciez et pourquoi.

Vous pouvez ensuite faire une liste des compliments que vous pouvez faire aux gens autour de vous. Par exemple, vous pouvez féliciter quelqu'un pour sa façon de s'habiller, pour son apparence générale, pour son travail, ses habiletés, sa personnalité, pour un service qu'il vous rend, etc. Essayez de rendre votre compliment le plus précis possible. Ensuite, vous pouvez décider de faire un compliment à une personne différente à chaque jour.

Résumé

Les compliments peuvent constituer une source de feed-back fort intéressante sur notre propre comportement. Quand nous connaissons ce que les autres apprécient en nous, nous pouvons alors juger si le compliment est valable ou non et mieux orienter notre vie.

Que nous en soyons conscients ou non, nous sommes influencés par les feedback positifs ou négatifs que les autres nous donnent. Il vaut donc la peine d'en prendre conscience et d'apprendre à réagir de façon affirmative face aux compliments, comme nous l'avons fait par rapport aux critiques.

Pour pouvoir répondre adéquatement aux compliments des autres, il y a lieu d'apprendre d'abord à nous connaître et à nous apprécier nous-mêmes, pour pouvoir ensuite évaluer si un compliment est valable ou non. L'affirmation de soi positive est la procédure de base à utiliser devant les compliments que nous jugeons justes. Face aux compliments faux, différentes techniques peuvent permettre d'éclairer l'autre sur ce que nous pensons de la nature de ses compliments: le disque brisé, l'information, la révélation de soi et l'enquête positive. Par ailleurs, l'enquête positive peut aider à préciser les compliments vagues.

Enfin, étant donné l'importance des feedback positifs dans les relations interpersonnelles, il est particulièrement important de faire des compliments sincères aux autres et de leur montrer que nous les apprécions.

Conclusion

Vous avez lu ce livre, fait les exercices, appris certaines choses qui ont pu vous être utiles et, tel que promis, le ciel ne vous est pas tombé sur la tête! Mais, vous cherchez encore — nous cherchons tous — ce "petit quelque chose" qui rende la vie plus intéressante, qui libère de la routine sans joie, qui ouvre les barrières de nos relations interpersonnelles et de nos angoisses intimes.

Ce qui est important, c'est d'être en marche, d'essayer quelque chose. L'arrêt, c'est la mort! Ce livre a voulu être un genre de compagnon de voyage; il ne peut avoir réponse à tout, même s'il lui arrivait d'en donner l'impression. Avec l'évolution des connaissances scientifiques et des découvertes de chacun de nous, il sera sans doute dépassé dans quelques années.

Que reste-t-il à faire devant l'insatisfaction? Peut-être bien aller tout simplement à la recherche de ses besoins personnels et les satisfaire, ou encore consulter un psychothérapeute pour vous aider de façon plus spécifique dans certaines difficultés.

Si vous désirez recourir à l'aide d'un psychothérapeute, voici quelques conseils. D'abord, il est important que ce thérapeute fasse partie d'une corporation professionnelle. Certains psychothérapeutes non professionnels peuvent être excellents, mais plusieurs ne sont que des charlatans.

Par ailleurs, vous préférez peut-être rencontrer un psychothérapeute en bureau privé. Mais il n'est pas assuré que c'est là que vous trouverez nécessairement le meilleur thérapeute. Il est possible qu'en moyenne, les psychothérapeutes en bureau privé aient plus d'expérience. Mais cela n'est pas évident et vous pouvez recevoir d'excellents services dans les hôpitaux et les cliniques spécialisées, sans débourser d'argent.

Tous les psychothérapeutes professionnels ont reçu un entraînement plus ou moins spécifiques et pratiquent une forme particulière de psychothérapie. Il est possible que telle ou telle forme de psychothérapie ne vous convienne pas. Si tel est le cas, n'hésitez pas à changer de thérapeute. Ne croyez pas qu'un professionnel a toujours raison! Et n'oubliez pas que votre relation avec le thérapeute doit être libératrice et non possessive (Chapitre 3).

Si, au lieu de consulter un psychothérapeute, vous décidez de partir par vous-même à la découverte de vos besoins, vous pouvez employer la méthode de résolution des problèmes (Chapitre 11). Essayez de découvrir tous les comportements possibles qui pourraient rendre votre vie plus intéressante, sans juger d'abord si ces comportements ou ces activités sont réalisables. Ensuite, faites un choix et planifiez un ensemble d'activités qui peuvent augmenter quotidiennement votre satisfaction dans la vie.

> *On peut s'en aller aussi loin qu'on veut*
> *Être bien dans sa tête... c'est mieux*
> *Surtout soyez fous*
> *Soyez fous jusqu'au bout*
> *Laissez passer les clowns*
>
> *Rien ne compt'ra plus quand vous serez vieux*
> *Que d'avoir été heureux*
> *Quand le ciel est bleu*
> *Ouvrez tout grand les yeux*
> *Laissez passer les clowns*

"Laissez passer les clowns"
Paroles de Luc Plamondon
pour Diane Dufresne
©Editions Mondon

Si nous nous laissons aller à notre imagination, inspirés par le "surtout soyez fous" de Diane Dufresne et par quelques idées de Gottman et ses collaborateurs[1], ceci peut donner une folle liste de suggestions comme celle qui suit:

— faire voler un cerf-volant;
— écrire un roman policier;
— regarder les étoiles, comme Sylvie adore le faire;
— faire l'amour toute la nuit;
— planter mes pieds de tomates;
— faire du camping avec Geneviève et Francis;
— me trouver un travail que j'aime beaucoup;
— me garder du temps pour moi;
— jouer aux "Mille bornes" avec Marcel et René;
— voir trois bons films l'un après l'autre;
— dormir durant douze heures;
— faire un plat spécial dans ma cocotte d'argile pour Ginette et Jean-Claude;
— téléphoner à ma mère;
— faire dix kilomètres de ski de randonnée;
— apprendre le piano, la guitare ou la flûte traversière;
— faire du vin avec Suzanne et Jacques;
— manger une immense pizza garnie, comme seuls Diane et Jacques savent la faire;
— prendre un bon repas au restaurant avec Janine et Jean-Pierre;
— faire du canot-camping avec Gilles;
— regarder mes vieilles photos;
— travailler pour le candidat de mon choix aux prochaines élections;

1) GOTTMAN, J., NOTARIUS, C., GONSO, J. et MARKMAN, H., *A couple's guide to communication*, Research Press, Champaign, Illinois, 1976.

- m'inscrire dans une association ou un groupe de loisirs;
- arrêter de fumer;
- faire des activités physiques pour être un peu plus en forme;
- parler durant des heures avec un bon ami que je n'ai pas vu depuis longtemps;
- aller à la campagne, chez Gérard, Anne-Marie ou Janine;
- travailler pour le syndicat;
- faire de la bicyclette un dimanche matin, avec Michel et Suzanne;
- magasiner avec Marcel;
- prendre des leçons de danse;
- visiter nos amis Nicole et José;
- aller au Carnaval de Québec;
- aller au zoo, au jardin botanique ou au musée d'art;
- acheter un aquarium et des poissons tropicaux;
- aller à un concert-rock avec Violaine;
- écrire à des amis du Nord-Ouest du Québec;
- aller à une partie de hockey, de baseball ou de football;
- jouer au tennis, aux quilles, patiner ou pratiquer un autre sport;
- aller aux courses;
- acheter des plantes d'intérieur;
- acheter un nouveau disque;
- manger un immense sundae;
- peinturer la maison;
- faire un interurbain pour parler à Ruth;
- acheter un livre qui traite d'un sujet qui m'est totalement inconnu;

- regarder le dernier film de la nuit à la télévision;
- se lever tôt pour voir le lever du soleil;
- marcher dans la forêt;
- inviter à dîner quelqu'un que je connais peu;
- avoir un chien ou un chat;
- faire un pique-nique avec Francine et Claude;
- acheter quelque chose de nouveau pour décorer la maison;
- faire un party;
- prendre un petit déjeuner à l'extérieur de la maison;
- faire un casse-tête;
- aller au théâtre;
- faire de la peinture avec les doigts;
- visiter un antiquaire ou un artisan;
- assister à un encan;
- prendre des photos;
- jouer dans la neige;
- faire de l'artisanat;
- aller à la pêche;
- inviter Robert que je n'ai pas vu depuis longtemps;
- visiter mon ancien collège;
- lire un livre que j'ai aimé il y a dix ans;
- écouter un vieux disque;
- acheter une rose;
- visiter ma ville en touriste;
- écouter le pire téléroman, en faire une critique et la faire parvenir au poste de télévision;
- faire une collection de macarons, comme Lucien;
- lire un livre sur un pays lointain et imaginer que je suis en train de le visiter;
- faire une liste de cinquante activités que je peux faire durant les prochains six mois!

Espérons que cette liste vous donne le goût de faire votre propre liste, à l'abri des jugements de valeurs et des critiques. Rapprochez-vous de vous-même; laissez-vous aller à parler, à imaginer et à créer de nouveaux horizons. Vous verrez bien par la suite...

Dans la vie, il y a parfois des changements extraordinaires.

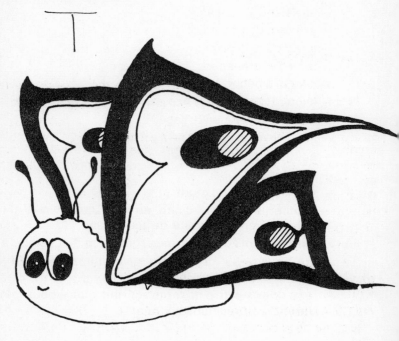

Bibliographie annotée à l'usage des professionnels

1. La communication

GORDON, T. (1976). *Parents efficaces: Une méthode de formation à des relations humaines sans perdant* (Trad. J. Roy et J. Lalanne). Montréal: Éditions du Jour.

Ce livre reprend, dans le cadre des relations parents-enfants, un certain nombre de principes de la communication: la communication de l'acceptation de l'autre, l'écoute active, la confrontation, l'emploi du "je" et la résolution des conflits. C'est un livre très utile pour l'amélioration de la communication au sein de la famille.

JOURARD, S.M. (1971). *La transparence de soi.* Québec: Éditions Saint-Yves.

L'auteur considère que la révélation de soi favorise le bien-être psychologique. Il applique cette hypothèse à différents niveaux: sexualité, amour, famille, psychothérapie, etc.

WATZLAWICK, P., BEAVIN, J.H., JACKSON, D.D. (1967). *Une logique de la communication* (Trad. J. Morche). Paris: Seuil.

Il s'agit de la présentation d'une théorie des effets de la communication sur le comportement humain. Plusieurs concepts intéressants sont expliqués: la communication digitale et la communication analogique; la communication paradoxale; la prescription du symptôme et les doubles contraintes thérapeutiques. Enfin, il s'y trouve une excellente analyse de la pièce de théâtre *Qui a peur de Virginia Woolf?* à partir de cette théorie.

DITTMANN, A.T. (1972). *Interpersonal messages of emotion.* New York: Springer.

L'auteur applique la théorie mathématique de la communication à la communication interpersonnelle des émotions. Les thérapies de la communication s'inspirent souvent des concepts provenant de cette théorie.

GOTTMAN, J., NOTARIUS, C., GONSO, J., MARKMAN, H. (1976). *A couple's guide to communication.* Champaign, Illinois: Research Press.

Simple et facile à lire, c'est sans doute le meilleur ouvrage de vulgarisation sur l'approche behaviorale des problèmes de communication dans le couple. Les auteurs clarifient notamment les processus de l'écoute et de l'expression des émotions.

Autres écrits intéressants

ARGYLE, M., ALKEMA, G., GILMOUR, R. (1971). The communication of friendly and hostile attitudes by verbal and non-verbal signals. *European journal of social psychology, 1,* 385-402.

BARKER, L.L. (Ed.) (1975). *Communication vibrations.* Englewood Cliffs, New Jersey: Prentice-Hall.

BULLMER, K. (1975). *The art of empathy.* New York: Human Sciences Press.

BURKE, R.J., WEIR, T., HARRISON, D. (1976). Disclosure of problems and tensions experienced by marital partners. *Psychological reports, 38,* 531-542.

CARKHUFF, R.R. (1973). *The art of helping*. Amherst, Mass.: Human Resource Development Press.

DERLEGA, V.J., HARRIS, M.S., CHAIKIN, A.L. (1973). Self-disclosure reciprocity, liking, and the deviant. *Journal of experimental social psychology, 9,* 277-284.

EHRLICH, H.J., GRAEVEN, D.B. (1971). Reciprocal self-disclosure in a dyad. *Journal of experimental social psychology, 7,* 389-400.

GOLDSTEIN, A.P. (1975). Relationship-enhancement methods. *In* F.H. Kanfer et A.P. Goldstein (Eds.): *Helping people change*. New York: Pergamon.

GUERNEY, B.G. (Ed.) (1977). *Relationship enhancement*. San Francisco: Jossey-Bass.

HUMAN DEVELOPMENT INSTITUTE (1967). *General relationship improvement program*. Atlanta, Georgia: HDI, 5e édition.

JONES, E.E., ARCHER, R.L. (1976). Are there special effects of personalistic self-disclosure? *Journal of experimental social psychology, 12,* 180-193.

KOENIG, K.P. (1969). Self-disclosure and anxiety change. *Behaviour research and therapy, 7,* 185-189.

KOOPMAN, E.J., HUNT, E.J., COWAN, S.D. (1978). *Talking together*. Kalamazoo, Michigan: Behaviordelia.

MINKIN, N., BRAUKAMNN, C.J., MINKIN, B.L., TIMBERS, G.D., TIMBERS, B.J., FIXSEN, D.L., PHILLIPS, E.L., WOLF, M.M. (1976). The social validation and training of conversational skills. *Journal of applied behavior analysis, 9,* 127-139.

OLSON, D.H.L. (1976). *Treating relationships*. Lake Mills, Iowa: Graphic Pub.

PEELE, S., BRODSKY, A. (1975). *Love and addiction*. New York: Toplinger.

PIAGET, G.W. (1972). Training patients to communicate. *In* A.A. Lazarus (Ed.): Clinical behavior therapy. New York: Brunner-Mazel.

ROYCE, W.S., ARKOWITZ, H. (1978). Multimodal evaluation of practice inter-actions as treatment for social isolation. *Journal of consulting and clinical psychology, 46,* 239-245.

SCHINKE, S.P., ROSE, S.D. (1976). Interpersonal skill training in groups. *Journal of counseling psychology, 23,* 442-448.

TEPPER, D.T., HAASE, R.F. (1978). Verbal and nonverbal communication of facilitative conditions. *Journal of counseling psychology, 25,* 35-44.

WHITE, W.C., BERGER, F. (1976). Behavior rehearsal and social competence: A pilot study. *Journal of counseling psychology, 23,* 567-570.

WIEMAN, R.J., SHOULDERS, D.I., FARR, J.A. (1974). Reciprocal reinforcement in marital therapy. *Journal of behavior therapy and experimental psychiatry, 5,* 291-295.

WRIGHT, J., MATHIEU, M. (1977). Problèmes du couple. *In* R. Ladouceur, M.A. Bouchard et L. Granger (Eds.): *Principes et applications des thérapies behaviorales.* St-Hyacinthe, Québec: Edisem et Paris: Maloine.

2. L'affirmation de soi

ALBERTI, R.E., EMMONS, M.L. (1974). *Affirmez-vous: Petit guide d'entraînement aux aptitudes sociales* (Trad. W. Pilon, J. Côté, D. Desroches et M. Moisan). St-Hyacinthe, Québec: Edisem, 1978.

Il s'agit d'un classique dans le domaine. La première partie du livre décrit, pour le profane, le comportement affirmatif et l'entraînement à l'affirmation de soi. La deuxième partie s'adresse plutôt au clinicien et donne des éléments de base pour le diagnostic et le traitement des problèmes d'affirmation de soi.

LAZARUS, A., FAY, A. (1975). Qui veut peut (Trad. E. Laporte et E.C. Desjardins). Québec: Éditions Saint-Yves, 1979.

Les auteurs décrivent différentes conceptions ou autoverbalisations irrationnelles, en présentent une critique et propo-

sent des moyens de modifier les comportements non affirmatifs. Il s'agit d'un excellent livre pour des personnes présentant
des difficultés en communication et en affirmation de soi. Il
s'inspire d'une approche cognitive et comportementale et est
en même temps pratique et facile à lire.

MATHIEU, M., WRIGHT, J., VALIQUETTE, C. (1977). Assertion
et habiletés sociales. *In* R. Ladouceur, M.A. Bouchard et L.
Granger (Eds.): *Principes et applications des thérapies
behaviorales.* St-Hyacinthe, Québec: Edisem et Paris:
Maloine.

Cet article constitue sans doute la meilleure introduction
critique en français dans le domaine. Les auteurs décrivent
évaluent les principales théories de l'assertion, les taxonomies
des situations d'assertion, le contenu verbal et non verbal du
comportement assertif, les procédures d'évaluation et de traitement ainsi que les recherches sur l'entraînement à l'affirmation de soi. Enfin, ils insistent sur les liens à établir entre ce
domaine et les études sur la communication.

GOLDSTEIN, A.P. (1973). *Structured learning therapy: Toward
a psychotherapy for the poor.* New York: Academic Press.

GOLDSTEIN, A.P., SPRAFKIN, R.P. GERSHAW, N.J. (1976).
*Skill training for community living: Applying structured lear-
ning therapy.* New York: Pergamon.

Un excellent programme d'entraînement à la communication et à l'affirmation de soi, conçu particulièrement pour les
personnes défavorisées et pour les patients psychiatriques en
voie de réinsertion sociale.

LANGE, A.J., JAKUBOWSKI, P. (1976). *Responsible assertive
behavior: Cognitive/behavioral procedures for trainers.*
Champaign, Illinois: Research Press.

C'est sans doute actuellement le livre le plus complet pour
le professionnel qui veut faire de l'entraînement à l'affirmation
de soi. Les procédures d'évaluation et de traitement sont bien
explicitées et de nombreux exercices sont proposés.

LIBERMAN, R.P., KING, L.W., DERISI, W.J., MCCANN, M.
(1975). *Personal effectiveness: Guiding people to assert*

themselves and improve their social skills. Champaign, Illinois: Research Press.

Cet ouvrage se caractérise par une présentation claire des procédures d'animation dans un groupe d'entraînement à la communication et à l'affirmation de soi.

SMITH, M.J. (1975). *When I say no, I feel guilty.* New York: Dial.

L'auteur décrit sa conception du droit de s'affirmer et explique les procédures du "disque brisé", de la révélation de soi, du "brouillard", de l'affirmation de soi négative, de l'enquête négative, etc. Il s'agit d'un bon ouvrage de vulgarisation, bien qu'à certains moments, il semble prôner l'agressivité plutôt que l'affirmation de soi.

The counseling psychologist, volume 5, numéro 4, 1975: Assertion training.

Un numéro complet de cette revue est consacré à l'entraînement à l'affirmation de soi et comprend des textes de plusieurs auteurs importants.

ZIMBARDO, P.G. (1977). *Shyness: What it is, what to do about it.* Reading, Massachusetts: Addison-Wesley.

L'auteur est un chercheur en psychologie sociale. S'inspirant de ses recherches, il décrit sa conception de la timidité et de son traitement. Il présente aussi plusieurs exercices très intéressants.

Autres écrits intéressants

ADLER, R.B. (1977). *Talking straight.* New York: Holt-Rinehart et Winston.

ALBERTI, R.E. (Ed.) (1977). *Assertiveness: Innovations, applications, issues.* San Luis Obispo, California: Impact.

BLOOM, L.Z., COBURN, K., PEARLMAN, J. (1975). *The new assertive woman.* New York: Delacorte.

BOISVERT, J.M., BEAUDRY, M. (1979). Un programme d'entraînement à la communication et à l'affirmation de soi: Résultats préliminaires. *Annales médico-psychologiques,* sous presse.

BOORAEM, C., FLOWERS, J., SCHWARTZ, B. (1978). *Help your children be self-confident*. Englewood Cliffs, N.J.: Prentice-Hall.

BOUCHARD, M.A., VALIQUETTE, C., NANTEL, M. (1975). Étude psychométrique de la traduction française de l'échelle Rathus d'assertion comportementale. *Revue de modification du comportement, 5,* 84-103.

BOWER, S.A., BOWER, G.H. (1976). *Asserting yourself*. Reading, Mass.: Addison-Wesley.

BUGENTAL, D.B., LOVE, L. (1975). Nonassertive expression of parental approval and disapproval and its relationship to child disturbance. *Child development, 46,* 747-752.

COTLER, S.B., GUERRA, J.J. (1976). *Assertion training*. Champaign, Illinois: Research Press.

EISLER, R.M., MILLER, P.M., HERSEN, M. (1973). Components of assertive behavior. *Journal of clinical psychology, 29,* 295-299.

EISLER, R.M., MILLER, P.M., HERSEN, M., ALFORD, H. (1974). Effects of assertive training on marital interaction. *Archives of general psychiatry, 30,* 643-649.

FALLOON, I.R.H., LINDLEY, P., MCDONALD, R., MARKS, I.M. (1977). Social skills training of out-patient groups: A controlled study of rehearsal and homework. *British journal of psychiatry, 131,* 599-609.

FENSTERHEIM, H., BAER, J. (1975). *Don't say yes when you want to say no*. New York: McKay.

FLOWERS, J.V. (1975). Simulation and role playing. *In* F.H. Kanfer et R.J. Goldstein (Eds.): *Helping people change*. New York: Pergamon.

GALASSI, M.D., GALASSI, J.P. (1977). *Assert yourself*. New York: Human Sciences Press.

GAMBRILL, E.D. (1977). *Behavior modification*. San Francisco: Jossey-Bass.

HEIMBERG, R.G., MONTGOMERY, D., MADSEN, C.H.Jr., HEIMBERG, J.S. (1977). Assertion training: A review of the literature. *Behavior therapy, 8,* 953-971.

303

HEISLER, G., SHIPLEY, R.H. (1977). The ABC model of assertive behavior. *Behavior therapy, 8,* 509-512.

HERSEN, M., EISLER, R.M. (1975). Social skills training. *In* W.E. craighead, A.E. Kazdin et M.J. Mahoney (Eds.): *Behavior modification.* Boston: Houghton-Mifflin.

HOLLANDSWORTH, J.G.Jr. (1977). Differentiating assertion and agression: Some behavioral guidelines. *Behavior therapy, 8,* 347-352.

KAZDIN, A.E. (1976). Assessment of imagery during covert modeling of assertive behavior. *Journal of behavior therapy and experimental psychiatry, 7,* 213-219.

KING, L.W., LIBERMAN, R.P. (1977). Personal effectiveness: A structured therapy for improving social and emotional skills. *Behavioural analysis and modification, 2,* 82-91.

BOURQUE P., LADOUCEUR, R. (1978). Validation de l'échelle d'assertion pour adultes de Gay, Hollandsworth et Galassi. *Revue canadienne des sciences du comportement, 10,* 351-355.

MCFALL, R.M., LILLESAND, D.B. (1971). Behavior rehearsal with modeling and coaching in assertion training. *Journal of abnormal psychology, 77,* 313-323.

MCFALL, R.M., MARSTON, A.R. (1970). An experimental investigation of behavior rehearsal in assertive training. *Journal of abnormal psychology, 76,* 295-303.

MCFALL, R.M., TWENTYMAN, C.T. (1973). Four experiments on the relative contributions of rehearsal, modeling, and coaching to assertion training. *Journal of abnormal psychology, 81,* 199-218.

PALMER, P. (1977). *Liking myself.* San Luis Obispo, Calif.: Impact.

PALMER, P. (1977). *The mouse, the monster and me: Assertiveness for young people.* San Luis Obispo, Calif.: Impact.

PHELPS, S., AUSTIN, N. (1975). *The assertive woman.* San Luis Obispo, Calif.: Impact.

RATHUS, S.A., NEVID, J.S. (1977). *Behavior therapy: Strategies for solving problems in living.* New York: Signet.

ROSENTHAL, T.L. REESE, S.L. (1976). The effects of covert and overt modeling on assertive behavior. *Behaviour research and therapy, 14,* 463-469.

SCHWARTZ, R.M., GOTTMAN, J.M. (1976). Toward a task analysis of assertive behavior. *Journal of consulting and clinical psychology, 44,* 910-920.

WALLACE, C.J., TEIGEN, J.R., LIBERMAN, R.P., BAKER, V. (1973). Destructive behavior treated by contingency contracts and assertive training: A case study. *Journal of behavior therapy and experimental psychiatry, 4,* 273-274.

3. La recherche-action sur soi

WATSON, D.L., THARP, R.G. (1972) *Self-directed behavior: self-modification for personal adjustment. Monterey, Calif: Brooks/Cole.*

Un livre fondamental et très complet sur l'auto-modification du comportement, que nous avons appelé ici la "recherche-action sur soi".

Autres écrits intéressants

KANFER, F.H. (1970). Self-monitoring: Methodological limitations and clinical applications. *Journal of consulting and clinical psychology, 35, 148-152.*

KAZDIN, A.E. (1974). Reactive self-monitoring. *Journal of consulting and clinical psychology, 42,* 704-716.

KOMAKI, J., DORE-BOYCE, K. (1978). Self-recording: Its effects on individuals high and low in motivation. *Behavior therapy, 9,* 65-72.

MAHONEY, M.J., THORESEN, C.E. (1974). *Self-control: Power to the person.* Monterey, Calif.: Brooks/Cole.

MCGAGHIE, W.C., MENGES, R.J., DOBROSKI, B.J. (1976). Self-modification in a college course. *Journal of counseling psychology, 23,* 173-182.

PAWLICKI, R.E. (1976). Effects of self-directed behavior-modification training on a measure of locus of control. *Psychological reports, 39,* 319-322.

STUART, R.B. (Ed.) (1977). *Behavioral self-management.* New York: Brunner-Mazel.

ZIMMERMAN, J. (1975). If it's what's inside that counts, why not count it? *Psychological record, 25,* 3-16.

4. De certaines théories populaires et des interprétations générales de la personnalité

Certaines croyances populaires accordent à l'être humain un caractère fixe et immuable et, en ce sens, s'opposent à l'esprit de la recherche-action sur soi. Les personnes qui sont passives et qui ont de la difficulté à s'affirmer croient souvent trop facilement à ce genre de théories et font alors peu d'efforts pour modifier leur comportement. Il est donc important de savoir et de faire savoir qu'actuellement ces théories ne sont pas fondées scientifiquement.

HUME, N., GOLDSTEIN, G. (1977). Is there an association between astrological data and personality? *Journal of clinical psychology, 33,* 711-713.

JOURARD, S.M. (1978). Astrological sun signs and self-disclosure. *Journal of humanistic psychology, 18,* 53-56.

LOUIS, A.M. (1978). Should you buy biorhytms? *Psychology today, 11* (11), 93-96.

PERSINGER, M.A., COOKE, W.J., JAMES, J.T. (1978). No evidence for relationship between biorhytms and industrial accidents. *Perceptual and motor skills, 46,* 423-426.

SHAFFER, J.W., SCHMIDT, C.W., ZLOTOWITZ, H.I., FISHER, R.S. (1978). Biorhytms and highway crashes: Are they related? *Archives of general psychiatry, 35,* 41-46.

SILVERMAN, B.I. (1971). Studies of astrology. *Journal of psychology, 77,* 141-149.

SILVERMAN, B.I., WHITMER, M. (1974). Astrological indicators of personality. *Journal of psychology, 87,* 89-95.

L'existence de ces croyances populaires s'explique sans doute par notre difficulté à comprendre les véritables causes de nos comportements et notre tendance à accepter facilement les interprétations générales de notre personnalité. Voici quelques recherches expérimentales portant sur ce sujet.

DELPRATO, D.J. (1975). Face validity of test and acceptance of generalized personality interpretations. *Journal of personality assessment, 39,* 345-348.

DMITRUK, V.M., COLLINS, R.W., CLINGER, D.L. (1973). The "Barnum effect" and acceptance of negative personal evaluation. *Journal of consulting and clinical psychology, 41,* 192-194.

FORER, B.R. (1949). The fallacy of personal validation. *Journal of abnormal and social psychology, 44,* 118-123.

NISBETT, R.E., WILSON, T.D. (1977). Telling more than we can know: Verbal reports on mental processes. *Psychological review, 84,* 231-259.

SNYDER, C.R. (1974). Why horoscopes are true: The effects of specificity on acceptance of astrological interpretations. *Journal of clinical psychology, 30,* 577-580.

SNYDER, C.R. (1974). Acceptance of personality interpretations as a function of assessment procedures. *Journal of consulting and clinical psychology, 42,* 150.

SNYDER, C.R., LARSON, G.R. (1972). A further look at student acceptance of general personality interpretations. *Journal of consulting and clinical psychology, 38,* 384-388.

ULRICH, R.E., STACHNIK, T.J., STAINTON, N.R. (1963). Student acceptance of generalized personality interpretations. *Psychological reports, 13,* 831-834.

5. La communication non verbale

HARPER, R.G., WIENS, A.W., MATARAZZO, J.D. (1978). *Nonverbal communication: The state of the art.* New York: Wiley.

Un excellent ouvrage de synthèse et de critique des théories et des recherches sur la communication non verbale. Les auteurs y traitent des caractéristiques formelles de la parole, de l'expression faciale et gestuelle, du comportement visuel et de la distance interpersonnelle. On y trouvera une bibliographie très complète. Nous ne pouvons qu'y ajouter quelques références plus récentes.

APPLE, W., KRAUSS, R.M., STREETER, L.A. (1978). *Attribution of speaker's internal states from pitch and rate variations.* Document présenté au Congrès de l'American Psychological Association, Toronto.

BEATTIE, G.W. (1978). Floor apportionment and gaze in conversational dyads. *British journal of social and clinical psychology, 17,* 7-15.

CUNNINGHAM, M.R. (1977). Personality and the structure of the nonverbal communication of emotion. *Journal of personality, 45,* 564-584.

FISCHETTI, M. CURRAN, J.P., WESSBERG, H.W. (1977). Sense of timing: A skill deficit in heterosexual-socially anxious males. *Behavior modification, 1,* 179-194.

MASSILLON, A.M., HILLABRANT, W. (1978). *Effects of a stimulus person's nonverbal displays on impression formation.* Document présenté au Congrès de l'American Psychological Association, Toronto.

O'LEARY, D.D., KAUFMAN, K.F., KASS, R., DRABMAN, R. (1970). The vicious cycle of loud reprimands. *Exceptional children, 37,* 145-155.

RUTTER, D.R., STEPHENSON, G.M., AYLING, K., WHITE, P.A. (1978). The timing of looks in dyadic conversation. *British journal of social and clinical psychology, 17,* 17-21.

SHEA, M., ROSENFELD, H.M. (1976). Functional employment of nonverbal social reinforcers in dyadic learning. *Journal of personality and social psychology, 34,* 228-239.

SHROUT, P.E. (1978). *Impression formation and nonverbal behaviors: Effects of observer-target sex.* Document présenté au Congrès de l'American Psychological Association, Toronto.

6. La réduction de l'anxiété sociale et l'utilisation des autoverbalisations

AUGER, L. (1974). *S'aider soi-même: Une psychothérapie par la raison*. Montréal: Éditions de l'Homme.

Il s'agit d'un livre de base présentant l'essentiel de la thérapie rationnelle-émotive de Ellis. Les conceptions irrationnelles y sont présentées clairement, de même que la façon de les confronter. De nombreux exemples rendent la lecture facile et intéressante pour le profane. C'est donc une excellente lecture pour des personnes qui présentent des difficultés au niveau de la conception de la vie et des relations sociales.

GRANGER, L. (1977). Phobies. *In* R. Ladouceur, M.A. Bouchard et L. Granger (Eds.): *Principes et applications des thérapies behaviorales*. St-Hyacinthe, Québec: Edisem et Paris: Maloine.

Cet article traite de la définition, de l'étiologie, de l'analyse behaviorale et de la thérapie behaviorale des phobies. Bonne introduction pour les professionnels.

LADOUCEUR, R. (1977). Désensibilisation systématique. *In* R. Ladouceur, M.A. Bouchard et L. Granger (Eds.): *Principes et applications des thérapies behaviorales*. St-Hyacinthe, Québec: Edisem et Paris: Maloine.

L'auteur présente une bonne description de la méthode classique de désensibilisation systématique et les principales recherches sur les aspects pratiques et théoriques de cette méthode. Il s'agit d'un excellent article critique s'adressant aux professionnels.

LAMONTAGNE, Y. (1977). Immersion et implosion. *In* R. Ladouceur, M.A. Bouchard et L. Granger (Eds.): *Principes et applications des thérapies behaviorales*. St-Hyacinthe, Québec: Edisem et Paris: Maloine.

Bonne introduction aux bases théoriques et expérimentales de l'immersion par un auteur qui a fait de la recherche et de la pratique dans ce domaine. Cet article s'adresse aux professionnels et leur offre différents conseils pratiques.

MARKS, I.M. (1978). *Vivre avec son anxiété: Le soulagement de l'angoisse et de la tension nerveuse* (Trad. Y. Lamontagne). Montréal: Éditions La Presse.

L'auteur est un des principaux chercheurs actuels dans le domaine du traitement des phobies. Il présente des descriptions élaborées de différentes manifestations de l'anxiété. De plus, il décrit les différentes formes de traitement de l'anxiété, qui apparaissent les plus efficaces dans l'état actuel de la recherche: immersion, exposition prolongée, entraînement à l'affirmation de soi, relaxation, désensibilisation et immunisation contre le stress à l'aide d'autoverbalisations. C'est un excellent livre d'introduction pour le professionnel comme pour le non-professionnel.

WOLPE, J. (1974). *Pratique de la thérapie comportementale* (Trad. J. Rognant). Paris: Masson, 1975.

Joseph Wolpe est l'un des "pères" de la thérapie comportementale et le créateur de la désensibilisation systématique. Il décrit ici cette méthode de même que l'entraînement à l'affirmation de soi. Il expose, de plus, sa conception théorique de l'apprentissage et du désapprentissage des problèmes psychologiques.

BERNSTEIN, D.A., BORKOVEC, T.D. (1973). *Progressive relaxation training: A manual for the helping professions.* Champaign, Illinois: Research Press.

Après avoir présenté brièvement les bases théoriques et expérimentales de l'entraînement à la relaxation, les auteurs en décrivent la pratique en détail. C'est un excellent livre pour l'étude de cette méthode.

Autres écrits intéressants

BEAUSOLEIL, R. (1977). L'anxiété durant le testing scolaire: sa mesure et son contrôle par voie de désensibilisation systématique auprès d'écoliers. *Revue de modification du comportement, 7,* 5-22.

BUGENTAL, D.B., HENKER, B., WHALEN, C.K. (1976). Attributional antecedents of verbal and vocal assertiveness. *Journal of personality and social psychology, 34,* 405-411.

CABUSH, D.W., EDWARDS, K. (1976). Training clients to help themselves: Outcome effects of training college student clients in facilitative self-responding. *Journal of counseling psychology, 23,* 34-39.

CIMINERO, A.R., STEINGARTEN, K.A. (1978). The effects of performance standards on self-evaluation and self-reinforcement in depressed and nondepressed individuals. *Cognitive therapy and research, 2,* 179-182.

D'ZURILLA, T.J. (1969). *Graduated prolonged exposure.* Document inédit, State University of New York at Stony Brook.

D'ZURILLA, T.J., WILSON, G.T., NELSON, R. (1973). A preliminary study of the effectiveness of graduated prolonged exposure in the treatment of irrational fear. *Behavior therapy, 4,* 672-685.

EISLER, R.M., FREDERIKSEN, L.W., PETERSON, G.L. (1978). The relationship of cognitive variables to the expression of assertiveness. *Behavior therapy, 9,* 419-427.

ELLIS, A. (1963). *Reason and emotion in psychotherapy.* New York: Lyle-Stuart.

ELLIS, A., GRIEGER, R. (Eds.) (1977). *Handbook of rational-emotive therapy.* New York: Springer.

ELLIS, A., HARPER, R.A. (1961). *A guide to rational living.* North Hollywood: Wilshire Book.

GLASS, C., GOTTMAN, J., SHMURAK, S. (1976). Response acquisition and cognitive self-statement modification approaches to dating skills training. *Journal of counseling psychology, 23,* 520-526.

GOLFRIED, M.R., GOLFRIED, A.P. (1975). Cognitive change methods. *In* F.H. Kanfer et A.P. Goldstein (Eds.): *Helping people change.* New York: Pergamon.

JACOBSON, E. (1934). *You must relax.* New York: McGraw Hill.

JACOBSON, E. (1938). *Progressive relaxation.* Chicago: University of Chicago Press.

KARST, T.O., TREXLER, L.D. (1970). Initial study using fixed-role and rational-emotive therapy in treating public speaking phobia. *Journal of consulting and clinical psychology, 34,* 360-366.

MARSTON, A.R. (1964). Personality variables related to self-reinforcement. *Journal of psychology, 58,* 169-175.

MEICHENBAUM, D. (1975). Self-instructional methods. *In* F.H. Kanfer et A.P. Goldstein (Eds.): *Helping people change.* New York: Pergamon.

MEICHENBAUM, D., CAMERON, R. (1973). *Stress inoculation: A skills training approach to anxiety amangement.* Document inédit, Université de Waterloo, Ontario.

MEICHENBAUM, D., CAMERON, R. (1974). The clinical potential of modifying what clients say to themselves. *Psychotherapy: Theory, research and pratice, 11,* 103-117.

MEICHENBAUM, D., TURK, D. (1976). The cognitive-behavioral management of anxiety, anger, and pain. *In* P.O. Davidson (Éd.): *The behavioral management of anxiety, depression and pain.* New York: Brunner/Mazel.

OLLENDICK, T.H., MURPHY, M.J. (1977). Differential effectiveness of muscular and cognitive relaxation as a function of locus of control. *Journal of behavior therapy and experimental psychiatry, 8,* 223-228.

RIMM, D.C., DEGROOT, J.C., BOORD, P., HERMAN, J., DILLOW, P.V. (1971). Systematic desensitization of an anger response. *Behaviour research and therapy, 9,* 273-280.

SEE, L.P., CERCELL, P.T., BERWICK, K., BEIGAL, A. (1974). The effects of assertion training on self concept and anxiety. *Archives of teneral psychiatry, 31,* 502-504.

SHERMAN, A.R., PLUMMER, I.L. (1973). Training in relaxation as a behavioral self-management skill: An exploratory investigation. *Behavior therapy, 4,* 543-550.

VALENTINE, J., ARKOWITZ, H. (1975). Social anxiety and the self-evaluation of interpersonal performance. *Psychological reports, 36,* 211-221.

WENRICH, W.W., DAWLEY, H.H., GENERAL, D.A. (1976). *Self-directed systematic desensitization.* Kalamazoo, Michigan: Behaviordelia.

WOLPE, J. (1958). *Psychotherapy by reciprocal inhibition.* Stanford, Calif.: Stanford University Press.

7. La résolution des conflits

La méthode de résolution des problèmes est de plus en plus employée pour aider les gens à solutionner leurs problèmes interpersonnels et semble très efficace. Voici quelques références.

BRISCOE, R.V., HOFFMAN, D.B., BAILEY, J.S. (1975). Behavioral community psychology: Training a community board to problem solve. *Journal of applied behavior analysis, 8,* 157-168.

DERISI, W.J., BUTZ, G. (1975). *Writing behavioral contracts.* Champaign, Illinois: Research Press.

D'ZURILLA, T.J., GOLFRIED, M.R. (1971). Problem solving and behavior modification. *Journal of abnormal psychology, 78,* 107-126.

EWART, C.K. (1978). *Behavior contracts in couple therapy: An experimental evaluation of quid pro quo and good faith models.* Document présenté au Congrès de l'American Psychological Association, Toronto.

JAYARATNE, S. (1978). Behavioral intervention and family decision-making. *Social work.* Janvier, 20-25.

KIFER, R.E., LEWIS, M.A., GREEN, D.R., PHILLIPS, E.L. (1974). Training predelinquent youths and their parents to negociate conflict situations. *Journal of applied behavior analysis, 7,* 357-364.

LYSAGHT, T.V., BURCHARD, J.D. (1975). The analysis and modification of a deviant parent-youth communication pattern. *Journal of behavior therapy and experimental psychiatry, 6, 339-342.*

ROBIN, A.L., KENT, R., O'LEARY, K.D., FOSTER, S., PRINZ, R. (1977). An approach to teaching parents and adolescents problem-solving communication skills: A preliminary report. *Behavior therapy, 8,* 639-643.

SPIVACK, G., PLATT, J.J., SHURE, M.B. (1976). *The problem-solving approach to adjustment.* San Francisco: Jossey-Bass.

VINCENT, J.P., WEISS, R.L., BIRCHLER, G.R. (1975). A behavioral analysis of problem solving in distressed and non-distressed married and stranger dyads. *Behavior therapy, 6,* 475-487.

Index

Table des matières

Table des exercices

Ouvrages parus aux
Éditions de l'Homme

Affaires et vie pratique

* 1001 prénoms, leur origine, leur signification, Jeanne Grisé-Allard
  100 stratégies pour doubler vos ventes, Robert L. Riker
* Acheter et vendre sa maison ou son condominium, Lucille Brisebois
* Acheter une franchise, Pierre Levasseur
* Les assemblées délibérantes, Francine Girard
* La bourse, Mark C. Brown
* Le chasse-insectes dans la maison, Odile Michaud
* Le chasse-insectes pour jardins, Odile Michaud
* Le chasse-taches, Jack Cassimatis
* Choix de carrières — Après le collégial professionnel, Guy Milot
* Choix de carrières — Après le secondaire V, Guy Milot
* Choix de carrières — Après l'université, Guy Milot
* Comment cultiver un jardin potager, Jean-Claude Trait
  Comment rédiger son curriculum vitæ, Julie Brazeau
* Comprendre le marketing, Pierre Levasseur
  La couture de A à Z, Rita Simard
  Des pierres à faire rêver, Lucie Larose
* Des souhaits à la carte, Clément Fontaine
* Devenir exportateur, Pierre Levasseur
* L'entretien de votre maison, Consumer Reports Books
* L'étiquette des affaires, Elena Jankovic
* Faire son testament, Me Gérald Poirier et Martine Nadeau
* Les finances, Laurie H. Hutzler
* Gérer ses ressources humaines, Pierre Levasseur
  La graphologie, Claude Santoy
* Le guide de l'auto 95, J. Duval, D. Duquet et M. Lachapelle
* Le guide des bars de Montréal 93, Lili Gulliver
* Guide des fleurs pour les jardins du Québec, Benoit Prieur
* Le guide des plantes d'intérieur, Coen Gelein
* Guide des plantes pour la maison, Benoit Prieur
* Guide du jardinage et de l'aménagement paysager au Québec, Benoit Prieur
* Guide du potager, Benoit Prieur
* Le guide du vin 95, Michel Phaneuf
* Guide gourmand 1995 - les bons restaurants de Montréal, Josée Blanchette
  Guide pratique des vins de France, Jacques Orhon
  Guide pratique des vins d'Italie, Jacques Orhon
* J'aime les azalées, Josée Deschênes
* J'aime les bulbes d'été, Sylvie Regimbal
  J'aime les cactées, Claude Lamarche
* J'aime les conifères, Jacques Lafrenière
* J'aime les petits fruits rouges, Victor Berti
  J'aime les rosiers, René Pronovost
* J'aime les tomates, Victor Berti
* J'aime les violettes africaines, Robert Davidson
  J'apprends l'anglais..., Gino Silicani et Jeanne Grisé-Allard
  Le jardin d'herbes, John Prenis
* Lancer son entreprise, Pierre Levasseur
* Le leadership, James J. Cribbin
* La loi et vos droits, Me Paul-Émile Marchand
* Le meeting, Gary Holland
* Mieux comprendre sa vie de travail, Claude Poirier et Nicole Gravel
* Mon automobile, Gouvernement du Québec et Collège Marie-Victorin
* Nouveaux profils de carrière, Claire Landry
  L'orthographe en un clin d'œil, Jacques Laurin
* Ouvrir et gérer un commerce de détail, C. D. Roberge et A. Charbonneau

* **Le patron,** Cheryl Reimold
* **La planification fiscale étape par étape,** Diane Blais et Michel Lanteigne
* **Prévoir les belles années de la retraite,** Michael Gordon
  Le rapport Popcorn, Faith Popcorn
  Les relations publiques, Richard Doin et Daniel Lamarre
* **Les secrets d'une succession sans chicane,** Justin Dugal
  La taxidermie moderne, Jean Labrie
* **Les techniques de jardinage,** Paul Pouliot
  Techniques de vente par téléphone, James D. Porterfield
* **Tests d'aptitude pour mieux choisir sa carrière,** Linda et Barry Gale
* **Tout ce que vous devez savoir sur le condominium,** Robert Dubois
  Une carrière sur mesure, Denise Lemyre-Desautels
  L'univers de l'astronomie, Robert Tocquet
  La vente, Tom Hopkins

Plein air, sports, loisirs

* **30 ans de photos de hockey,** Denis Brodeur
* **L'ABC du bridge,** Frank Stewart et Randall Baron
* **Almanach chasse et pêche 93,** Alain Demers
* **Apprenez à patiner,** Gaston Marcotte
  L'arc et la chasse, Greg Guardo
* **Les armes de chasse,** Charles Petit-Martinon
  L'art du pliage du papier, Robert Harbin
  La basse sans professeur, Laurence Canty
  La batterie sans professeur, James Blades et Johnny Dean
  Le bridge, Viviane Beaulieu
  Carte et boussole, Björn Kjellström
  Le chant sans professeur, Graham Hewitt
* **Charlevoix,** Mia et Klaus
  La clarinette sans professeur, John Robert Brown
  Le clavier électronique sans professeur, Roger Evans
  Le golf après 50 ans, Jacques Barrette et Dr Pierre Lacoste
* **Les clés du scrabble,** Pierre-André Sigal et Michel Raineri
* **Comment vivre dans la nature,** Bill Rivière et l'équipe de L. L. Bean
  Le conditionnement physique, Richard Chevalier, Serge Laferrière et Yves Bergeron
* **Construire des cabanes d'oiseaux,** André Dion
  Corrigez vos défauts au golf, Yves Bergeron
  Culture hydroponique, Richard E. Nicholls
* **Le curling,** Ed Lukowich
* **De la hanche aux doigts de pieds — Guide santé pour l'athlète,** M. J. Schneider et M. D. Sussman
* **Devenir gardien de but au hockey,** François Allaire
  Le dictionnaire des bruits, Jean-Claude Trait et Yvon Dulude
* **Les éphémères du pêcheur québécois,** Yvon Dulude
* **Exceller au baseball,** Dick Walker
* **Exceller au football,** James Allen
* **Exceller au softball,** Dick Walker
* **Exceller au tennis,** Charles Bracken
* **Exceller en natation,** Gene Dabney
  La flûte à bec sans professeur, Alain Bergeron
  La flûte traversière sans professeur, Howard Harrison
  Le golf au féminin, Yves Bergeron et André Maltais
  Le grand livre des sports, Le groupe Diagram
  Les grands du hockey, Denis Brodeur
  Le guide complet du judo, Louis Arpin
  Le guide complet du self-defense, Louis Arpin
* **Le guide de la chasse,** Jean Pagé
* **Le guide de l'alpinisme,** Massimo Cappon
* **Le guide de la pêche au Québec,** Jean Pagé
* **Le guide des auberges et relais de campagne du Québec,** François Trépanier
* **Guide des jeux scouts,** Association des Scouts du Canada
  Le guide de survie de l'armée américaine, Collectif
* **Guide de survie en forêt canadienne,** Jean-Georges Desheneaux
  Guide d'orientation avec carte et boussole, Paul Jacob

La guitare, Peter Collins
La guitare électrique sans professeur, Robert Rioux
La guitare sans professeur, Roger Evans
* Les Îles-de-la-Madeleine, Mia et Klaus
* J'apprends à nager, Régent la Coursière
* Le Jardin botanique, Mia et Klaus
* Je me débrouille à la chasse, Gilles Richard
* Je me débrouille à la pêche, Serge Vincent
* Jeux pour rire et s'amuser en société, Claudette Contant
Jouons au scrabble, Philippe Guérin
Le karaté Koshiki, Collectif
Le karaté Kyokushin, André Gilbert
Le livre des patiences, Maria Bezanovska et Paul Kitchevats
* Manon Rhéaume, Chantal Gilbert
Manuel de pilotage, Transport Canada
Le manuel du monteur de mouches, Mike Dawes
Le marathon pour tous, Pierre Anctil, Daniel Bégin et Patrick Montuoro
* Mario Lemieux, Lawrence Martin
La médecine sportive, Dr Gabe Mirkin et Marshall Hoffman
* La musculation pour tous, Serge Laferrière
* La nature en hiver, Donald W. Stokes
* Nos oiseaux en péril, André Dion
* Les papillons du Québec, Christian Veilleux et Bernard Prévost
* Partons en camping!, Archie Satterfield et Eddie Bauer
* Les passes au hockey, Claude Chapleau, Pierre Frigon et Gaston Marcotte
Le piano jazz sans professeur, Bob Kail
Le piano sans professeur, Roger Evans
La planche à voile, Gérald Maillefer
La plongée sous-marine, Richard Charron
* Les Québécois à Lillehammer, Bernard Brault et Michel Marois
* Racquetball, Jean Corbeil
* Racquetball plus, Jean Corbeil
* Rivières et lacs canotables du Québec, Fédération québécoise du canot-camping
S'améliorer au tennis, Richard Chevalier
* Le saumon, Jean-Paul Dubé
Le saxophone sans professeur, John Robert Brown
* Le scrabble, Daniel Gallez
* Les secrets du baseball, Jacques Doucet et Claude Raymond
Les secrets du blackjack, Yvan Courchesne
La découverte de l'Amérique, Timothy Jacobson
Le solfège sans professeur, Roger Evans
* Sylvie Fréchette, Lilianne Lacroix
La technique du ski alpin, Stu Campbell et Max Lundberg
Techniques du billard, Robert Pouliot
* Le tennis, Denis Roch
* Le tissage, Germaine Galerneau et Jeanne Grisé-Allard
Tous les secrets du golf selon Arnold Palmer, Arnold Palmer
La trompette sans professeur, Digby Fairweather
* Les vacances en famille: comment s'en sortir vivant, Erma Bombeck
Le violon sans professeur, Max Jaffa
* Le vitrail, Claude Bettinger
Voir plus clair aux échecs, Henri Tranquille et Louis Morin
Le volley-ball, Fédération de volley-ball

Psychologie, vie affective, vie professionnelle, sexualité

20 minutes de répit, Ernest Lawrence Rossi et David Nimmons
* Adieu Québec, André Bureau
À dix kilos du bonheur, Danielle Bourque
L'adultère est un péché qu'on pardonne, Bonnie Eaker Weil et Ruth Winter
* Aider mon patron à m'aider, Eugène Houde
Aimer et se le dire, Jacques Salomé et Sylvie Galland
À la découverte de mon corps — Guide pour les adolescentes, Lynda Madaras
À la découverte de mon corps — Guide pour les adolescents, Lynda Madaras

imprimerie gagné ltée

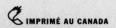

IMPRIMÉ AU CANADA